TODA MI VIDA HECHA NUDOS

BETH MOORE

TODA MI VIDA HECHA NUDOS

UNA AUTOBIOGRAFÍA

Tyndale House Publishers
Carol Stream, Illinois, EE. UU

Visite Tyndale en Internet: tyndaleespanol.com y BibliaNTV.com.

Visite a Beth Moore en línea en lproof.org.

Tyndale y el logotipo de la pluma son marcas registradas de Tyndale House Ministries.

Toda mi vida hecha nudos: Una autobiografía

© 2023 por Beth Moore. Todos los derechos reservados.

Originalmente publicado en inglés en el 2023 como *All My Knotted-Up Life* por Tyndale House Publishers con ISBN 978-1-4964-7267-0.

Fotografía de la familia frente a la camioneta en la portada de la colección personal de la autora. Usada con permiso.

Fotografía del pino en la portada © praet/Shutterstock. Todos los derechos reservados.

Fotografía de la autora © 2021 por Amy Kidd Photography. Todos los derechos reservados.

Diseño: Jaqueline L. Nuñez

Edición en inglés: Kathryn S. Olson

Traducción al español: Patricia Cabral

Edición en español: Ayelén Horwitz

Las citas bíblicas sin otra indicación han sido tomadas de la *Santa Biblia*, Nueva Traducción Viviente, © 2010 Tyndale House Foundation. Usada con permiso de Tyndale House Publishers, 351 Executive Dr., Carol Stream, IL 60188, Estados Unidos de América. Todos los derechos reservados.

Las citas bíblicas indicadas con NVI han sido tomadas de la Santa Biblia, *Nueva Versión Internacional,* *NVI.* © 1999 por Biblica, Inc.® Usada con permiso. Todos los derechos reservados mundialmente.

Las citas bíblicas indicadas con RVR60 han sido tomadas de la versión Reina-Valera 1960® © Sociedades Bíblicas en América Latina, 1960. Renovado © Sociedades Bíblicas Unidas, 1988. Usada con permiso. Reina-Valera 1960® es una marca registrada de las Sociedades Bíblicas Unidas y puede ser usada solo bajo licencia.

Para información acerca de descuentos especiales para compras al por mayor, por favor contacte a Tyndale House Publishers a través de espanol@tyndale.com.

Library of Congress Cataloging-in-Publication Data

A catalog record for this book is available from the Library of Congress.

ISBN 978-1-4964-7844-3

Impreso en Estados Unidos de América
Printed in the United States of America

29	28	27	26	25	24	23
7	6	5	4	3	2	1

UNA NOTA DE LA AUTORA

La dificultad de contar nuestra historia personal es, irónicamente, aquello mismo que la hizo tolerable: no estábamos solos en ella. Tal vez sentimos que así era, pero la verdad es que los hilos de la vida de los demás están inevitablemente anudados a la nuestra, aunque solo sea por su notoria ausencia. Al fin y al cabo, ¿quién tiene un rol más importante en nuestra historia que la persona que, ya sea por una enfermedad, un trauma, por quedarse dormida, por distracción, por sus ocupaciones, por estar quebrantada, divorciada o muerta no apareció? Toda historia de vida implica una comunidad de individuos que comparten un frágil denominador común: *usted*. Bueno o malo, *usted*. Acertado o equivocado, *usted*. La responsabilidad es inmensa y, para cualquier persona que tenga una pizca de juicio, terriblemente intimidante.

Me encantan las narraciones y amo contar historias, pero no he sentido prisa por escribir mis memorias. Creo que esperaba que todo se resolviera de un modo ordenado y sin contaminar. Sensatamente. Amablemente. Usted tiene este libro en sus manos en buena medida porque renuncié a eso. De alguna manera, el haber renunciado se siente más como un alivio que como una resignación. Supongo que también temía ver juntas todas las piezas de mi historia. Tenía miedo de descubrir que la causa de que todo eso fuera más penoso fuera yo misma.

Esperé para escribir mis memorias hasta que las razones para hacerlo por fin superaran a las razones para refrenarme. El tiempo debía pasar. Las personas tenían que fallecer. Otros debían envejecer tanto como para que no les importara demasiado la opinión de los demás. Me preocupaba herir a otros. Me cuestionaba si lo más bondadoso que podía hacer por quienes conocieron a mi familia era dejarlos con una mejor impresión. Lamento que contar mi historia pueda insinuar más sobre las experiencias de los miembros de mi familia de lo que ellos o yo desearíamos. Les pedí permiso y recibí su bendición, y me esforcé lo más posible para dejarles solo a ellos las partes más vulnerables de sus historias, pero no ignoro el costo de aparecer en el libro de otro. Me apena saber que una historia, una vez contada, no tiene vuelta atrás.

He intentado, por la gracia de Dios, desatar algunos nudos en estas páginas. He guardado varios de estos nudos en un puño apretado y sudoroso toda mi vida. Necesitaban aire y luz, tal vez más aún que comprensión. La misma distancia que puede esclarecer una historia puede también enturbiarla. Al escribir una autobiografía, el truco es saber cuál es cuál. ¿Estoy lista para contarla porque es más clara ahora o porque es menos comprensible? Mi íntima esperanza, mi empeñada intención, es la primera, pero la perspectiva de la percepción humana es inevitablemente deficiente.

Hay pocas cosas más inquietantes que escribir tus memorias cuando hay una porción desconocida de lo que aún no se ha vivido. Por ejemplo, ¿qué pasa si las partes buenas se van a pique incluso antes de que el libro llegue a las estanterías? Publicar un libro es siempre un acto de fe. Es una forma de decir: «Querido lector: Esto es lo que pienso en este momento (lo que creo que es cierto y anhelo que sea valioso para usted), pero ¿me perdonaría usted y no se lo reprocharía al Dios del cual hablo si el tiempo o la divina Providencia demostraran que estoy equivocada o lamentablemente incompleta?».

Y, ahora, si me confía un poco de su tiempo, le confiaré un poco de mi historia.

PRÓLOGO

NO TE SUELTES. *Hagas lo que hagas, no te sueltes.* Estrujé mis párpados como dos nudos apretados y los entreabrí lo suficiente para
orientarme. La corriente era blanquecina por la arena, como si
alguien hubiera llenado hasta arriba un gran vaso de agua y le
hubiera agregado una salpicadura de suero de mantequilla. Un
cúmulo de sargazo rozó mi frente y, luego, cayó por mi nariz. El
agua salió disparada sobre mi cabeza, espumosa y abundante en
salitre, sin encontrar ninguna barrera visible, formando remolinos
entre mis oídos que zumbaban.

Me obligué a mirar detrás de mí y divisé el pie de mi papá.
Su piel parecía translúcida debajo del agua, el sol del mediodía
transformaba el violeta de sus venas en un lila anémico. Unos
segundos antes habíamos estado parados uno junto al otro en la
rompiente. De alguna manera, habíamos avanzado unos centímetros sin siquiera movernos. La marca del agua llegaba a la cintura de mi enteriza roja, pero él estaba metido hasta poco más que
a la rodilla. Y era mi papá. Él sabía dónde parar. Dejé colgar las
manos apenas bajo la superficie, las palmas hacia adelante y los

dedos extendidos, formando arroyuelos en la curvatura de las olas tranquilas, deslumbrada por su constancia. Era mi viaje inicial al mar, el primero en el que sentía el curioso cosquilleo del suelo movedizo de arena entre mis dedos.

Entonces, de repente, quedé bajo el agua. Instantáneamente, mis brazos se pusieron tensos, sin codos, tironeando de mis hombros hasta que juraron romperse. *Agárrame, papá, antes de que me suelte.* Mis dedos se aferraron a su tobillo derecho, los nudillos trabados. Mi columna vertebral se estiró hasta ser como una tira delgada de melcocha. Jalada por un gatillo que nunca escuché, fui una bala de carne aferrada al extremo de un cañón, rogando no ser disparada al mar.

Con la misma rapidez que la corriente había succionado el pie sobre el que me apoyaba, esta cambió y giré hacia el otro lado, rígida, como la segunda manilla de un reloj cuando cae del 12 al 6, y mi rostro se clavó en la arena. El tirón repentino que mi padre le dio a mis brazos soltó la mano que sujetaba su tobillo, giré como una muñeca de trapo hacia mis pies y escupí una mina de sal, con un pedazo de pastel de lodo sobre uno de mis ojos. Me mordí el labio para no llorar.

No recuerdo qué dijo papá. Quizás, algo como: «Estás bien. No te pasó nada». Hubiera sido muy cierto. Tenía los brazos flojos, pero no habían sido arrancados de mis hombros como lo había imaginado. Ningún monstruo marino se las había ingeniado para llevarme a mar abierto y lanzarme a las fauces de un gran pez con dientes de veinticinco centímetros. Pero *algo* había pasado y yo quería saber qué era. Quería saber por qué él había tardado tanto. Quería saber si lo asustó que el agua intentara tragarme. Y quería que pidiera perdón, aunque no hubiera podido evitarlo. Nunca se enteró de que yo tenía semejantes preguntas. No pude formular una palabra.

Me entregó a los brazos de mi madre, quien reposaba en una oxidada silla de playa con tiras azules y verdes, debajo de una sombrilla para proteger su piel blanca y a su madre de setenta y siete años de los rayos sin filtro del sol de Florida. Delicadamente, me hizo mirar hacia adelante, me contuvo con firmeza entre sus rodillas, y siguió charlando con abuelita. Algo sobre mi primo, el Chico Cabalgador. Seguro que iba a ser alto, coincidieron. El borde desgastado de una tira de la silla plegable rasguñaba y mordía la parte de atrás de mi pierna.

—¿Imagino que tiene novia? —A mi abuela le encantaba saber esa clase de cosas. Me gustaba eso de ella. No me hubiera molestado saber la respuesta, solo que no en ese preciso instante.

—Pues, no lo sé —le respondió mamá a mi abuelita—. Tendrás que preguntarle a él.

—Pues, te lo pregunto a ti.

—Pues, madre, no lo sé.

—Bueno, ¿y *por qué* no lo sabes?

Mis dientes castañeteaban tan fuerte que pensé que se partirían; la garganta me ardía por el torrente de agua salada, como si le hubieran pasado un pelapapas. Mientras mamá frotaba con un toallón mi fisonomía tiritante de seis años, preguntó de manera inquisidora:

—¿Tienes frío, amor? —Me detuve un momento a tratar de descifrar si, más allá de lo asustada que estaba, no tendría simplemente frío y punto. Tal vez, sí. Asentí. Me frotó enérgicamente los brazos con una toalla turquesa que tenía una tortuga azul y amarilla—. ¡Déjame hacerte entrar en calor!

Yo seguía sin poder articular una palabra. No sé por qué, exactamente. Ella me hubiera dejado decirle que creí que me ahogaba. No me hubiera hecho sentir como una tonta. Me hubiera acercado a su regazo y dejado llorar, y sé que se hubiera enfadado con mi papá. Pero no pude decirle nada. Nunca lo hice. La pregunta de mi abuela seguía flotando en el aire: «Bueno, ¿y por qué no lo sabes?».

CAPÍTULO UNO

Éramos gente de río. La gente de río no tiene nada que hacer en el mar. El Estado de Arkansas está en las entrañas del abdomen de Estados Unidos; la vesícula, quizás, o el bazo. Nuestras arterias se unen con orillas visibles. Las aguas de Arkansas son vadeables, pueden cruzarse con un puente, cada orilla está mullida de pasto. Mi pueblo natal, Arkadelphia, está emplazado en la base accidentada de los montes Ouachita, donde convergen dos ríos. El Ouachita, de unos 9 500 kilómetros en total, se junta al norte del pueblo con el más corto, Caddo, y corren juntos, verdes y sinuosos, por el lado este del pueblo en su lento curso hacia Luisiana.

Con la reciente compra de una camioneta Volkswagen azul y blanca por parte de mi padre, los Green por fin teníamos un vehículo suficientemente espacioso para nosotros ocho. Ya que todos cabíamos, ¿por qué no manejar durante días y días, más apretados que el tabaco de mascar de mi bisabuela Miss Ruthie, desde mi pequeño pueblo universitario hasta donde vivían nuestros primos, al norte de Florida?

—¿Qué son unos kilómetros más? —preguntó papá, llevando un rotulador rojo al mapa y trazando una excursión de ocho horas adicionales hacia el sur, a las playas de Miami. Él, el comandante Albert B. Green, se hizo cargo del volante. Mi madre, Esther Aletha Rountree Green, iba de copiloto con mi hermano de cuatro años, Tony, moviéndose como un mono araña enjaulado entre ellos.

Mi abuela materna, Minnie Ola Rountree —a quien llamábamos abuelita—, ocupaba la mayor parte del asiento del medio. No era una mujer pequeña, juraba que nunca lo había sido y tampoco quería que lo fuera. Abuelita era pulposa, de pechos abundantes, mullidita como para dormir una siesta contra su cuerpo. El asiento del medio era una versión apenas abreviada del asiento trasero y abuelita rebotaba sobre su abundancia de amortiguadores entre mi hermana de nueve años, Gay, y yo. Nacidas con tres años de diferencia, las niñas Green éramos como carne y uña, y resultaríamos ser igualmente confiables.

Bautizada Aletha Gay en honor a nuestra mamá, ella salió favorecida con la apariencia de mi madre; tenían en común el mismo cabello castaño claro, la tez blanca y unas franjas de pecas encantadoras que le atravesaban las mejillas. A mí, la única rubia de la familia, me habían dicho desde que comencé a caminar que me parecía a un ala distinta de la familia. En la época cuando las madres quedaban inconscientes durante el trabajo de parto, llegué con un poquito de prisa, lo cual causó que mi mamá pasara por alto el protocolo habitual y tuviera que mantenerse completamente despierta ante cada contracción. Todavía mareada por el suplicio frenético, me miró y, claramente sorprendida, rugió: «¡Es igual a mi cuñado!». Esta declaración dio lugar a toda clase de picardías de parte del personal de enfermería, quienes le hacían ojitos a mamá cuando mi papá visitaba el hospital y, luego, le guiñaron el ojo cuando él vino a llevarnos a casa.

Dos años después llegó Tony, bastante más parecido a papá, y el único de nosotros que nació en nuestro pueblo. Gay y yo éramos las únicas compañeras fijas de juego que tenía el pequeñito. Por lo tanto, podía jugar a lo que jugábamos nosotras o quedarse solo. Como generalmente jugábamos a las muñecas y él se negaba a quedar afuera, no tenía más remedio que sumarse a nosotras. Tony poseía el tacto maternal de un camión Mack, por lo que le asignamos un bebote menos valioso, suficientemente resistente para que lo aguantara. De inmediato lo metió hasta la punta de un largo calcetín blanco de papá y, cada vez que jugábamos, lo llevaba a todos lados por el dobladillo estriado. Ver cómo lo golpeaba torpemente contra las patas de la mesa, los marcos de las puertas y los troncos de los árboles todos los santos días nos causaba una gran consternación a Gay y a mí.

Tony era el bebé de una familia de tres generaciones muy versadas en niños; por eso le seguían la corriente efusivamente.

—¿Qué tienes ahí, Tony? —le preguntaban los adultos y los niños mayores.

—Ah, ¿esta cosa vieja? —decía él encogiendo sus hombritos escuálidos—. No es más que un simple muñeco viejo. —A partir de entonces, ese fue el nombre que tuvo. Nos habían prohibido llevar cualquier juguete más grande que las palmas de nuestras manos a las vacaciones en la camioneta VW. No podría estar completamente segura de que papá no hubiera elaborado semejante regla con la esperanza de dejar en casa a Simple Muñeco Viejo, donde él creía que pertenecía. Afortunadamente, dos autitos de juguete cabían perfectamente en las manos de Tony, así que fue haciendo ruidos de motores y de choques todo el viaje.

Como la cabeza de Tony aparecía súbitamente cuando

golpeábamos contra algún bache, abuelita, quien nunca sacó la licencia para conducir ni se puso jamás detrás de un volante, tenía la vista despejada para auxiliar a los gritos a mi padre en su manejo, desde su posición en el asiento del medio. Su segunda ventaja era el amplio alcance de movimientos para cachetear a cualquiera que demostrara merecerlo. Vieja como era, apuntaba a más que golpear, así que el hermano que estaba al lado del infractor bien le valía también haber sido cómplice. Quien haya acuñado la frase *matar dos pájaros de un tiro* estaba mirando fijo el brazo de mi abuela. La generosa cantidad de carne que colgaba de su antebrazo se sacudía como un ala cuando lo movía. Supongo que ese era el secreto de su ímpetu.

En el furgón de cola de la camioneta VW, iban los dos mayores de los cinco niños Green. Mi hermana Sandra era una exótica joven de dieciocho años. Sabía cómo hacer un buen peinado y maquillarse bien, y tenía un novio en edad universitaria. Gay y yo estábamos maravilladas de ella y teníamos todas las esperanzas de que terminara siendo exquisitamente escandalosa. Nunca lo cumplió, pero habíamos bajado lo suficiente la vara del escándalo para que cualquier tipo de drama fuera satisfactorio y, si en algo éramos buenos los Green, por cierto, era en lo dramático. Junto a ella, en el asiento de atrás, estaba mi encantador hermano mayor, Wayne. Tenía catorce años, el indiscutible amor platónico de toda mi juventud y, ante mis ojos castaños, el gemelo idéntico de Paul McCartney. Y era músico. ¿Quién rayos tomaría eso como una coincidencia? Sin duda, Sandra y Wayne estaban en la flor de la vida porque sabían bailar. Podían poner una pila de vinilos en el reproductor de casa, sacudirse y moverse como si estuvieran en el show televisivo de Dick Clark, luego, dar vuelta esos discos y hacer todo de nuevo durante otra serie de canciones. Bien podrían haber sido hippies.

Nos dijeron que lleváramos poco equipaje, así que había un amasijo de un mínimo de diez bultos atados con cintas al estilo de los montañeses, que llegaban hasta el techo de la camioneta, además de nuestra carpa nueva comprada en Sears and Roebuck, todavía en su embalaje. Ninguno había acampado aún, excepto el coronel, desde luego, en los campos de batalla de la Segunda Guerra Mundial y de Corea, aunque esperábamos un entorno distinto. Los costos de hotelería para las vacaciones veraniegas de una familia numerosa eran inadmisibles para el presupuesto del Ejército. La gente de nuestra clase no salía de vacaciones turísticas de ninguna manera. Únicamente íbamos a ver parientes, dado que la comida y el alojamiento eran más baratos. No fue sino hasta mucho tiempo después (hasta que nos mudamos a Houston), que escuché por primera vez una frase como:

—Iremos a esquiar a la nieve en las vacaciones de primavera.

—*¿Cuál de tus parientes vive allí?*

—*¿Pacientes?* —decían.

—*No dije pacientes. Dije parientes.*

—Pues, ninguno —decían.

—*Pues entonces, ¿por qué van?*

—A esquiar —decían.

Como no tengo ningún recuerdo vívido de cuándo fue de otra manera, no creo que sea demasiado pronto para decir que Albert y Aletha no se llevaban tan bien como uno esperaba para unas vacaciones de dos semanas o, ya que estamos, para lo que resultó ser un matrimonio de cincuenta y algo de años. Podría dar un buen número de razones de porqué esto era cierto, pero, por ahora, solo se necesita una: mi padre conducía con ambos pies; la suela derecha en el acelerador y la izquierda, en el freno, a pesar de que tenía el privilegio de estar al volante de un automático.

Los espasmos erráticos de papá al manejar con ambos pies hacían que la siestita fuera especialmente un desafío en un viaje largo. Mi madre era de tipo ansioso, cosa que yo, una mujer de la misma índole, elijo no juzgar. Lo menciono solo para pintar la imagen de mis padres, Albert y Aletha, en el asiento delantero de una camioneta VW durante horas. Ella todo el tiempo con el brazo izquierdo estirado sobre mi hermanito y la mano derecha aferrada al tablero, con un cigarrillo encendido entre el dedo índice y el medio, dándole una calada cada vez que podía. Y siempre podía.

Me crie con una columna nubosa durante el día y un mechero durante la noche. Hasta el día de hoy, siento cariño por el sonido de la cabeza del fósforo explotando contra la franja lateral de una cajita rectangular (*tet-szzzzoooo* como una cañita voladora el Cuatro de Julio) y por el efímero aroma alquitranado del dióxido de azufre.

El verdadero trabajo en esas vacaciones de verano comenzó cuando paramos a pasar la noche en el *camping* de Fort Walton Beach. Sospecho que ahorrarse el gasto de la estadía en un hotel pudo no haber sido la única razón para comprar la carpa. Mis primos eran campistas natos. Eran de la clase de los que podían hacer una fogata frotando dientes de león y, de haberse perdido en un bosque durante semanas, se hubieran mantenido robustos a base de bayas silvestres, saltamontes y leche de cierva.

Nosotros éramos más del estilo de supermercado, tipo Piggly Wiggly. Nunca nadie dijo: «¿Qué tan difícil puede ser armar una carpa?». Pero lo que era un secreto a voces es que mi padre nunca dejaba pasar la oportunidad de competir; y mi tío, a quien veríamos en breve, era un rival formidable. Era el único de los parientes lejanos cuyo récord en las fuerzas armadas se acercaba al de papá, y que nadie imaginara que por ser una competencia «amistosa» era menos importante. Papá no solía decir muchas groserías, pero tenía un modo de hablar el lenguaje callejero perfectamente respetable, que sonaba desvergonzado. Encontró poca ayuda en las instrucciones impresas que venían con la carpa, y ninguna utilidad en las instrucciones sonoras que venían con abuelita. En un día común y corriente, una cantidad impresionante de frases de la abuelita empezaba con las palabras *Y bien, ¿por qué no haces...?* En este viaje, hasta donde yo me daba cuenta, estaba registrando un récord del 98 por ciento.

Para entonces, papá estaba tricolor: su rostro era de un rojo intenso que contrastaba con aquella única y delgada franja blanca que tenía en la cabeza llena de pelo marrón chocolate. Siempre imaginé que el mechón blanco era como si alguien se hubiera salpicado la cabeza con una cucharada de pintura y, al sentir algo mojado, se hubiera pasado el dedo meñique desde la frente a la coronilla para limpiarlo. Siempre estuve equivocada. Ahora era claro como el agua a qué se parecía exactamente: a la caída de un rayo. Más que aterrador era fáctico.

Mientras papá trataba de comprender cuál lado de la carpa era la parte superior, mamá vaciaba medio paquete de Pall Mall. Más resoplaba él, más fumaba ella. El resto sobrellevábamos el agotador montaje a nuestra propia manera. Wayne estaba con los ojos como platos, jugueteando con un borde de la lona, con miedo de ayudar y de no hacerlo. En cualquier momento, papá diría:

—¿Te vas a quedar parado ahí?

Temo que el hecho de que pronto sucedería algo así hizo que Sandra súbitamente se ofreciera a acompañar a Gay a los baños del *camping*. Tony lanzaba piedras, lo cual no aliviaba los resoplidos ni la fumata, y yo me chupaba los dos dedos de siempre y miraba el cielo nocturno, preguntándome por qué Florida no tenía estrellas. En Arkansas sí teníamos estrellas.

Cuando finalmente logró domar las estacas de la carpa, papá entró por la puerta con cierre y fue completamente tragado por el nailon. Comenzó una gran sacudida, una golpiza fantasmal. En algún sitio cercano a la aparición de la cabeza giratoria, la punta superior del palo de la carpa buscó desdichadamente un punto hasta que lo encontró y quedó fijo. Papá emergió del vientre de nailon como un recién nacido embadurnado, luego de un parto complicado.

A cada uno se nos entregó un colchón inflable verde oliva para que armáramos nuestra propia cama. La abuelita, de edad tan avanzada como era y todo, recibió tanto el colchón inflable como un catre para apoyarlo encima. Apretar la válvula del colchón para abrirla y a la vez soplar por ella es un arte que supera lo que los niños pequeños pueden dominar. Pese a sus esfuerzos ruidosos, los labios de Tony nunca se sellaron alrededor de la válvula por lo que, principalmente, ensalivó su colchón. Lo que quedó seco probablemente lo mojaría durante la noche. Resoplé unas pocas gotas de aire dentro del compartimiento de mi colchón y, dramáticamente, sentí que estaba a punto de desmayarme. Para cuando conseguimos meter los ocho colchones y el catre dentro de la carpa y entramos gateando para pasar la noche, las entrecortadas respiraciones asmáticas de los sopladores necesitados de oxígeno perforaron el aire denso y caluroso.

● ● ●

La familia es una cosa tremenda, salvaje y aterradora. Ahí estamos, con el cierre hasta arriba, metidos en lo desconocido juntos y no siempre voluntariamente. Está oscuro ahí dentro mientras tratamos de llegar al final de la noche. Quizás nos sintamos completamente solos, extraños y aislados, a la vez que estamos aplastados, hacinados y físicamente tan cerca uno del otro que nuestro sudor se mezcla e inhalamos lo que otros exhalan, sin filtro. Queremos tocar, tomarnos de la mano bajo nuestras propias condiciones, lo cual es nuestro derecho y debería serlo, pero la mayoría de las veces no lo hacemos. Pasamos de conocer al otro mejor que a nosotros mismos a apenas tener noción de conocernos en lo más mínimo, a estar absolutamente seguros de que no nos conocemos. Y, a decir verdad, no nos conocemos de la misma manera que quizás nos conozcan los demás. Sabemos demasiado para conocernos uno al otro.

En medio de semejante proximidad deben hacerse concesiones razonables. Queremos que nos conozcan, pero no de memoria, como si no fuéramos capaces de cambiar. La familia tiene la costumbre de congelar en el tiempo a sus integrantes, para bien o para mal, con la seguridad de que lo que fue cierto hace veinte años es cierto ahora y lo será dentro de veinte años. Sin verificación, perdemos de vista la otredad de los demás. Somos amebas, constantemente tragándonos o dividiéndonos unos de otros mientras exigimos ser únicos y tener nuestra intimidad.

Esta es mi gente. Mis primeros amores, mi carne y mi sangre. Conozco sus bromas. Sé cuáles son sus manías. Tenemos la misma nariz. En nuestro plato hay distintas porciones de los mismos secretos. Hemos sobrevivido a los mismos golpes. Hablamos un lenguaje raro, pronunciando las sílabas de una oración que comenzó en nuestra infancia, intraducible para los visitantes ocasionales.

A lo largo de toda mi vida hecha nudos, he anhelado la cordura y la simpleza de saber quién es bueno y quién es malo. He querido saberlo sobre mí misma, tanto como de cualquier otra persona. Necesitaba que Dios limpiara el revoltijo, que separara las cosas, que clasificara la correspondencia para que todos pudiéramos poner manos a la obra, nada más, y ser quienes somos. Seguir nuestras inclinaciones. No era algo teológico. Era estrictamente relacional. Dios podía hacer lo que quisiera con la eternidad. Yo solo trataba de sobrevivir aquí, entretanto, y creía que lo que me ayudaría a lograrlo era que las personas fueran una cosa o la otra, buenas o malas. Que no la complicaran. Así de benévolo como ha sido en infinidad de maneras, Dios se ha mantenido al margen ante este pedido sencillo.

Fíjese, por ejemplo, en la abuela de mi papá, Miss Ruthie. Era muy impresionante mirarla mascar todo ese tabaco. A veces, su saliva espumosa era tan espesa y marrón como la melaza y, en lugar de ocuparse del ella con un *ptuf* firme y explosivo, parecía perfectamente feliz dejándola colgar. Un cuarto de cucharadita de té colgaba de su labio inferior como si no tuviera dónde ir. Se aferraba a su escupidera cual viejo pastor de campo a su venerada Biblia. Si se levantaba, la llevaba a todas partes con ella, derramando. Por *derramando* me refiero a la escupidera, no a que la Biblia no pueda ser derramada de vez en cuando. Metía todo su contenido en una bolsa marrón de papel con los bordes enrollados hacia abajo, como si nadie supiera qué había en ella. Ni una vez la vi sin que su cabello estuviera recogido en un nudo ceñido en lo alto de su cabeza, como un gran carrete blanco. Puedo suponer que el rodete estaría relacionado con la escupidera. Ninguna mujer quiere que su cabello en la cara cuando masca tabaco.

Así era Miss Ruthie, clara como el agua. Sabíamos todo lo que necesitábamos saber de ella. Era simple, no tenía dobleces. Entonces, mi hermano Wayne me contó: «Una vez pasé la noche con Miss Ruthie y, cuando se quitó todas esas horquillas del pelo y se inclinó hacia adelante en su silla para cepillarlo, el cabello cayó hasta el piso, suave y hermoso. Me fascinó». Toda mi familia (bueno, la mayoría) es así. En un instante, están escupiendo en una lata, con un carrete en la cabeza. Al siguiente, son pulcros, encantadores y fascinantes.

El hecho de que para mí la seguridad sea ostensible en categorías bien definidas, en el negro azabache, en el rojo sangre y en el blanco blanqueado, explica por qué la mayor parte de mi vida ha sido un lento bautismo en las tibias aguas del gris y limoso Jordán.

● ● ●

No estoy segura de cuántos nos habíamos dormido cuando llegó el primer trueno, pero mi madre se levantó de un salto de su colchón inflable, como si hubiera recibido un choque eléctrico. La siguiente franja de relámpagos fue un brillante cuchillo filoso que tajeó la lona sin estrellas sobre Fort Walton Beach y descargó un lago contenido encima de nosotros.

En nuestra familia, el miedo era un valor esencial. Nos instruían y nos ponían a prueba con él, nos adoctrinaban sin remordimientos sobre cómo vivir la vida, muertos de miedo, híper atentos a cualquier amenaza porque si hay algo más verdadero que todas las verdades es que la vida te mataría. Sin importar qué estuviéramos haciendo en ese momento, ya fuera duchándonos o preparando tostadas de canela, cuando empezaba una tormenta todos en casa teníamos que escabullirnos al lugar más cercano, sentarnos y afianzar los pies, y que Dios te ayudara si tu lugar más cercano estaba al lado de una ventana. Estabas muerto, te chamuscarías hasta carbonizarte en segundos y, al verte, todos los demás quedaríamos marcados de por vida por esa imagen. Afianzar los pies era la máxima prioridad porque cuando (no «si») el rayo cayera en la casa, todo el que no tuviera las plantas de los pies sobre la madera del piso, perecería. Este hecho también estaba conectado de alguna manera con el porqué no podíamos encender ni apagar un interruptor de la luz con una mano mientras sosteníamos un vaso con agua en la otra.

Lo maravilloso de nuestra carpa Sears and Roebuck era que, tras un largo y laborioso ensamblaje, se desmontó con una facilidad extraordinaria. No esperamos alrededor para contemplar cómo se desplomaba completamente. No con mamá gritando como lo hacía. Bramó a todo volumen que *corriéramos* hacia la VW y es un milagro que cualquier otro campista a mil metros cuadrados espantado por los gritos de mamá no nos ganara de mano haciéndolo primero. La boca de abuelita funcionaba mucho más rápido que sus piernas, así que desde atrás puso en práctica cómo apurar nuestro paso.

—¡Fuera! ¿No acabo de decirles fuera? ¡Dije fuera! —Y lo hicimos.

Para salvar su dignidad, traté de no quedarme mirando a abuelita una vez que entró en la camioneta. Para empezar, ella no podía evitar que su cabello se viera plumoso y, ahora que estaba mojado, parecía no tener nada de cabello. Yo sabía que tenía el cabello plumoso porque, cada vez que mamá lo peinaba para darle un poco de volumen, decía: «Si no tuvieras el pelo tan plumoso...».

Traté de mirar hacia adelante y meterme en mis propios asuntos; entonces, vi el cabello de papá en el espejo retrovisor. El aguacero había hecho que su mechón de rayo resbalara desde lo alto de su frente hasta las cejas en una diagonal casi perfecta, y la punta de abajo goteaba de una forma curiosa. En seguida, él sacaría su peinecito plástico y lo corregiría, pero yo me propuse rumiar un tiempo en esa imagen.

La camioneta patinó cuando él puso la marcha atrás y salió a toda velocidad, dejando atrás la carpa familiar, los ocho colchones inflables y el catre, como si nunca los hubiéramos visto. Por pura misericordia divina, nos topamos con un restaurante de esos que permanecen abiertos toda la noche, cerca de Fort Walton Beach, y nos refugiamos allí hasta que pasó la tormenta y el sol parpadeó adormecido en el este. Al restaurante le hubiera venido bien una buena barrida, pero tantos años de preparaciones de hamburguesas picantes, huevos con mucha sal y tocino chisporroteante sobre la parrilla de acero inoxidable habían barnizado las paredes, las mesas y las sillas con tal capa de grasa, que todo el lugar olía como si uno se hubiera muerto y estuviera en el paraíso. Esparcidas por el piso, había media docena de papas fritas onduladas, pero se veían bastante buenas.

El humor de papá no había mejorado, pero hubo un buen indicio cuando miró el menú fijado con chinchetas a la pared. Era imposible que esta familia derrotada por una carpa no comiera. Sacó su billetera y echó un vistazo a los billetes del modesto capital de las vacaciones, y los niños nos miramos unos a otros con regocijo. No dijo que sí, pero el sí de papá constaba en que no dijera que no. Le pedimos lo mínimo indispensable al cocinero. Nadie osó decir la palabra *Coca-Cola*, mucho menos, *batido de chocolate*. Sabíamos que estábamos a punto de colmar la paciencia de nuestro benefactor. Una vez que tuvimos el estómago lleno, vino el sueño, estábamos aburridos y malhumorados, así que Tony, Gay y yo no tuvimos otra alternativa que distraernos lamiendo los paquetitos de mermelada de uva y de frutilla que había en las mesas. Eran gratis.

El tema iba a surgir en algún momento y esta era una ocasión tan oportuna como cualquiera.

—Debí haber ido en avión —dijo abuelita, perturbada, apartó hacia atrás la silla metálica de la mesa de fórmica y cruzó los brazos sobre su pecho. Cuando abuelita decía algo de manera definitiva, terminaba la frase haciendo sobresalir la mandíbula y tragándose el labio superior con el labio inferior. Ese era el gesto que indicaba: *No hay nada más que decir al respecto.*

Mamá intervino de lleno, como si lo hubiera esperado todo el día.

—¿En avión? Mami, ¿ya te olvidaste de cómo te alteraste la última vez que volaste?

—¿Cuándo?

—¡Hace dos años, cuando volaste a Florida!

—No recuerdo ninguna alteración.

—¿Qué quieres decir con que no recuerdas? ¿No recuerdas que empacaste el vestido para tu sepelio en la maleta?

—Nada de alteración por eso. Na'más sentido común. Veo que no es tan común como debería serlo.

Mamá se frotó la cabeza.

Para entonces, papá prácticamente le había dado la espalda a su familia, como si no hubiéramos entrado todos juntos. Cuando el rostro de mi papá apenas estaba colorado, uno podía ver (es decir, si sabía qué estaba buscando) ese punto donde le habían emparchado el lado izquierdo de la cara, justo entre el pómulo y la nariz, luego de que recibiera una herida de bala al comienzo de la Segunda Guerra Mundial. Si se ruborizaba de repente, el parche permanecía gris y parecía la masilla Silly Putty, como si supiera que pertenecía a otro cachete.

En mi familia, a cualquier parte privada del cuerpo le decíamos *el conejito*. No decíamos *trasero* y, por supuesto, no decíamos *cola*. Bueno, todos menos Tony, que lo deletreaba en voz alta porque era un malcriado, pero como pronunciaba letra por letra, «c-o-l-a», no lo regañaban. A Gay y a mí nos encantaba reírnos de que el conejito de papá estaba en su cara, en especial cuando estábamos en problemas. Claro está, yo no solía meterme en problemas porque era «excesivamente susceptible» y porque le tenía miedo, pero Gay no le temía ni al diablo. Siempre estaba en apuros por causa de su boca, pero susurrar «Cara de conejito» a espaldas de papá no era poco consuelo.

Mamá y abuelita seguían discutiendo en el restaurante nocturno. Ahora bien, no había nadie en el mundo a quien mi mamá amara más que a mi abuela y es muy probable que ella lo supiera, pero si no respondía a la salida astuta de abuelita de que ella debería haber viajado en avión a Florida, papá lo haría y, entonces, pasaría de ser una discusión inofensiva a una que no lo era. Todos saben que los parientes políticos no pueden sacarse las ganas de decir lo que los de la propia sangre pueden.

—¿A quién se le ocurre que una vieja no debería llevar un vestido mortuorio? —Abuelita hizo que su voz temblara un poco y fingió una mirada de lo más afligida, como si sus pies ya descansaran sin vida en un ataúd—. Mi corazón puede fallar en cualquier momento.

—Minnie Rountree —dijo mi madre—, sabes perfectamente bien que llevar ese vestido mortuorio no tenía nada que ver con que seas una anciana. Tampoco tenía nada que ver con tu corazón.

Tú misma lo dijiste. Empacaste tu vestido mortuorio por si los cubanos decidieran secuestrar el avión.

Tuve que representar mentalmente cosas como estas para encontrarles sentido. Estimé que los secuestradores sepultarían a la abuelita en Cuba; yo no estaba segura de dónde estaba eso, pero sabía que quedaba muy lejos de Arkadelphia. Mis conjeturas llegaron a calcular que ellos sacarían el vestido de su maleta y se lo pondrían antes de meterla en la tierra, en un ataúd cubano.

—¡Todos arriba! —Papá había salido, echó un vistazo al cielo y volvió a meter su cabeza por la puerta, haciéndonos gestos para que nos moviéramos. Éramos un puñado desgreñado y con los ojos rojos que volvió a subir a la VW. En nuestro camino de vuelta al *camping*, los neumáticos iban golpeando y salpicando por los grandes charcos que habían quedado tras la tormenta nocturna. No existía posibilidad de salvar la carpa. Esta era estrictamente una misión de recuperación. Papá sacó primero el catre; luego, los ocho colchones y ahí fue cuando nosotros, los pequeños, salvamos la situación. Saltamos de un colchón al otro, desfilando sobre ellos, pisoteándolos y haciendo vueltas carnero con gran entusiasmo mientras los que medían más de un metro y medio mantenían abiertas las boquillas para que se desinflaran. Según mi hermana mayor, papá no se tomó la molestia de plegar la carpa. La enrolló como un gran montón y la ató con una cuerda elástica a la parte trasera. Sandra declaró que era tan pesada que, cada vez que dábamos contra un bache, el guardabarros trasero se arrastraba sobre el pavimento.

Viajamos así todo el camino hasta llegar a los brazos abiertos de nuestros primos hermanos, quienes tenían una casa pequeña y espectacularmente maravillosa junto al lago. Nosotros éramos de Arkansas. Entendíamos los lagos. Pasamos tres días dichosos con nuestros primos Rountree, independientemente de que la tía Jewel pudiera preparar un panqueque decente o no. También nos las arreglamos para llegar a Miami, la tan afamada ciudad rápida y furiosa, aunque en esta ocasión toda esperanza de circular soberbiamente por sus bulevares bordeados por palmeras resultó en vano. El alternador de nuestra flamante camioneta Volkswagen azul y blanca dejó de funcionar y, hasta que pudimos llegar a un mecánico que nos diera crédito, Sandra y Wayne fueron reclutados para empujarla mientras papá la ponía en marcha. Eso fue, entendiblemente, humillante para ambos e inapropiado para los foráneos. Desde el asiento del medio, justo detrás de papá, yo (pequeña como era) intuía lo decepcionado que se sentía ante la falta de entusiasmo por cómo se mordisqueaba el labio. Trataba de sentarme lo menos posible sobre el asiento, por si eso ayudaba. El recuerdo preciso de Sandra respecto a que la carpa fue apretujada contra la parte de atrás vino a causa de que no le resultó nada fácil encontrar un buen espacio para empujar.

La última parada de nuestras vacaciones de verano fue el estacionamiento de Sears and Roebuck. Luego de recuperar su compra del paragolpes de la camioneta, papá entró por las puertas vidriadas marchando como si fuera a la guerra, con una carpa vinílica grande como para ocho personas, enrollada en sus brazos con las solapas de las ventanas colgando hasta sus rodillas. La que fuera la «casa lejos de casa» fue devuelta con todo (hojas y arena incluidas) y un brusco reclamo de reembolso. Con un último empujón, llegamos colina arriba a la modesta vivienda de ladrillos rojos en las afueras de nuestro conocido pueblito.

Antes de que la abuelita pudiera plantar firmemente los pies sobre el cemento de la cochera, mamá ya había encendido el fuego para hervir agua, papá estaba en el baño con un periódico, Sandra estaba llamando a su novio, Wayne tocaba el piano, Gay andaba en bicicleta y Tony tenía al perro agarrado por la cola. ¿Y yo? Bueno, yo me balanceaba en la hamaca de arpillera, que colgaba de la rama fuerte de un pino de Arkansas, con la pinocha castaño-dorada entre los dedos de los pies.

CAPÍTULO DOS

MAMÁ DIJO QUE la razón por la que nos mudaríamos de la colina a la casa Ligon, en la calle Doceava, era porque llevarnos a los niños todo el día de ida y vuelta al pueblo, a la escuela y a toda otra actividad conocida por el ser humano la estaba volviendo loca. Ir de un lado al otro, lo que mamá llamaba *ser nuestro taxi* (nunca habíamos visto un taxi), podría no haber sido tan malo si ella hubiera cargado más que cincuenta centavos de combustible por vez. No le echo la culpa por ello porque estimo que solo tenía cincuenta centavos por la manera en la que siempre estaba excavando su billetera en busca de monedas, lo cual me resultaba igualmente raro porque ¿por qué otra cosa alguien se iría de la colina, excepto para mudarse a una mansión?

Para Gay, para Tony y para mí, eso parecía exactamente lo que estábamos haciendo, ya que la casa tenía tres habitaciones más. Además, nunca habíamos oído que una casa tuviera nombre, así que eso debía significar que era sofisticada.

—Nos mudaremos a la casa Ligon —decían mis padres.

—Los Green han comprado la casa Ligon —decían los vecinos.

Era de estilo Tudor, con una enormidad de ventanas y molduras blancas que resaltaban dos hastiales al frente (uno era una versión más pequeña del otro), bajo un empinado techo en un tono verde. Envolviéndola, había ladrillos rojos que parecían haber sido abandonados a propósito en un tostador hasta que se pusieron casi marrones. Nos dijeron que el lugar se llamaba «la casa Ligon» porque la señora Ligon había vivido allí. Esa explicación nunca fue satisfactoria por las razones más obvias. ¿Por qué las personas que compraron nuestra casa no decían mudarse a *la casa Green*? ¿Y por qué nosotros nunca habíamos llamado al ruinoso lugar que había junto a nuestra casa en la colina *la casa Rountree*, en lugar de *la casa vieja*? La gente no trataba del mismo modo a las casas.

Supuse que ahora éramos ricos, ya que Sandra, a punto de cumplir los veinte años, se había casado y papá se había retirado del Ejército y lo habían contratado como gerente del Cine Royal de la calle Main y del autocine SkyVue en la carretera 67. Todo el pueblo lo sabía porque había aparecido en el periódico *Siftings Herald*. Sin embargo, la mudanza no era una mejoría, según mi punto de vista. Estábamos abandonando todo ese espacio vital (y la cercanía de ir caminando hasta el río Caddo, donde podíamos sacar cangrejos de río escarbando el barro) para vivir en una cuadra citadina donde Wayne podía cruzar la calle y llegar a la escuela preparatoria.

—Eso no es todo. La escuela primaria está a la vuelta de la esquina, también. —Mamá lo pronunció exageradamente, con un acento espeso como molasa, allí en la cocina mientras abuelita parecía dubitativa con las manos metidas en las manoplas esperando que hirviera el agua de la cacerola. Normalmente, el observador sagaz sabía cuál era la opinión de abuelita sobre algo por la posición de sus codos cuando apoyaba las manos en las caderas. Si estaban puntiagudos detrás de ella, estaba de acuerdo con el asunto, pero si estaban rectos hacia afuera como alas de murciélago, algo le olía mal.

—Tony está a punto de empezar la escuela primaria, Beth la elemental, y la secundaria a la que Gay irá el año que viene queda solo a dos cuadras.

Si yo no la conociera de sobra, hubiera jurado que estaba contenta de que pronto estaríamos todos en la escuela.

—Piensen cómo podremos jugar adentro —comentó Gay, mirando el lado bueno.

¿Quién quería eso? En la colina, salíamos disparados apenas terminábamos de tragar nuestros tazones de leche fresca con cereales y, si no teníamos clases, jugábamos por toda esa colina durante horas y horas, sin cepillarnos los dientes y con bigotes de leche seca, escabulléndonos sobre las espinosas bolas verdes de los liquidámbares y las piñas marrones y puntiagudas de los pinos, hasta que las plantas de nuestros pies se ponían duras como cuero blanqueado; solo aparecíamos por casa cuando queríamos comer algo. Lo hacíamos por preferencia y también porque abuelita nos daba un toquecito con la punta del palo de la escoba ni bien terminábamos el contenido de los tazones y decía:

—Lárguense ya de aquí o les daré algo que hacer.

Abuelita nunca quería que nadie hiciera algo divertido, ni siquiera Abu, el papá de mi papá.

Hacía mucho que Abue, la mamá de mi papá, había muerto y, según dicen, nadie podía culparla. Ella sola había hecho funcionar el Café Green durante años. «Así es, trabajó hasta extenuarse, le apareció una protuberancia, se rindió y murió rápido», decía la gente. Y cualquiera que escuchaba asentía y decía: «Ajá, así fue».

A pesar de que Abu era por lo menos diez años menor que abuelita, siempre estaba mal. Abuelita oía su vieja ranchera subiendo ruidosamente la colina y decía:

—Pues, ya tenemos compañía y calculo que ese viejo se sentará aquí como un nudo en un tronco y pretenderá que yo lo espere todo el día como si no tuviera trabajo que hacer, y justo a la hora de mis programas.

Nadie en sus cabales se interponía entre abuelita y las telenovelas *Guiding Light* y *The Edge of Night*. Si asomábamos la cabeza por la puerta mientras ella y mamá estaban frente al televisor, pancitos con manteca en mano, gritaban al unísono la orden: *¡Fuera!*

El abuelo podía aparecer en cualquier momento durante la semana, pero venía sin falta los viernes en los que la Universidad Bautista Ouachita, que estaba justo bajo nosotros en la colina, jugaba de local al fútbol. Los partidos de fútbol en un pueblo pequeño activaban la sangre de todos. Papá y Abu llevaban un par de reposeras desde la cochera al límite de la colina, las acomodaban entre los árboles y veían el partido gratis, desde lejos, como si fueran los reyes en un palco. Los niños corríamos de acá para allá alrededor de ellos y les robábamos puñados de maníes sin pelar de sus bolsas de papel madera, frenéticos por el alboroto de los locutores anunciando una jugada a todo volumen, los réferis sonando el silbato y las bandas de música tocando.

Abu miraba el juego con un solo ojo (no porque quisiera, sino porque había perdido el otro preparando jabón con soda cáustica). Siempre usaba un par de anteojos que tenían un cristal transparente de un lado y uno opaco en el otro, de manera que uno no podía ver qué faltaba, pero yo lo había visto de todos modos. Podía declarar ante cualquiera que estuviera dispuesto a escuchar que yo lo había visto y no era tan malo.

—El ojo no está ahí, eso es todo. —Yo hacía una pausa y dejaba que la idea se instalara; luego decía—: Todo lo demás está.

Tenía la piel hundida como si alguien la hubiera ahuecado con una cuchara de helado, pero el espacio donde debería estar el ojo era apenas una franja rosada de un centímetro y medio, y había sido cosida mucho tiempo atrás. No había pestañas, pero no esperaba que hubiera. Incluso en su ojo bueno eran escasas.

Gay y yo lo razonábamos como una adivinanza.

—¿Qué tendrías si quitaras a Popeye del estudio de televisión, lo hicieras envejecer y robaras su espinaca?

—Pues —decíamos—, tendrías a Abu.

Nos negábamos a apenarnos al respecto porque, de todas maneras, no lo habíamos conocido con ambos ojos sanos; además, él podía mirar el partido de los Ouachita Tigers y lanzarnos maníes a los niños con el ojo bueno. Pero abuelita decía:

—No le ha ayudado en nada pa'manejar.

Lo importante era que tener un solo ojo no había impedido que Abu construyera la casita del árbol. No me interesaba quién tenía una casa más linda o un automóvil más espléndido y con el tanque lleno de gasolina: nadie podía jactarse de una casita del árbol mejor que la que papá y Abu nos habían construido a los niños en la parte de atrás. La habían colocado entre un par de robles gruesos, apoyando su peso considerable sobre las ramas fuertes. Habían recortado unos cuadrados como ventanas en las tablas laterales y habían creado una puerta con trampilla en el piso, lo cual se había chocado con una considerable muestra de desaprobación por parte de abuelita.

—Espero que ese par de adultos tontos estén felices cuando estos mocosos se rompan el cuello.

Los tres subíamos y bajábamos a esa casita diez veces al día. Gay jugaba conmigo lo más feliz del mundo y se comportaba como si yo fuera divertida y para nada molesta. Solo era mala cuando Megen Riley, que vivía cuesta abajo en la colina detrás de nuestra casa, venía con esa actitud soñadora. Megen tenía la misma edad que Tony y era su mejor amiga, pero su madre no la hacía dormir la siesta como nuestra madre a Tony, así que, si él no estaba disponible, la dejaba con nosotras. Esta combinación no me hubiera molestado, excepto por el hecho de que dos son compañía y tres son multitud, por lo cual, a veces, se escondían en la casita, trababan la trampilla y no me dejaban entrar. Lo peor era cuando jugaban a que eran las esposas de los Beatles, tal como Gay y yo siempre jugábamos, y decían que ellas eran las mejores.

—¿Y qué hay de mí? —imploraba yo desde abajo.

—Puedes ser la esposa de Ringo —gritaban desde arriba. Yo no quería ser la esposa de Ringo. Nunca tenía que ser la esposa de Ringo, salvo cuando Megen Riley venía a casa.

—¡Entonces, la de George!

Tampoco quería ser la esposa de George.

—Pues, entonces, sé la mucama.

Más malas que las serpientes, eso es lo que eran. Yo me quedaba abajo, haciendo pucheros con las piernas cruzadas y medianamente me consolaba que Megen, por ser pequeña, no cantaba bien la letra de la mitad de las canciones.

Sospechaba que la parcialidad irritante de Gay por Megen estaba relacionada con el hecho de que ella tenía una piscina real en su patio porque era hija única. Eso me parecía un gesto innecesario, ya que nosotros podíamos ir a nadar a su casa a menudo porque la señora Riley era muy amable. Al fin y al cabo, fue quien me salvó la vida.

En mi familia no se podía ser muy alcahuete. El soplón era, sin duda, peor que el delatado lo cual me parecía una vergüenza. En pocas palabras, abuelita no quiso ni enterarse y mamá estaba tomando una siesta de cinco minutos, así que no fueron de ninguna ayuda. Papá rara vez estaba en casa durante el día, pero no le hubiera ido con el cuento de ninguna manera porque él hubiera agitado la punta floja del cinturón que tenía puesto, que era su manera de anunciar: «¿Quieres una paliza?».

—¿Por qué querría *alguien* una paliza? —Era lo que siempre quería preguntar yo.

Bueno, así es como aconteció que la señora Riley salvó mi vida. Cuando Gay y Megen estaban en la casita del árbol otra vez y no me dejaban entrar, no me quedó otra opción que hacerme cargo del asunto. Mis brazos y mis piernas eran flacuchos como los de un chimpancé, decía abuelita, y podía trepar como uno. Agarré con ambas manos una rama baja de un árbol aledaño y junté mis pies alrededor del tronco, enrosqué los dedos de los pies en la corteza y poco a poco empecé a subir, callada y sigilosa, hasta que llegué a la altura de la casita. Era un lugar magnífico para escuchar a escondidas, y no me molesta decir que se me llenaron los oídos. De repente, lo mismo le sucedió a la señora Riley. La rama en la que estaba posada hizo un ruido muy fuerte al partirse, como si alguien hubiera encendido un petardo. La rama cayó primero al suelo, y yo la seguí a toda prisa y quedé despatarrada de espaldas, los pulmones expulsando aire como un globo que había explotado.

Antes de que acopiara el oxígeno suficiente para emitir el primer gemido, la señora Riley ya me tenía en sus brazos bronceados; gritó: «¡Letha!» y corrió hacia la casa, mis pies colgando sobre sus canillas y mi mentón encorvado sobre su hombro. Para entonces, mi pecho se sacudía en sollozos; según abuelita, «lloraba tan fuerte como si se estuviera muriendo», y mamá abría la puerta de par en par y le señalaba el sofá. Pronto aparecieron Gay y Megen, quienes parecían pequeñas, afectadas y terriblemente apenadas, contemplándome «casi muerta» sobre el sofá. Revoloteé los ojos y traté de volverlos a su lugar en mi cabeza. Abuelita, la señora Riley y mamá me rodearon alteradas y preocupadas por mí, me revisaron los brazos y las piernas.

—¿Hay algún hueso roto?

Luego de la inspección, el veredicto fue declarado:

—Ni uno.

Fue el mejor día de mi vida hasta entonces, ya que bien pude haber regresado de la muerte. Se me había cortado la respiración, así de simple, pero la conmoción valió la pena en todo sentido. Pude ser Linda McCartney tres veces seguidas sin que nadie lo cuestionara, aunque tampoco nadie mencionara que esa había sido la razón.

• • •

Dejar atrás este tipo de escenas sería una verdadera lástima. No quería marcharme de la colina ni alejarme de la casita del árbol, de la señora Riley ni de su piscina. No quería dejar la hamaca de arpillera, por más que papá dijera que colgaría otra en el pueblo. Yo tenía el presentimiento de que no lo haría y resultó que tuve razón. Rayos, ni siquiera quería dejar a Megen. Ella tenía juguetes para la piscina.

Pero papá había oído el rumor de que, en cualquier momento, podía llegar a recibir órdenes para ir a Vietnam, entonces tomó la decisión de retirarse. «Sobreviví a dos guerras», escribió en un diario. «Pensé que era mejor no tentar mi suerte en una tercera». Y ahora todos nuestros muebles estaban apilados y amarrados a la caja de un camión para mudarnos a ocho cuadras, a la casa Ligon, a un tiro de piedra de la escuela secundaria. En mi mente no había dudas de que todo esto era por los cincuenta centavos que costaba la gasolina.

Es innegable que era una casa de lujo. Tenía dos sitios para comer: una sala para desayunar y una para cenar y dos lugares para sentarse: el estudio y la sala de estar. Uno podía preguntarse: *¿En qué sofá debería sentarme ahora?* y, sin más, podía ir y sentarse en él. Nunca dijimos la «sala de estar» porque, desde el principio, mamá la llamó «la sala de música». Estaba separada del estudio por un conjunto de puertas francesas con finas cortinas blancas que colgaban sobre el vidrio, y tenía otro par que daba al jardín delantero. Esta era la sala especial donde estaba el piano de Wayne. Todos sabíamos que el piano era de Wayne, aunque los demás tuviéramos algún conocimiento de las teclas. Mamá nos hacía tomar lecciones a todos los niños, pero ninguno tenía un talento nato como él. Yo no erré ni una sola nota de «When I Survey the Wondrous Cross» en mi recital y, teniendo en cuenta los tonos bemoles, eso debería haber dicho algo, pero no era fácil practicar con un retrato de Wayne coloreado en tiza sobre el piano. No lo culpo por eso, porque lo quería muchísimo, y él no podía evitar ser un genio.

A sus doce años, Wayne ya era el pianista de ensayo de *La novicia rebelde*. Dios de misericordia, no había manera de mantener ese talento en la trastienda. Su primer papel en escena en el teatro de la comunidad de Arkadelphia fue como cadáver en *Arsénico y encaje antiguo*, e hizo tan bien de muerto que le tocó actuar en la banda de los muchachos de River City en *Music Man*. Luego de eso, fue el Artful Dodger en *Oliver!*; el príncipe heredero en *El rey y yo*; Mordred en *Camelot*; Barnaby Tucker en *Hello, Dolly!*, y el joven Babcock en *Mame*. La gente decía todo el tiempo acerca de Wayne: «¿Qué crees que llegará a ser?» y «Famoso, eso es lo que será». Y, además, tenían razón al decirlo.

Posteriormente, mamá colocó un soporte de música frente a una silla a la derecha del piano donde Wayne podía poner sus partituras y practicar con el corno francés que había sumado a su repertorio.

Lo que eliminaba cualquier tipo de duda sobre su talento era la manera en que Wayne tomaba sus clases de francés en la secundaria y hablaba como si hubiera estado en París. Gay secundaba en talento a Wayne y, pronto, ella también estudiaría francés. No importaba que no entendiéramos una palabra de lo que decían porque estábamos bajo su encanto. No puedo ni imaginar qué pensaban abuelita o Abu sobre cuán lejos llegaríamos en la vida, siendo como éramos del interior de Arkansas, ahora que nos habíamos afrancesado.

● ● ●

Con la mudanza a la calle Doceava, llegó mi ascenso oficial dentro de la familia: pude mudarme a un cuarto con mi hermana mayor, Gay. Este era un cambio revolucionario, un claro reconocimiento de que yo, una niña de siete y a punto de cumplir ocho había alcanzado la plenitud de la niñez, un estímulo necesario para mí, ya que Gay empezaría a usar sostén en cualquier momento. El futuro era radiante para ambas.

Gay y yo nos las arreglamos para ocupar nosotras solas un ala entera de la casa, la que estaba junto a la entrada para vehículos, aunque no nos daríamos cuenta de todo el potencial de nuestra distancia a las habitaciones de mamá y papá y de abuelita hasta que a Gay le crecieron las piernas lo suficiente para alcanzar el pedal sentada en el asiento del conductor.

Durante el día yo disfrutaba con bombos y platillos de las disposiciones de los nuevos cuartos, pero me llevó tiempo acostumbrarme a las noches. El colchón no era el mismo en la cama que Gay y yo ahora compartíamos y no era remotamente tan abrigado. Además, sinceramente, estábamos tan lejos de todos los demás que un secuestrador podría tenernos en Fayetteville para la hora del desayuno. Me guardaba esos temores para mí misma por miedo a perder el escaso progreso social que había logrado ante los ojos de los miembros de mi familia.

Cuando estábamos en la colina, Sandra y Gay compartían el cuarto. Mamá y papá también compartían la habitación con la cuna de Tony en el rincón. Una vez que Tony fue capaz de entrar y salir gateando de la cuna a su gusto, alternaba entre la habitación de

Wayne y la de nuestros padres, dependiendo del nivel de tolerancia que un adolescente sofisticado tuviera para con un alborotado niño que empezaba a caminar. Estos acuerdos habían dejado un último dormitorio para el último par: abuelita y yo.

En nuestra familia, compartir la habitación equivalía a compartir la cama. La mayoría de las bases y las cabeceras de nuestras camas habían pertenecido primero a otro pariente cercano: generalmente, a los Green o a los Rountree. Lo mismo aplicaba para las cómodas, los escritorios y las mesas que teníamos. No poseíamos muchos muebles recientemente comprados y no puedo recordar una sola cama que no haya sido heredada. Por ejemplo, cualquiera de nosotros o de nuestros primos podía terminar con la cama de la difunta Abue y, de ser así, probablemente el colchón donde ella feneció. Eran cosas previsibles. La idea de que los colchones debían jubilarse en cierto momento razonable no se le había ocurrido a la población en general.

Todo esto es para explicar cómo abuelita y yo terminamos durmiendo juntas en el gran colchón de plumas de ella y del abuelito Miqueas, el cual se parecía sospechosamente a una almohada enorme. El relleno no seguía ninguna organización concreta. No había botones, costuras ni resortes, tampoco ningún hilván, salvo en los bordes. Eso quería decir que una no tenía ningún dominio sobre el colchón. El colchón la dominaba a una. Cuando una estaba lista para ir a la cama, se tiraba sobre él y se hundía, hasta que era completamente deglutida. No nos engañemos, esto podía ser un alivio celestial de los males del día (a menos que hubiera una distribución sumamente despareja del peso entre los ocupantes).

Como práctica habitual, me trepaba a la cama antes que abuelita. Y digo *trepar* para que se haga usted la imagen de que esta cama, como la mayoría de las de su época, llegaba a la mitad de la altura de un techo bajo. Una vez que escalaba la loma, me acurrucaba cerca del borde con los párpados caídos y trataba de mantenerme despierta hasta que abuelita terminaba todo su aseo nocturno. Esto implicaba las cosas habituales como cepillarse los dientes, poner en remojo sus dientes postizos, cambiarse el vestido del día por su camisón (abuelita nunca en la vida usó pantalones) y colocar un frasco para conservas lleno de agua helada sobre la mesita de luz junto a la cama, el cual se cubriría de gotitas que se escurrirían durante la noche, remarcando todavía más el mismo círculo sobre el barniz.

Siempre miraba hacia el otro lado y fingía que dormía para darle privacidad a abuelita porque usted no andaría de un lado a otro frente a todos en su ropa de cama. Además, me costaba más dormir si la veía en calzones. Yo quería un montón a abuelita, más de lo que había querido al Abu, pero prefería quedarme mirando un minuto seguido el ojo que él había perdido. Nunca había visto calzones como los de Abuelita, ni los he visto desde entonces. Tenían la forma de los calzoncillos de papá, grandes y espaciosos, con piernas de diez o doce centímetros, solo que eran de nailon beige como una enagua de mujer. Eso me parecía inapropiado y es la razón por la que habitualmente le daba la espalda cuando se cambiaba.

Cuando, por una seguidilla de gruñidos breves, yo sabía que abuelita estaba en los pasos preliminares a lanzarse a la cama, juntaba del colchón lo que cabía entre mis dedos y lo aferraba con ambas manos. La suya era una entrada dramática. Una vez que la cama paraba de temblar, yo me quedaba dormida y, naturalmente, soltaba lo que había recogido del colchón. Entonces, perdida en la dulce y dichosa duermevela, lentamente rodaba colina abajo y dormía sana y salva en la grieta de la roca.

A veces, pasábamos toda la noche sin que abuelita tuviera que usar la lata de café Folgers. La guardaba dentro del cuarto, con nosotras. Jamás le pregunté sobre esta costumbre ni pensé mal de ella, pero sí calculé que para cuando ella se colocaba sobre la lata para apuntar como deben hacerlo las mujeres, cuya fisonomía no las favorece para esta tarea, hubiera maldecido varias veces la distancia de cinco metros por el pasillo hasta el baño. Llegué a la conclusión de que la costumbre era una manera perfectamente sensata de no caminar por la casa a la mitad de la noche y despertar al bebé, quienquiera que fuera el bebé en ese momento. Abuelita se había mudado a vivir con mamá y papá antes de que se secara la firma de su acta matrimonial. Se ganaron semejante premio, debo creer, por haberla avergonzado cuando se escaparon para casarse. Entre sus siete hijos y los cinco de mamá y papá, Abuelita vivió durante años con una docena de niños. Así que si alguien sabía cómo evitar que los bebés se despertaran era ella.

Cuando llegaba la mañana, mi madre solía preguntarle a mi abuela:

—Mami, ¿cómo dormiste anoche?

—Casi bien, supongo —informaba ella—. A pesar de que esa Bethie es de lo más terrible porque quiere dormir justo encima de mi propia persona.

Con la mudanza al pueblo, abuelita recibió su propia habitación y yo adquirí una nueva compañera de cuarto y el colchón último modelo, que no era de veinticinco kilos de plumas de ave cosidas holgadamente dentro de una sábana. No dormía sobre la zona lumbar de Gay tanto como lo había hecho con abuelita, y si lo hubiera hecho, es entendible que su paciencia se hubiera agotado. Era hora de crecer. Pero esta repentina independencia para dormir no fue un ajuste menor. La cosa fue aterradora para mí.

• • •

Durante el día, juego con el maquillaje de Gay y me pruebo sus zapatos. A ella no le importa. Si está afuera con su amiga Robin, leo las notas dobladas y no tan bien escondidas en el cajón de sus pijamas. Todas están escritas en hojas de cuaderno, con borrosos lápices número dos. No puedo decirle nada a Gay porque se enteraría de que he estado metiéndome en sus anotaciones otra vez, pero sus amigas deberían usar sacapuntas de vez en cuando y no harían tanto lío.

Paso del cajón de pijamas de Gay a su bolsa de macramé y encuentro un tampón con el envoltorio roto y lo estudio. Encuentro unas monedas sueltas en los recovecos inferiores, junto con migas de papas fritas, pero no las agarro. Nunca lo haría. Solo las cuento. Las fichas para los almuerzos no cuentan como dinero real, aunque parezcan monedas de veinticinco. Solo sirven en el comedor de la escuela. Saco dos tocones rotos de entradas a partidos de fútbol.

Tengo una gran idea. Buscaré las chinchetas del cajón de la cocina y clavaré los tocones en la pared de nuestra habitación y, quizás, hasta encuentre un banderín azul para colgar entre ambos. Todo esto es justo, ya que el equipo de fútbol Mighty Badgers de la escuela secundaria de Arkadelphia está pasando por lo que todos en el pueblo llaman «una buena racha». ¡Dios mío, cómo hemos avergonzado a esos Malvern Leopards!

Si Gay entra y me atrapa con las manos en su bolso, se comportará como si estuviera muy enojada conmigo, pero no lo estará. No gritará ni nada por el estilo. Me gusta estar durante el día en la habitación que compartimos con Gay. Es a la hora de dormir cuando siento mariposas en el estómago. A la hora de ir a la cama desearía todavía estar durmiendo con abuelita. Porque en ese momento llega la Sombra e interrumpe mis sueños como un ladrón que tiene la llave de la casa.

El sueño siempre es el mismo.

Estoy en la misma casa. En esta misma habitación. En nuestra propia cama. Pero las sombras y los tamaños están totalmente distorsionados. Las puertas y las ventanas son enormes, como la habitación de un gigante. Los talones de entradas sobre la pared ahora parecen piezas de un gran rompecabezas que no paran de dar vueltas alrededor de las chinchetas. Gay está en la misma cama conmigo. Estiro mi brazo y muevo con rapidez las puntas de los dedos para tocar su manga, pero ella está demasiado lejos para que la alcance. No hay nadie en casa, salvo nosotras. *¿A dónde se van todos?*

Escucho algo por el pasillo, una puerta que se abre a lo lejos. No sé cómo oigo el chirrido de la bisagra o por qué los que están más cerca no pueden hacerlo, pero no lo oyen.

Ahí está el sonido otra vez. Un ruido sordo. Quizás sea mi corazón. *Shhhh. Escucha, escucha. ¿Hacia dónde va?* A veces, la Sombra se da vuelta y se aleja. Esta vez no. Mi corazón se acelera.

Puedo escuchar el crujir del piso de madera del pasillo. El ruido sordo se hace más fuerte, más cercano. Ahora, la Sombra está apenas al otro lado de nuestra puerta. El picaporte gira lentamente, las bisagras gimen y el pestillo retrocede. El aire de la habitación cambia.

Siento que Gay se pone rígida junto a mí. Me pregunto si ella también lo siente. Subo las mantas hasta mi nariz. *Es un sueño. Es solo un sueño. Vete, Sombra. Eres un gran nudo de pensamientos malos y terribles. Eso es todo lo que eres. Un nudo de pensamientos malos y terribles.*

El cuarto es oscuro (el cielorraso moteado, ahora chato, sin luna, sin estrellas), pero es una especie de penumbra ligera que puedo atravesar con mi brazo, caminando, ubicarme en ella, avanzar.

La Sombra no es así. La Sombra es una oscuridad densa. Espesa. Rellena. No habla. Respira. Jadea. Su nariz silba.

Ahora se acerca más. Ahora está más oscuro. Más espeso. Ahora está encima. Se mueve sobre nuestra cama como la nube más negra del mundo. Yo arrastro las mantas más arriba. *Quiero a mi mamá... Quiero a mi abuelita... Quiero a mi Wayne.*

Escucho que el reloj que está sobre la repisa de la chimenea marca la hora. Es medianoche. Aguanto la respiración. Tal vez, si la Sombra cree que estoy muerta, se irá. Temblando, bajo las mantas como para mirar furtivamente. Ahí está. La Sombra. Se cierne. Jadea. Mis ojos se agrandan, aterrados. La Sombra se acerca. Entonces lo veo. Claro como la nariz que tengo en mi cara. Un solo rayo cae sobre su cabeza. Tomo aire rápido y cierro apretadamente los ojos... *esperando el trueno.*

CAPÍTULO TRES

Lo que perdimos los Green en asientos gratuitos para ver los partidos de fútbol de Ouachita cuando nos fuimos de la colina, lo compensamos en entradas gratis al cine. No me interesa quién diga lo contrario, no había en Arkadelphia un lugar más atrayente todo el año que el Cine Royal. Cualquier fin de semana había no menos de veinte personas haciendo cola en la boletería para la película de las siete. Con nuestro talento para lo dramático, nuestra familia tomaba la vida del cine como Elvis Presley tomó a Ann-Margret.

El Cine Royal era la perla de la calle Main. La botica Fuller, al otro lado de la calle, era su única competencia, y solo porque tenía un dispensador de refrescos que servía cervezas de raíz con helado y lo anunciaban con pintura blanca en la vidriera. Las otras tiendas sobre la Main (el negocio de baratijas de Sterling, el centro comercial Dew-Orr y la zapatería de Tom Chandler, por ejemplo, de los cuales el último se autoproclamaba *el calzado más refinado de Estados Unidos*) tenían fachadas comunes de cristal, ninguna se diferenciaba de la otra y los nombres en lo alto estaban escritos en letras simples. No eran horribles; simplemente, no tenían nada especial. (La única excepción podría haber sido lo de Sterling porque Sandra había trabajado ahí los sábados por cincuenta centavos la hora, cuando estaba en la secundaria. Según mi parecer, contratarla había beneficiado su reputación. Nadie podía decir que ella no era popular. Por no decir cómo se fueron cuesta abajo desde que ella se casó).

El cine era lo opuesto a «nada especial». Era de un distintivo estilo art déco, tenía la palabra *Royal* en letras cursivas gigantes en el segundo piso que recalcaban la doble marquesina en la que, si papá tenía suficientes letras, los títulos se leían bien escritos. Se había quedado sin las letras *K,* pero el problema se resolvió sin inconvenientes cuando papá tomó unas tijeras y recortó dos *R.* La improvisación era su especialidad, y se notaba. El espacio triangular debajo de la marquesina dejaba un lugar para que los aficionados al cine hicieran la fila de la boletería sin obstruir la vereda. La mayoría de los días, los clientes podían encontrar a Agnes Cox detrás de la ventanilla, apoyada sobre una banqueta, cobrando y pasando las entradas a través de la apertura semicircular. Nadie podía decir que fuera joven, pero la gente tampoco podía recriminarle lo contrario porque era fácil ver que iba todas las semanas al salón de belleza de Cathryn. Con el premio en la mano, los clientes privilegiados entraban por un par de puertas dobles con pequeñas ventanas redondas que le agregaban cierta mística de barco con teatro a bordo. El señor Brantley, un hombre canoso de complexión delgada y semblante amable, cortaba las entradas y, con un movimiento circular de su mano derecha, daba la bienvenida a los parroquianos detrás de la cuerda roja de terciopelo.

Absolutamente nada era común y corriente en el Cine Royal. Era el principal suceso de Arkadelphia, donde se vendían sueños y podían verse estrellas.

Por setenta centavos por persona, cualquiera era bienvenido. Los blancos eran bienvenidos a ingresar por la entrada oficial, la del portero, y sentarse en el auditorio principal de la planta baja; los negros eran bienvenidos a entrar por una puerta distinta, sin ningún portero y a comprar sus entradas y golosinas en la parte de atrás del quiosco; luego, debían seguir los letreros de «Personas de color» y subir un conjunto de escaleras angostas hasta el palco.

Habían pasado diez años desde que la Suprema Corte declarara inconstitucional la segregación en las escuelas públicas, pero Arkansas, en general, era un poco lenta. Había pasado mucha agua bajo el puente después del fallo cuando, en 1957, el gobernador Faubus convocó a la Guardia Nacional de Arkansas para impedir que los estudiantes negros ingresaran a la escuela Central High de Little Rock en el primer día de clases. Arkadelphia quedaba a 110 kilómetros en la dirección del viento, y el pronóstico era implacablemente ventoso. Para el año 1970, las escuelas públicas de Arkadelphia estarían completamente integradas. Pero nuestra época en el Royal comenzó a mediados de los años sesenta, cuando las sombras de los niños negros y las de los blancos apenas se rozaban en las áreas de juegos.

Yo estaba en el hall de entrada, cuando una de las tres niñas negras de mi clase entró en el Royal con su familia. La miré, ella me miró y ambas nos reconocimos, pero al no saber qué hacer a partir de ahí, rápidamente miramos hacia otro lado. Observé la selección de golosinas debajo de la vidriera como si no la conociera de memoria. No volví a espiar a mi compañera hasta que ella y su familia se formaron en fila para subir la escalera empinada, ataviados con su ropa dominical, ella con calcetines con puntillas blancas doblados por encima de sus guillerminas relucientes.

Mis pies calzaban unos toscos y pesados zapatos correctivos de suelas gruesas. Todavía tendría que usar un año más esos horribles zapatos Oxford porque mi caso grave de pie equinovaro no había mejorado lo suficiente.

—Ese pie derecho sigue vuelta pa'dentro, Letha —decía la abuelita, casi como si estuviera viendo por un agujero mis dedos mayores—. No le va'hacer ni un poco de bien a esa chiquita si se apresura a sacarse los zapatos.

Mamá me dejaba usar las guillerminas en ocasiones especiales como Navidad y Pascua o para algún domingo excepcional cada tanto, cuando Gay y yo teníamos vestidos nuevos que combinaban, recién salidos de la máquina de coser de abuelita. No se imagine que yo no presumía muy bien esos zapatos. Oh, claro que lo hacía. Me sentaba tan alta como podía, estiraba los zapatos para que sobresalieran frente a mí, con las punteras unidas. Apostaba que la niña de mi clase estaría arriba, uniendo las suyas en ese mismo momento. Apostaba que, también, le gustaba que el charol se pegara un poquito, como si lo hubieran lustrado con algún pegamento Elmer.

Los zapatos caros no deberían esconderse, me parecía a mí. Las familias no deberían esconderse. Los padres no deberían esconderse. Muchas veces, no es necesario decir que algo anda mal para que un niño lo sepa. Yo podía sentir la pena en mi pecho. Es solo que las personas pueden tener una rara manera de dejar atrás lo que alguna vez supieron.

De tanto en tanto, cuando el cine estaba casi vacío y nadie miraba, me escabullía hacia la escalera y tomaba asiento, preguntándome cómo se verían las películas desde allí. No se podía fingir que la planta superior estuviera tan linda como la planta baja. Los asientos eran viejos y estaban manchados y el piso, lleno de hollín. Levantaba el rostro y me quedaba mirando el haz de luz tubular que salía del proyector en el curioso santuario que estaba detrás del palco, cautivada por las partículas de polvo que flotaban como plumitas. A veces, me sentaba en esta butaca, a veces, en aquella e inclinaba la cabeza y entrecerraba los ojos hacia la pantalla.

—Pues, ellos pueden ver bastante bien. —Siempre *ellos*. Así eran las cosas. Aplacábamos nuestra conciencia herida lo mejor que podíamos.

Probablemente, mis hermanos miraban de reojo esas escaleras y se cuestionaban cosas parecidas, pero no nos lo contábamos entre nosotros. De todas maneras, no hubiera cambiado nada. Hay ciertas cosas que, por más que uno se siente en el lugar del otro, no pueden saberse. Uno tendría que ponerse en la misma piel.

Las pantallas múltiples aún eran un producto de la imaginación más alocada. El Royal era el típico cine de una pantalla, que pasaba una única película dos días seguidos, dependiendo de cómo anduviera la taquilla. *Lawrence de Arabia* permaneció una semana entera y la mayoría de los musicales, también. *Mary Poppins* se mantuvo hasta que a Sterling prácticamente se le acabaron las sombrillas. Cuando había éxitos que duraban mucho tiempo, mis hermanos y yo nos aprendíamos los guiones de la película como actores de verdad. Seguíamos las partes tristes como si nunca las hubiéramos visto. Lloré a gritos y me soné la nariz en el baño para chicas durante quince minutos después de *Romeo y Julieta*. ¿Quién ha visto tragedia semejante? En mi mente, éramos el niño que me gustaba de la escuela primaria y yo los que estábamos desmayados de amor en esa pantalla, y él odiaba terriblemente verme partir. El lunes siguiente me quedé mirándolo en el aula, pensando cómo fingía él en su escritorio, haciendo aviones de papel, como si no hubiéramos muerto juntos.

Papá debe haber sido un buen soldado por cómo ganó una pila de medallas y se quedó durante tanto tiempo en el Ejército, pero no se me ocurre que haya hecho algo en su vida, de principio a fin, tan bien como hacía palomitas de maíz. Podía hacer explotar cada grano sin quemar ni uno, y con tres simples ingredientes: granos frescos de calidad (no crea que él no sabía la diferencia), suficiente aceite de coco para empapar la base de la caldera de aluminio y una gruesa capa de sal fina como el polvo, con sabor a mantequilla. Nada (lo declararé hasta la muerte) huele mejor que las palomitas de maíz del cine cuando empiezan a entreabrir la tapa con bisagra y a desparramarse sobre la bandeja de acero inoxidable. Papá volteaba la sartén en el instante preciso y la vaciaba mientras los niños esperaban en el quiosco, embobados y haciéndoseles agua la boca. Luego, mientras las palomitas estaban calientes y se extendían amarillas como un lecho de narcisos, papá sacaba su salero con sal de mantequilla y las completaba con una buena espolvoreada.

Esta exhibición era un buen negocio, no solo porque papá vendía baldes y baldes de palomitas de maíz, sino también porque la sal le generaba sed a las personas, cosa que los mandaba de nuevo al mostrador a comprar refrescos. A los niños nos gustaba trabajar cuando estábamos en el Royal, siempre y cuando pudiéramos entrar y salir corriendo. Wayne era el único que tenía la edad suficiente para trabajar horas reales y ganar dinero de verdad, pero era lo justo ya que ningún otro quedó con una fea cicatriz por culpa de la máquina caliente de las palomitas. El señor Brantley tenía la paciencia de Job y le permitía a Tony romper las entradas con él, aunque solo fuera por impedir que saliera corriendo a toda máquina como un jugador del Green Bay Packer a las piernas de los clientes. Podía hacer caer de rodillas a hombres adultos cuando jugaba a ser Bart Starr. Gay y yo, por otra parte, trabajábamos en el quiosco con madura sofisticación; ningún otro empleo tuvo mejores beneficios. Podíamos beber toda la coca y comer todas las palomitas de maíz que quisiéramos, siempre y cuando usáramos vasos descartables y bolsas de papel.

Ahora bien, en esa época y en nuestra región, a toda bebida gaseosa se la llamaba coca. Malinterpretar el pedido era desperdiciar un producto importante y a papá no le gustaba desperdiciar nada. El procedimiento era el siguiente:

Nosotros decíamos: «¿Qué le gustaría comer?». Mamá nos enseñaba: «Nunca digas *qué quiere*, siempre di *qué le gustaría*». Era más cortés, insistía ella, y nosotros no queríamos que abuelita dijera: «Esos chiquillos no han aprendido ni un buenos modales».

Los clientes decían: «A ver...», hacían una pausa que parecía de cinco minutos y se golpeteaban la barbilla como si hubiéramos traído nuevas opciones desde la semana anterior. Finalmente, las respuestas variaban al estilo de: «Me llevaré unas barritas Snickers, unos pepinillos en salmuera, unas palomitas de maíz tamaño mediano y una coca grande».

Ahí era cuando decíamos: «¿Qué tipo de coca?». Y ellos especificaban:

Coca de *naranja*.

Coca de *uva*.

Coca de *Sprite*.

Coca de *Dr. Pepper*.

Si usted quería una Coca-Cola, tenía que decirlo específicamente. En ocasiones, alguien ordenaba *un suicidio*, lo cual era vivir al límite porque llevaba un chorro de cada tipo de refresco. La única bebida que no incluíamos en el suicidio era el jugo de los pepinillos. Eso no se consideraba coca porque era un jugo.

Eso se pedía aparte y solo mientras hubiera suministros. Lo servíamos desde el frasco de pepinillos (amarillo y verde, con algunas semillas perdidas) en un vaso con hielo picado. Si decíamos: «¿Le agrego un pepinillo?», podría apostar cinco centavos, incluso diez, a que decían: «No, solo el jugo». «¿Por qué no?» quería preguntar yo, pero sabía la respuesta. Odiaban los pepinillos.

Una vez que les tomábamos la orden, decíamos: «Enseguida viene», de lo más alegres y nos poníamos a trabajar. El primer año que papá dirigió el Royal, mi frente apenas llegaba al mostrador y tenía que pararme en puntitas de pies para empujar el borde del vaso contra la palanca del dispensador. De la única manera que podía saber si el vaso estaba lleno era dejarlo rebalsar. A los clientes no parecía molestarles. Solo agarraban más servilletas del mostrador plateado (como diciendo con rapidez *una-dos-tres*), secaban el vaso y dejaban los bollitos húmedos en el mostrador de vidrio. Yo les agradecía y, luego, si los bollitos no estaban demasiado empapados, yo los usaba para secar la parte inferior de mi brazo y mi axila.

La tarea que menos nos gustaba era limpiar el auditorio entre las proyecciones de las películas. Si éramos precavidos, era el mejor momento para salir disparados por la puerta y cruzar la calle hacia la tienda de «todo a cien» para admirar los juguetes. No se imagina usted cómo la gente volcaba sus refrescos, desparramaba las palomitas de maíz y arrojaba al piso los envoltorios de sus golosinas y dejaba todo ahí tirado, como si no tuviera nada de buenos modales. Cada uno de nuestros pares de zapatos tenía dos o tres pegotes aplastados adheridos a las suelas, incluso de los amarillos narciso. De lunes a viernes, de 8:30 a 3:30, nuestros zapatos se pegaban al piso cuando nos levantábamos de nuestros pupitres y producíamos chasquidos que toda la clase podía escuchar.

Todos los niños de nuestra familia, excepto Sandra, alcanzaríamos la mayoría de edad en el cine Royal haciendo cosas que no deberíamos haber hecho, y en las propias narices de nuestro papá. Wayne fue el primero. Él mismo me dijo cómo llegó a su masculinidad.

—Fue ahí mismo, en la fila de atrás del sector del medio, durante una matiné en la que daban *Los amantes deben aprender* —me contó luego—. Esperé algún momento a oscuras.

Mis ojos se abrieron más, sabiendo que algunas escenas podían hacer que el auditorio se sintiera como en el horario nocturno.

—El corazón me latía fuerte —dijo.

El mío, también.

—Y, entonces, ahí estaba.

—¿*Qué* estaba ahí? —pregunté con el alma en vilo.

—Troy Donahue y Suzanne Pleshette en una Vespa, yendo velozmente a partes desconocidas y desapareciendo en un túnel.

Imaginé la escena como si estuviera allí.

—¿Y luego qué?

Fue entonces cuando lo dijo sin rodeos:

—Aproveché la oportunidad y planté un gran beso en los labios esponjosos de Belinda Bippus.

Cosas como los labios esponjosos de Belinda Bippus eran parte del porqué pasar el rato en el Royal superaba holgadamente las desventajas, a menos que un niño comiera demasiado y vomitara en el pasillo. En ese caso, lo mejor que podía pasar era que fueran las gomitas Tootsie Dots. Si era un perro caliente, casi no había manera de recuperarse.

Los beneficios, no obstante, eran para los que teníamos una mirada perspicaz. Sabíamos quién venía con quién, con quién salía cada uno, quién había terminado con quién, quién pasaba el brazo por el hombro de tal, y la mamá de cuál se escabullía tarde para sentarse atrás y estaba a punto de atrapar a tal y cual. Y eso no era todo. Si pasábamos por el vestíbulo los fines de semana, cuando se proyectaba una película más picante, sabíamos quién había comprado una entrada el sábado a la noche y se sentaba en la iglesia el domingo a la mañana como si nada.

CAPÍTULO CUATRO

Yo PODÍA SALIR del cine Royal con una bolsa de papel llena de palomitas de maíz, doblar raudamente a la izquierda en la Main, girar a la derecha en la Diecisiete Norte, luego de mirar a ambos lados, ir en línea recta algunas cuadras y, antes de haberme terminado el contenido hasta que solo quedaran los granos, entrar por las puertas de un lugar más hogareño de lo que fue alguna vez para mí la casa Tudor de ladrillos rojos de la calle Doceava. Aparte de la escuela, el único lugar donde pasé más tiempo que en el cine Royal fue la Primera Iglesia Bautista de Arkadelphia. A los ojos de una niña, el edificio era, simple y llanamente, palaciego. La estructura tradicional de ladrillos marrones se erguía por varios pisos, con ventanas altas y esbeltas con vitrales que revestían el santuario que imponía respeto. Las alas que había a la derecha y a la izquierda contenían montones de espacio educativo, una excelente biblioteca eclesiástica, un espacioso departamento pre-escolar y una guardería; en la planta baja, la cocina de la iglesia completamente equipada, contigua al salón social. A pesar de lo grande que era para una niña pequeña, yo conocía cada centímetro del lugar, excepto los baños de los varones. Quienes crecimos en esos salones por aquel tiempo los deambulábamos y los usábamos con plena libertad.

Si de sofisticación se trataba, estábamos a la misma altura que los presbiterianos. Estábamos a una distancia fácil de llegar a pie desde la Universidad Bautista Ouchita, a cuyos estudiantes se les requería asistir a la iglesia, y éramos afortunados de que pocos de ellos tuvieran auto. Si Jesús iba a pie dondequiera que fuera, ellos también podían hacerlo. Algunos de los profesores más admirados de Ouachita también honraban nuestros salones y calentaban nuestros bancos, incluidos los que pertenecían al renombrado departamento de música. Solían cantar nuestros solos y guiar nuestros coros.

Los Green no éramos demasiado fervorosos de la charla religiosa en casa. El fervor puertas adentro estaba reservado, fundamentalmente, para los buenos modales, para decir *sí, señor* y *no, señor, sí, señora* y *no, señora*, y *¿Puedo retirarme?* cuando habíamos terminado de cenar. Pero con lluvia o con sol, granizo o nieve, nos llevaban a la iglesia no menos de dos horas y media, tres veces por semana (los domingos a la mañana, los domingos a la tarde y los miércoles directamente después de la escuela, toda la tarde). Lanzados como pelotas de softbol prácticamente nuevas, del vientre materno a las obreras de la guardería de la iglesia, nunca conocimos otra cosa. Bien podrían haber sido las parteras que estaban en la sala de parto con nuestra madre.

En esos tiempos, las iglesias no tenían una teología firme sobre los gérmenes. Nos exponían a toda afección posible, lo antes posible. De niños, si nos resfriábamos: «Aquí tienes un pañuelo. Suénate fuerte, límpiate bien, que yo vendré a buscarte en unas horas». Si teníamos lo que mi gente denominaba «demandas intestinales»: «No tardes mucho en ir al baño. Suénate fuerte, límpiate bien, que yo vendré a buscarte en unas horas». Así eran las cosas. Nada cambiaba, por mucho que nos quejáramos.

Pero pienso todo el tiempo: ¿y si algo lo *hubiera* cambiado? ¿Si me hubiera quejado para no tener que pasar lo que resultó ser la mitad de mi juventud entre esas paredes?

Mi iglesia creía en el hacer cosas a la vista de los demás. Eso podía significar hacer gala de palabras rebuscadas que solo algunos conocían, cantar en voz tan alta como para ser escuchado desde diez bancos más atrás o no mirar el himnario ni siquiera a la tercera o cuarta estrofa o sentarse a mínima distancia del púlpito en cada uno de los servicios o que se viera claramente cuánto dinero ponía alguien en el plato de las ofrendas o poner cara de estar sumamente apenado mientras uno tocaba el órgano en la colecta. Cosas como estas se practicaban con regularidad. Pero en nuestra iglesia había otras ocasiones en las que hacer cosas frente a los demás era la manera de demostrarles que uno había tomado una decisión importante. A veces, no era sino hasta que lo hacíamos público a la congregación que nos dábamos cuenta de cuán importante había sido la decisión. La primera vez que me pasó esto, yo tenía nueve años.

Deslicé la mano por la baranda de madera de la pequeña pileta que había detrás del balcón del coro, metí las puntas de los dedos de los pies en el agua y las moví. Tenía miedo de que estuviera fría, aunque me habían dicho que no. No estaba caliente como la de la ducha, pero tampoco estaba helada como la de la piscina el primer día de las vacaciones de verano.

—Adelante, querida —susurró la mujer a cargo de ayudar a las niñas y a las señoras a ponerse las túnicas; su mano palmeó delicadamente mi espalda. Mi mamá me había dejado con ella media hora antes, dándome un fugaz apretón de mano para que me tranquilizara, luego, había salido con rapidez por la puerta para poder sentarse con el resto de nuestra familia en el santuario. No recuerdo cómo se llamaba la señora, pero sí su manera afectuosa de ayudarme a quitarme la ropa de domingo y la enagua. Abracé mi barriga con mis bracitos desnudos, contenta de haberme dejado puesta la ropa interior. De todas maneras, ella no daba miedo, tampoco parecía que hubiera notado en verdad que mi ombligo sobresalía.

—Usarás la que tienes puesta hasta entrar en el agua —había dicho mamá—. Puse otra en esta bolsita. —Asentí cuando me la dio.

Decidí imaginarme como si llevara puesta la parte inferior de mi traje de baño. Un traje de baño hubiera sido una buena idea. Alguien debería haber pensado en ello porque ¿y si mamá hubiera dejado caer la bolsa de papel en el vestíbulo? ¿Y si hubiera escrito mi nombre con un marcador negro en la etiqueta de la ropa interior como para el campamento de verano? ¿Cómo se suponía que me recuperaría yo si uno de los Neel recogía esa bolsa?

La mujer hablaba suavemente mientras pasaba la túnica sobre mi cabeza y yo metía los brazos a través de las mangas.

—¿Estás bien, cielito?

—Sí, señora.

—Hoy es un gran día.

Asentí.

—Llevarás a casa un Nuevo Testamento de la iglesia. ¿No te parece estupendo?

—Sí, señora.

El hermano Reeves —así era como llamábamos a nuestro predicador— estaba de pie con el agua hasta la cintura, donde todos podían verlo. Se dirigía a la congregación mientras un niño mayor, empapado y chorreando agua de la cabeza a los pies, subía los pocos escalones hacia el lado de los muchachos. La pileta se revolvió cuando se retiró, y unas olitas rompieron contra el vidrio delante del bautisterio. El hermano Reeves finalizaba lo que había estado diciendo y ahora extendía su mano izquierda hacia mí, agitando la punta de los dedos como yo removía las puntas de los pies.

Puse el pie derecho en el primer escalón, el izquierdo en el segundo, y me aferré firmemente a la baranda. Eché un vistazo rápido a través del vidrio y vi a los miembros del coro con sus túnicas y sus estolas, los cuellos estirados para mirarnos a nosotros. Estaba Peggy Horton, una soprano alto. Habitualmente, estaba a cargo de la música especial en nuestra iglesia y su nombre aparecía en el boletín como: *Música especial: Peggy Horton.* El hermano Reeves también estaba siempre en el boletín, bajo *Sermón,* pero nunca como hermano Reeves. Por escrito siempre era el *Dr. Sam Reeves.* Yo no sabía de quién era doctor. El nuestro no era. Nosotros veíamos al doctor Ross cuando estábamos enfermos; él venía a casa. No creo que el Dr. Reeves haya estado ni una vez en nuestra casa en el pueblo, como tampoco nos revisó nunca los oídos. Que lo diga no es que él no me agradara. Sí me agradaba. Es que no sabía si era un doctor calificado. Sin embargo, era un predicador calificado por la manera en que se paraba ante el púlpito con la cabeza bien en alto, como si su madre lo hubiera criado para eso, y usaba palabras importantes y sabía cuándo alzar la voz y cuándo callarse, según cuánto estuviéramos adormeciéndonos. También solía terminar en horario, que es como mi familia calculaba quién era llamado a predicar y quién no.

Di el tercer paso y extendí mi mano a los dedos inquietos del hermano Reeves. No podía ver a la congregación, pero me preguntaba si estarían de pie o sentados. Esperaba que estuvieran sentados, por el bien de abuelita.

—Me parece que esos tipos podrían decidirse —decía abuelita— si nos quieren de pie o sentados. —No se podía culpar a abuelita por sentirse así. Ella y todas sus amigas de la escuela dominical, quienes se sentaban juntas durante el servicio de alabanza, eran viejas como Moisés e igual de canosas, solo que ellas usaban casquetes y él no. Para cuando habían logrado ponerse de pie ayudándose una a la otra, zigzagueando, tambaleándose y sacudiendo el banco, el resto de nosotros estábamos ya llegando a la tercera estrofa de «Grata certeza»: *Siempre confiando encuentro en Jesús: Paz, alegría, descanso y salud* —Para cuando llego a «Sagrado es el amor», ya estoy agotada. —Esta era la última canción que cantábamos al final del servicio, todos de pie y tomados de las manos.

En realidad, si usted le preguntaba a abuelita, no todas las personas encontraban en esta rutina paz, alegría y descanso. Pero yo no podía hacer nada al respecto allá arriba, en el bautisterio, con el hermano Reeves; él con una toga blanca y los pies descalzos, sin ser más doctor que yo. Ahora me tenía de la mano y delicadamente me acercaba al centro de la piletita. Su rostro conocido se ensanchó con una sonrisa. El agua era densa contra mi cuerpo, se movía lentamente como la miel, su tibieza subía poco a poco por la tela en mi espalda. Mientras me conducía directo frente a él, ensayé mentalmente las instrucciones por última vez y deslicé los pies bajo una barra pequeña sobre el piso del bautisterio. Se suponía que esta herramienta tenía que impedir que me diera vuelta hacia atrás cuando llegara el momento, pero yo no sabía si el plan funcionaría. Tenía la sensación de que estaba hecho para pies más grandes que los míos. Por el espacio que detectaba entre los pies y la barra, estaba bastante segura de que si el hermano Reeves se entusiasmaba demasiado, hasta un hombre adulto corría el riesgo de voltearse. Enrosqué tan fuerte como pude las puntas de los dedos de ambos pies alrededor de la barra y, luego, me llevé las manos a la nariz y a la boca para cubrirlas, como me habían dicho.

El hermano Reeves apoyó una mano firme entre las paletas de mis hombros y la otra en el aire, como si saludara a la señora Reeves.

—En obediencia al mandamiento de nuestro Señor y Salvador, Jesucristo, y luego de tu profesión de fe, ahora te bautizo, mi hermana, Beth Green, en el nombre del Padre, del Hijo y del Espíritu Santo, para el perdón de tus pecados...

Dijo otras palabras, también, pero me las perdí. Primero, me distrajo que el hermano Reeves me llamara su hermana. Necesitaba pensar en eso un minuto. En segundo lugar, aunque era a lo que había venido, todavía estaba bastante sorprendida por la celeridad de la inmersión. Lo que fuera que Dios hacía durante el bautismo de agua, yo esperaba que él estuviera prestando atención en ese momento o perdería su oportunidad. El hermano Reeves, que generalmente era proclive a los movimientos lentos, puso su mano saludadora sobre mi nariz, me echó hacia atrás, metió toda mi cabeza bajo el agua y, luego, me subió con un movimiento brusco. No hubo ningún *en sus marcas, listos, ya*. Nada de *a la cuenta de tres*. En dos segundos exactos, fui sepultada con Cristo en el bautismo y levantada (y con levantada me refiero a que fue en todo sentido, ya que mis pies instantáneamente se salieron de abajo de la barra) para caminar en una vida nueva. Esto es lo que podría contarle sobre la Primera Iglesia Bautista de Arkadelphia: usted no podía cambiar de parecer una vez que se metía al agua con el hermano Reeves. Él venía por su nariz, y usted se iba a pique. Y menos mal que era así. De todos modos, yo no quería cambiar de parecer.

Decían que no me entraría agua en la nariz, pero sí entró, y parece que además tragué un poco; bien pudieron haberlo permitido, ya que ellos lo provocaron. Fui bautizada por dentro y por fuera, de la cabeza a los pies, hasta la nariz y la garganta. Mi bautismo fue en mi estómago, en mis brazos y en mis piernas. Así fue como supe con seguridad que lo recibí y que nunca necesitaré otro mientras viva. Yo no entendía cómo el hermano Reeves podía ver con un rocío de gotitas sobre sus bifocales, pero, al parecer, podía porque me condujo de la mano de vuelta por esos mismos escalones, donde la mujer a cargo de las niñas bautizadas me esperaba con una toalla. Por la expresión en su rostro, debo haberlo hecho bien. Pude escuchar cerrarse la cortina sobre el bautisterio y supuse que Peggy Horton se dirigía hacia el micrófono para la música especial, para darle tiempo al hermano Reeves a volver a ponerse sus ropas eclesiásticas en el lado de los muchachos.

Para entonces, yo temblaba de frío porque el aire acondicionado llegaba a mi piel empapada, pero estaba satisfecha. Había hecho lo que mis abuelos, mis padres, mi hermano y mis hermanas habían hecho antes que yo, y estaba hecha sopa para demostrarlo. En cuestión de segundos, mamá llegó para ocuparse de mí. Terminó de secarme, me vistió de nuevo y me peinó deprisa para que pudiéramos regresar al servicio. Uno no se perdía el sermón simplemente porque acababa de bautizarse. Ni siquiera recibía un refrigerio. Solo recibía un Nuevo Testamento.

Mamá y yo entramos en puntas de pies al servicio por atrás mientras los ujieres pasaban el plato de las ofrendas. Lo que normalmente hubiera sido grosero, como estar con el cabello mojado en la iglesia, era perfectamente correcto para las personas recién bautizadas. Nos permitían hacer casi cualquier cosa, y todos nos miraban y sonreían. Uno podía pisarles los pies al bajar del banco. Mamá y yo llegamos a nuestra fila habitual y nos juntamos con nuestra gente. Mientras me acomodaba al lado de Gay, pude ver a mi abuelita entre sus amigas más adelante con su gran Biblia sobre el regazo. En seguida se inclinó hacia adelante lo suficiente para que yo pudiera ver a través de la redecilla azul pálido de su casquete que ella estaba feliz. Traté de no sonreír demasiado y estrujé los mechones de cabello entre dos dedos, goteando agua en la página 204 de nuestro himnario bautista, «¿Qué me puede dar perdón?».

Ese día no pude concentrarme en el sermón. Mis ojos revoloteaban cual mariposa primaveral por el santuario, aterrizando en el hombro de tal o cual persona. En un último asiento del entrepiso estaba la señora Shambarger, mi maestra de coro en la iglesia. A mis doce años, también se convertiría en mi maestra de campanillas y me asignaría los fa, fa sostenido y sol. Yo también era buena para las campanillas. En la sección lateral, varias filas más adelante, podía ver la parte de atrás de la cabeza de la señora Mary King. Hubiera reconocido la cabeza de la señora King en cualquier parte, así que desaceleré mis alas y me posé allí un buen rato. Ninguna persona de la Primera Iglesia Bautista me era más conocida que ella. Todos los miércoles a la noche, daba clases preparatorias para las misiones a las niñas, y siguió pasando de grupo con el de mi edad. Nunca supe si seguía promocionando con nosotras porque nos quería o para evitarle a otra maestra el inconveniente, pero me parecía que si no le agradáramos, no nos invitaría a las *pijamadas*. Pasamos más noches en el piso de la sala de su casa, con nuestras almohadas y nuestros catres, que las que puedo recordar y siempre preparaba una comida extranjera para que pudiéramos hablar de las misiones en ese país. Tenía dos perros salchicha que estaban un poco pasados de peso, yo suponía que era porque les dábamos a probar nuestras comidas internacionales.

Desparramados por todo el santuario, había niños y adultos con los que comíamos cada semana en la cena de los miércoles a la noche en el salón social. Las mismas personas y, la mayoría de las veces, el mismo menú: una insulsa rebanada de jamón, una cucharada de habas verdes, un panecillo cortado, una porción de margarina y una rodaja de manzana roja con canela, todo servido en gruesos platos blancos en la cocina de nuestra iglesia por mujeres que se movían muy rápido.

No podía ver dónde se había sentado la señora Lizzie, una mujer pequeñita como un gorrión, pero ya la había visto revoloteando por nuestro sector esa mañana. Era nuestra maestra de la escuela dominical y tenía la misma suerte que la señora King en lograr que nuestra clase le prestara atención. No sé por qué nunca nos dijo que termináramos de hacernos cosquillas en los brazos. Tengo la sensación de que hubiéramos parado si nos hubiera espantado de vez en cuando, pero ella tenía otras buenas cualidades que compensaban el no escandalizarse. Siempre tenía copias adicionales de la publicación trimestral de la escuela dominical porque casi ninguna de nosotras encontraba las suyas en casa. Conocía a todas nuestras familias y podía recordar nuestros pedidos de oración de la semana anterior sobre cuestiones del estilo de cómo el gato había tosido una bola de pelos sobre el cubrecama de felpa.

No obstante, no había logrado ni una mínima mejoría con nuestras mentiras y nuestros engaños. Todas las semanas tildábamos *Leer las lecciones de la escuela dominical* y *Leer la Biblia a diario* en la lista de asistencia, como si estuviera bien pecar en la iglesia.

Estas eran las personas y así eran las cosas, mi mente distraída había aterrizado ese domingo que tenía el cabello húmedo, cuando escuché una voz incorpórea que vino desde algún lado al fondo del santuario y le dirigió al hermano Reeves un *a-a-a-a-mén* fuerte y gutural. Nunca supe a qué anciano le pertenecía la voz, pero cada semana sonaba puntualmente a la mitad del sermón y, luego, de nuevo al final. No muchos en la Primera Bautista podían hablar durante el servicio sin meterse en problemas. Afortunadamente, este era el amén que indicaba el final del sermón, estábamos de pie y por cantar el himno de invitación. Esa semana era el de la página 363, «Yo me rindo a él». Generalmente, era ese.

Era el momento del servicio en el que el hermano Reeves preguntaba a la congregación si nos habíamos arrepentido de nuestros pecados, si habíamos aceptado a Jesús y habíamos nacido de nuevo, y si usted no lo había hecho y deseaba hacerlo, lo invitaba a caminar hacia el altar a encontrarse con él y decírselo. Además, se lo hacía fácil porque bajaba de la plataforma al nivel del piso.

Nadie quiso arrepentirse de sus pecados ese día en particular. Siempre me apenaba por el hermano Reeves cuando ninguna persona deseaba renegar de sus pecados. Varias semanas antes, yo misma había querido, de la mejor manera que pude y de lo máximo que había pecado. Le había dicho a mi mamá que estaba lista para unirme a la iglesia, así como lo habían hecho el resto de los Green (excepto Tony, que al fin y al cabo solo tenía siete años), y que deseaba tomar la Cena del Señor la próxima vez. Ella me había hecho algunas preguntas. ¿Había aceptado a Jesús como mi Salvador personal? Pues, sí, lo había aceptado. Bueno, ¿cuándo, pues? Yo no podía precisar el momento exacto, pero sabía que lo había hecho.

Les había creído a mis maestras de preescolar de la escuela dominical cuando levantaban esas láminas y relataban historias sobre cómo Jesús podía pedirles a hombres muy pequeños que bajaran de los árboles, darles la vista a los ciegos y sanar a los leopardos y esas cosas. Nos sentábamos y escuchábamos una de cada tres palabras en un círculo de sillitas bajas, bebiendo naranjada Hi-C y jugando con galletitas de manteca Nabisco entre nuestros dedos. Les creí también a mis maestras de la escuela dominical en primer grado (y en segundo y en tercero), cuando nos contaron cómo Jesús murió y resucitó para que pudiéramos ser perdonados y vivir con Dios para siempre. Ahora bien, no sabía demasiado sobre el cielo, pero por la forma que el hermano Reeves fruncía el ceño cuando amenazaba a los pecadores con el lugar malo, sabía que el cielo era el mejor de ambos. Mamá dijo que podía pasar al frente el domingo siguiente.

El hermano Reeves siempre hacía que quienes habían pasado al altar se quedaran en el frente del santuario después de la oración final, para que la congregación hiciera una fila y les diera «la diestra de compañerismo». Gay y yo nos reíamos disimuladamente en la fila y nos desafiábamos a dar la mano izquierda, pero perdíamos el valor cuando llegaba el momento. Cuando pasé al frente, había niños pequeños, adolescentes y adultos que se formaron en una fila extensa hasta donde se alcanzaba a ver para estrecharme la mano a mí y a los otros que habían pasado. Ancianos con el cuerpo doblado sobre su bastón avanzaron hacia adelante y tendieron sus manos huesudas, salpicadas con manchas violetas y surcadas por venas oscuras.

—Qué maravilla —decían este y aquel.

—¡Bienvenida a la familia!

—Yo trabajaba en la guardería cuando tenías dos años —dijo una señora.

—Felicitaciones, señorita —dijeron montones de personas.

Al principio me fue bien; luego, algo me invadió. Un nudo del tamaño del puño de un niño se me atascó en la garganta y no encontré la manera de tragarlo. Mi labio empezó a temblar y las lágrimas caían por mis mejillas como muchos ríos Caddo. Esto no evitó de ninguna manera la fila. Las personas actuaban como si fuera normal y seguían viniendo. Recibí su compañerismo con la mano derecha y traté de ocultar mi rostro y secar mis lágrimas con mi antebrazo izquierdo.

Por los rostros, las palabras y los apretones de manos de aquellos que mucho tiempo atrás habían tomado la misma decisión y se habían parado en el mismo lugar que yo, supe que estaba sucediendo algo más importante de lo que me daba cuenta. Yo había pensado sumarme a la iglesia ese día y decir públicamente que era cristiana. Cristo había pensado llamarme ese día para empezar a salvar mi cuello flacucho.

Ese día que caminé hacia el frente, nadie de mi familia dijo una palabra de que me había portado como una tonta y había sido una llorona mientras volvíamos a casa. Abuelita hizo lo de siempre. Se retorció en su asiento de la camioneta VW, tironeó de su vestido y chasqueó el elástico de su cintura; luego, dijo:

—Que nadie se interponga entre mí y la casa cuando paremos, y no digo si pueden. Esta faja me está matando. Casi que no respiré en toda la mañana. Calculo que se encogió en el lavarropas.

Graciosa como era, mamá soltó un «amén» suave, lento y en voz baja que sonó como el de ese anciano de la iglesia y significaba lo mismo.

Lo mejor de mi niñez lo viviría en los pasillos rayados por el paso de los tacos de la Primera Iglesia Bautista, y entrando y saliendo por las puertas vaivén del Royal. Pero lo *mejor* pronto se convertiría en un término relativo, como sucede en cada vida, y ningún remanso de alegría permanecería ileso.

CAPÍTULO CINCO

Lo había visto antes: cómo la luz del día podía volverse tan oscura como la noche y el viento enfurecerse, jalando arbustos del jardín y arrancando las cercas de madera de los patios, y una casa entera rápidamente podía despegar de la tierra, aspirada hacia la cola de un tornado feroz. Había visto de qué manera una casa podía dar vueltas y vueltas en una tormenta embravecida mientras la aterrada persona adentro se agarraba de cualquier cosa que estuviera quieta. Había visto cómo el mundo entero de una niña y las personas que mejor conocía podían quedar atrapados por la violencia mientras los escombros volaban y los cielos rugían como un tren de carga. Árboles completos podían ser arrancados de raíz del suelo y salir disparados a la atmósfera como livianas plantas rodadoras. Los adultos, al otro lado de una ventana abierta de par en par, a poco más de un brazo de distancia, sordos a las súplicas de la niña.

Algo sucede en la oscuridad, el aire tormentoso puede convertir a un matón promedio que va pedaleando en una bici en una bruja horrible que vuela en una escoba. La mente puede perderse en una tormenta como esa. El corazón puede salir volando de adentro de la cavidad torácica. El valor puede ser arrancado como una sábana de un tendedero.

Lo había visto en la pantalla grande, cómo una casa podía separarse de su losa y entrar en un torbellino de imaginaciones violentas. Luego, lo sentí desde dentro de mis propias paredes. Lo vi con mis propios ojos. Me tambaleé en el torbellino. Lo viví en mi propia piel, ahí, en nuestra casa de la calle Doceava.

La locura vino por nosotros. Descendió sobre nuestro techo, se derramó de nuestras canaletas y rodeó nuestra casa. Se filtró por las grietas que había alrededor de las ventanas. Esta locura nos cubrió el rostro, nos envolvió el cuerpo, nos entró por los poros y nos infectó la sangre. Acechó nuestros cuartos por la noche, como un espíritu maligno. Golpeó y luego destrozó nuestra seguridad. Yo tenía once años, iba en el asiento del acompañante de nuestro auto de regreso a casa desde Little Rock, cuando nunca más pude darme el lujo de preguntarme si había algún problema. Pero, en algún sitio, metido en lo profundo de una gaveta de mi mente, siempre lo había sabido. Una niña no se arranca partes del cabello ni pedazos de su memoria por nada.

Mamá me dijo esa mañana que nuestros planes habían cambiado. Papá me llevaría a mi consulta habitual con el ortodoncista para que ajustara mis aparatos. Arkadelphia era un pueblo demasiado pequeño para tener su propio ortodoncista, así que cada tantas semanas, hacíamos el viaje de una hora. Éramos pobres en casa y estábamos hasta el cuello de deudas; era comprensible que papá hubiera preferido prescindir del gasto, pero mamá lo había convencido de la necesidad.

—No estamos hablando de tener dientes torcidos, Al. La niña casi no puede cerrar los labios.

Ninguno de mis hermanos necesitó aparatos, pero yo me había tropezado y caído sobre una mesa ratona a los seis años, lo cual empujó los dientes de leche superiores hacia dentro de las encías y desplazó los dientes permanentes. Mi destino quedó sellado. Tendría que usar alambres correctivos durante los años venideros o tener la peor sobremordida del mundo.

No quería que papá me llevara solo. Le recordé a mamá que todas las otras veces habían ido ambos.

—Y después de mi consulta, vamos rapidísimo a Casa Bonita, los tres, para que yo coma antes de que me duelan los dientes, ¿recuerdas, mamá? Luego, volvemos a casa para que estés aquí cuando Tony y Gay llegan de la escuela. Siempre lo logramos, ¿no, mamá? Siempre regresamos a tiempo.

—Lo sé, lo sé —dijo ella.

Seguí insistiendo con que podíamos resolverlo.

—Y, de todas maneras, abuelita está aquí si llegamos unos minutos tarde. Pero no lo haremos, lo prometo. No tenemos que salir a comer.

—Ah —dijo—. Eres tan dulce. —Ella deseaba poder ir y sé que era cierto, pero había surgido algo en una de las escuelas. Extendió mi ropa favorita: un *jumper* verde claro sin mangas, con una pollera pantalón y grandes lunares blancos. Era estilo marinero y tenía un nudo cuadrado atado en el extremo de la V del cuello. Acababa de recibir mi primer sujetador deportivo. No comenzaría a tener mi período hasta un año después.

El viaje hasta Little Rock, papá y yo solos, fue bueno, principalmente porque escuchamos la radio hasta que hubo demasiada estática. Incluso entonces, mientras pude oír qué canción sonaba bajo los estallidos y los crujidos, conocía todas las letras dado que Gay era adolescente y compartíamos la habitación. Papá se puso de malhumor porque no encontraba dónde estacionar cerca del consultorio del ortodoncista, pero antes de que me mordiera las uñas hasta las cutículas (como abuelita había declarado que haría), papá y yo habíamos llegado a la sala de espera. En seguida, estuve boca arriba en el sillón verde claro y los alambres de mis aparatos quedaron tirantes como un tambor. Me agradaba mi ortodoncista. Tenía un montón de dientes y todos excelentes, siempre estaba sonriente y eso me parecía bien, ya que lo suyo era el negocio de la boca.

Fue en el camino de vuelta a casa desde Little Rock, apenas los edificios y el cemento empezaron a convertirse en campos y vacas, que mi papá apagó la radio y se quedó callado. Todavía teníamos señal clara como un silbido en la KAAY-AM 1090, por eso pensé que papá estaba a punto de decir algo. Pero no lo hizo.

Hay un tipo de silencio bueno que no agobia para nada. Es la clase de silencio en el que la mente resplandece con todo tipo de pensamientos, como: qué animales exóticos me permitiría mi madre tener en el cuarto si le prometiera ocuparme personalmente de darles de comer o ¿no sería genial si los automóviles pudieran volar? Pero este no era un silencio de esa índole. Era un silencio como si el aire se volviera denso en el auto, como si estuviera respirando algodón.

Miré a papá con el rabillo del ojo, tratando de descifrar en qué iba tan concentrado por la manera en que tensionaba y aflojaba su mandíbula.

—Ven aquí y siéntate a mi lado—dijo palmeando el asiento, la comisura de su boca hacía un tic poco natural hacia arriba y hacia abajo (sonreía y fruncía el ceño, sonreía y fruncía el ceño) mientras él seguía con la mirada fija como si estuviera allí y en otro lugar al mismo tiempo. Yo no quería acercarme porque me sentía a gusto con el lugar donde estaba sentada, pero papá no lo estaba pidiendo, lo estaba ordenando. Me acercó agarrándome del brazo desnudo, me tiró del cuello.

No, no, no quiero hacerlo. Quiero sentarme junto a la puerta. Quiero a mi mamá. Quiero a mi abuelita. Quiero a mi Wayne. Mis pensamientos gritaban, pero mi boca estaba sellada. El algodón que respiraba se volvió pegamento. Yo lloraba y él reía.

Quizás, un papá pueda hacer muchas cosas y su hijo piense que sigue siendo bueno de otras maneras, pero no la clase de cosas que mi papá me hizo. Ninguna clase de buen padre hace lo que mi papá me hizo. Yo lo sabía, aunque no supiera cómo nombrar lo que me había hecho. Cómo describir lo que él era. Era un papá que no valía nada. El único papá que yo tenía. Y era un papá que no valía nada.

* * *

La casa Ligon parecía diferente cuando volvimos, como si se hubiera desplazado diez grados del hormigón, delatando la línea torcida del tejado. El ladrillo era más oscuro de lo que recordaba. Siempre pensé que era rojo, pero ahora me daba cuenta de que no lo era. Era marrón como el barro. Las bombillas de las lámparas de las mesitas ratonas y del techo eran más tenues. Ahora, los filamentos empezaban a titilar. La pintura blancuzca de las paredes no era para nada blanca.

Tal vez había pasado cierto tiempo. En mis recuerdos, los vientos huracanados comenzaron a chiflar instantáneamente y los guijarros y las ramitas picotearon nuestras ventanas como el granizo, pero los sucesos traumáticos saben cómo desordenar el tiempo. Lo que sé con certeza es que durante la crianza de una niña nunca es un buen momento para que su madre desaparezca. Y no hay peor momento que cuando la niña fue traumatizada por su padre y necesita que su madre lo sepa. Lo que también sé es que una madre no siempre puede ayudarse a sí misma. Su mundo se derrumba de pronto.

Mamá se enfermó. Eso lo tengo en claro ahora. Verlo en retrospectiva puede disipar en cierta medida la espesa niebla, pero en aquel momento no nos dieron ninguna explicación que nos ayudara a Gay, a Tony ni a mí a procesar lo que estaba pasando. Todo se volvió sombras, secretos y puertas bien cerradas. Lo único que podíamos identificar era que nuestra madre atenta, cuyos hijos habían sido todo su mundo, se derrumbó interiormente y se volvió frágil como un caparazón de papel, durante casi cuatro años.

Wayne se había ido a la universidad y, con él, nuestra luz escénica teatral y el sonido del piano que apaciguaba la noche. Durante esos años, siguió yendo y viniendo a casa y no permaneció ajeno a la punzada de la tormenta que se movía, pero aunque se hubiera quedado, posiblemente no hubiera podido salvarnos. No podría haberse salvado a sí mismo. La locura era mayor que la suma de todos nosotros. Sandra estaba a muchos kilómetros de distancia, iniciando su familia. Fuimos nosotros seis (papá, mamá, abuelita, Gay, Tony y yo) los que vivimos bajo ese techo que salió volando en láminas. Abuelita estaba cada vez más agitada, también más vieja, y sus manos retorcidas estaban atadas. Papá se prestó, prácticamente sin ocultar nada, a una inclinación de lo más oscura. Mamá se metió en la cama y nos dejó a nosotros tres completamente despiertos. Con una ferocidad rabiosa, la casa entreabierta se convirtió en una casa desquiciada.

Mamá salía por períodos de tiempo y se parecía mucho a quien había sido antes. Aliviados y llenos de alegría, los niños le correspondíamos y actuábamos como antes. *No pregunten nada ni cuenten ningún problema.* Hacía las tareas habituales e iba a todos los lugares que solía ir. Veía sus novelas favoritas y canturreaba con su humor delicioso. Durante ese rato, recuperábamos a nuestra madre, coherente, que cocinaba y lavaba la ropa, pero que seguía siendo demasiado frágil para que volviéramos a acomodarnos y pensar que íbamos a estar bien. Había algo en los movimientos nerviosos de sus ojos y de las puntas de sus dedos.

Sin previo aviso, el sol no volvía a salir la mañana siguiente o la otra y jurábamos sobre una Biblia que nunca volveríamos a estar bien. Hacía cosas desconcertantes y estremecedoras como escribir un nombre a lo largo de una pared, marcar alguna una fotografía, dejar una nota que no tenía sentido o reír con una carcajada perturbadora. Llamó por teléfono a Wayne en un estado de histeria para decirle que iba a ponerle fin a su vida. Él aceleró temerariamente en señales de «Pare», pasó un semáforo en rojo y salteó los cordones para llegar a tiempo a intervenir. Cuando entró corriendo a la casa, encontró a mamá bebiendo café, aplastando la colilla de un cigarrillo en un cenicero marrón y exhalando la última bocanada de humo, el mentón en alto, el labio inferior hacia afuera, como si nada hubiera pasado.

Podíamos pasar días sin padecer los actos más perturbadores, pero fue escaso el alivio que tuvimos de la nube negra que tomó de rehén a mamá, y ella no tuvo ningún tipo de alivio. Nunca tendríamos respuestas a muchas de nuestras preguntas. Nunca supimos si los síntomas fueron solo de una enfermedad mental crónica o si estaban exacerbados por abusar de los medicamentos de venta libre y de los recetados. Éramos tan jóvenes que la segunda opción no se nos hubiera ocurrido, de no ser porque a veces era casi imposible despertarla. Ella no bebía. Eso lo sabíamos. Lo único que papá no permitía (el pecado imperdonable ante sus ojos) era que hubiera alcohol en nuestra casa. Aun cuando eso explicaría la posterior atracción que sus hijos tuvimos hacia el alcohol, este no era el motivo de que mi madre cayera en un sueño tan profundo que no podía despertarse.

A veces, Gay, Tony o yo necesitábamos de nuestros padres algo que no podía esperar. Podía ser una firma en un documento escolar o permiso para pasar la noche con un amigo. Necesitábamos que nos llevaran a alguna actividad o, tal vez, una excusa para asegurarnos de que ella seguía respirando. Teníamos madre y padre, pero, sin ninguna duda, Gay y yo confiábamos mucho más en nuestra deteriorada y agotada bella durmiente que en nuestro padre plenamente activo. De ninguna manera deseábamos estar en deuda con él. En la cúspide de esos cuatro años infames, si de casualidad él estaba en casa cuando mamá estaba encerrada en su habitación, ni nosotros ni abuelita teníamos permitido acercarnos a ella.

—No toquen esa puerta —nos decía él, gruñendo como un perro a punto de morder, si nos demorábamos en el pasillo junto a su cuarto —a nosotros, los hijos que deseábamos ver a nuestra mamá, y a abuelita que amaba a su hija.

Yo no tenía intención de responderle de manera insolente y abuelita trataba de hablarle racionalmente.

—Al —decía ella, inusitadamente en tono de súplica—, es mi hija la que está ahí. Necesito ver cómo está.

—¡Acabo de hacerlo! —bramaba él. Entonces, inventaba alguna excusa para justificar que dejarla sola en ese pozo profundo y oscuro era lo mejor para ella—. ¡Está enferma y necesita dormir!

—Y con eso ponía fin al tema, al menos mientras él estaba en casa.

Pero cuando él no estaba en casa, lo cual sucedía a menudo, los tres menores nos atrevíamos a desafiar el abismo si estábamos lo suficientemente desesperados.

Así es como lo hacíamos: Gay era la primera, yo detrás de ella con las manos sobre sus hombros y Tony detrás de mí, sus manos apoyadas sobre mis hombros, como un tren de tres vagones. Lo hacíamos como un juego, por el bien de Tony. Por el bien de todos. Abríamos silenciosamente la puerta y las bisagras chirriantes provocaban una réplica conocida.

—¡Shhhhhhh!

—Estoy en silencio. Cállate tú.

—¿Quieres cerrar la boca?

—¡*Tú* cierra la boca!

—¡La vas a despertar!

—¡Vinimos para despertarla!

—Pues, ¡no estamos listos para despertarla! —Eso era cierto, y todos lo sabíamos, entonces cerrábamos la boca.

Esperábamos a que los ojos se adaptaran a la oscuridad que ella mantenía con las pesadas cortinas cerradas. Luego, acercábamos el trencito (*en puntitas de pie, todos*) hacia el costado de la cama donde estaba el bulto de arcilla humana bajo las mantas. Gay no solo era la mayor: también era la más valiente.

—¿Mamá? —decía y, entonces, los tres rompíamos el tren y corríamos de vuelta hacia la puerta, esperando que ella contestara. Sabíamos que cuando lo hiciera, sería con un chillido sobresaltado y desorientado de: «¿Qué? ¿Qué? ¿Qué?», que casi nos mataba del susto.

Repetíamos el mismo procedimiento unas cuatro veces, subiendo el volumen y, a menudo, nos causaba tanta gracia que nos doblábamos de risa. Reír era nuestra manera de sobrellevar lo absurdo de la vida. En efecto, por fin se despertaba con un grito y se incorporaba derecha como un cadáver dentro de un ataúd, a lo Alfred Hitchcock, lo cual nos tenía nerviosos durante la hora siguiente.

Papá nos dijo que mamá estaba loca. También se lo había dicho a ella. Decía que había perdido la cordura y que inventaba cosas, como que él andaba en algo nada bueno con otra mujer.

—Y bien, ¿*estás* en algo? —Esa fue Gay. Ella le hablaba de igual a igual. Más valiente que Tarzán. Una sola vez vi a papá levantarse y darle una bofetada en la cara por hablarle de esa manera. Eso no la asustó para nada. A esa altura, estaba harta de él. Supongo que él sabía que ella tenía la capacidad de devolverle la bofetada.

—¿Si estoy en *qué*? —replicó él furiosamente.

—¿Tienes una aventura? —Escupió cada palabra por separado, casi como si hiciera estallar el tacón de un zapato contra el linóleo con cada sílaba.

—¡Maldición, no! —lo dijo así nomás y, siendo tan religioso como era, no acostumbraba insultar mucho, así que cuando lo hizo supe que mentía como un cosaco.

Gay y yo tardamos semanas en encontrar la prueba de que había hecho exactamente lo que negó. Se equivocó sobre mamá. No estaba loca. Estaba atrapada. Encadenada en una celda que se había vuelto insoportable. Y, por un tiempo, su mente padeció una fractura expuesta como la que seguramente hubiera sufrido un cráneo al chocar contra un parabrisas en un choque frontal. Viviría, pero por un tiempo demasiado largo, desearía no hacerlo.

• • •

Una noche, mientras papá estaba en el trabajo y los demás, distraídos, mamá salió caminando por la puerta delantera y desapareció en el ocaso. Abuelita nos alertó a Gay y a mí, explicándonos que había escuchado la puerta del frente y no le había dado importancia, pero luego se había dado cuenta de que mamá era la única que faltaba. Había esperado unos minutos, con la esperanza de que ella volviera pronto sin incidentes para evitarnos el disgusto a Gay y a mí. Gay era una conductora con licencia para entonces, pero su entusiasmo habitual por ponerse al volante de pronto fue inundado por un temor horrible. Llamamos a papá al Royal, le dijimos lo que había ocurrido y le suplicamos que encontrara a mamá. Él vino a casa para que «le contáramos la historia completa», dijo, y a esperar que ella entrara caminando por la puerta. Nosotras no solíamos contestarle las insolencias a papá a menos que quisiéramos una pelea. Pero esa noche estábamos suficientemente inconsolables como para insistirle que tomara el auto y saliera a buscar a nuestra madre y a la hija de abuelita *y a tu esposa, papá. ¿Te acuerdas de ella?*

Ni una sola vez fue hacia el teléfono que había en el desayunador para llamar a la policía. Los Green éramos una familia conocida en un pueblito universitario. Una familia cristiana que se destacaba en la iglesia. Papá estaba en el Club de Leones. Era un directivo de la Cámara de Comercio. Era el responsable de su departamento de la escuela dominical, por el amor de Dios. Wayne ya era una leyenda en Arkadelphia y tenía apenas poco más de veinte años. Gay era bastonera de la banda Badger de la secundaria de Arkadelphia. Que supiéramos, nadie sospechaba nada de nosotros todavía. Supongo que, tal como nos veíamos a nosotros mismos, no éramos la clase de personas que se involucran con la policía. Para nosotros hubiera sido la muerte en ese pueblo, imposible superar la vergüenza.

Es raro cómo un pequeño detalle puede derretir el corazón de uno como si fuera de cera. Con una angustia que había tensado la piel floja de su rostro en un nudo apretado, abuelita dijo:

—Creo que Letha salió descalza. —No había manera posible de que mamá saliera de casa sin zapatos. No si estuviera en su sano juicio. Contrariado, papá accedió a nuestra insistencia, a nuestra vergüenza, y salió a buscar a nuestra mamá.

La impotencia dejó en nuestro pecho un vacío de todo tipo de esperanza y dio lugar a que el pánico se acumulara y se agitara. Distrajimos a Tony todo lo que pudimos. Él sabía poco y nada de la presunta doble vida de papá. Sabía que nuestra familia estaba desajustada. Sabía que mamá muchas veces no estaba disponible y que parecía enferma, pero él era la sombra de papá, solía estar en el Royal y estaba protegido de gran parte de las cosas que habían salido a la luz en nuestro hogar. Ellos dos tenían una relación que el resto de nosotros no habíamos tenido. Wayne era músico y artista, un nene de mamá. Tony era deportista y agresivo, un nene de papá.

Gay y yo no pretendíamos cambiar eso. Eso mantenía a nuestro hermanito menos consciente y más aislado. Aunque éramos apenas unos años mayores que él, lo protegíamos lo mejor que podíamos y nos callábamos la boca, excepto por los secretos que nos contábamos una a la otra en tonos susurrantes.

Ni Gay, ni abuelita ni yo nos sentamos durante la hora siguiente. Nos turnamos para caminar de un lado al otro de la sala y pararnos en el ventanal, nos apoyábamos sobre el sofá, expectantes de que la silueta conocida apareciera cruzando por el patio de la escuela. Cuando el pánico superó lo que podíamos ocultarle a Tony, él entró en el mismo caos que nosotras. Es espantoso ver ese tipo de complicidad en la cara de un niño; ningún niño debería conocerla.

—No podemos encontrar a mamá —fue lo único que dijimos. ¿Qué más había que decir? Cuando tu mamá está perdida, ¿qué otra cosa importa?

La sonrisa contagiosa y adorablemente sinvergüenza de Tony primero se desinfló; luego se invirtió por completo, como si una bota hubiera dado vuelta de una patada el tazón del perro. Su labio inferior salió hacia afuera y temblequeó. Cuando Tony lloraba, algo de lo más curioso sucedía a sus ojos. Las lágrimas unían sus abundantes pestañas marrones formando unas puntas que hacían que sus pupilas parecieran el centro de dos estrellas titilantes. Mamá podía haberse extraviado, pero supongo que según lo veía Gay, sus hermanas mayores no habían desaparecido. Lo tomó de la mano y no lo soltó, pero tampoco dejó de angustiarse. Lo arrastró con ella a cada paso compulsivo que daba, precipitándose de una ventana a la otra, de la puerta delantera a la de atrás. Él iba de buena manera porque, al parecer, se sentía más seguro con ella que solo.

Por favor, Dios, por favor, Dios, te lo suplicamos. ¿Puedes escucharnos en este momento? Por favor, Señor.

Lo que recuerdo con total claridad de aquellos minutos extenuantes en los que esperábamos saber algo de mamá es que encendí un cigarrillo y lo fumé a bocanadas, como si hubiera fumado mi vida entera. Me parecía que era lo que debía hacer. Lo que mi madre hubiera hecho. Había dejado en casa sus cigarrillos y su caja de fósforos. *¿Por qué ella habría de hacer eso?*

Escuchamos un vehículo en la entrada y nos quedamos helados. Algo así como un minuto después, papá entró por la puerta de atrás con mamá; ninguno de los dos dijo una palabra. Aturdida, mamá nos pasó de largo, entró en la cocina y oímos el sonido metálico de la pava y el encendido de la hornalla de la cocina.

—¿Dónde estaba? —le preguntó abuelita a papá con voz aguda y febril, un pañuelito de papel arrugado en su mano.

—La encontré en el río.

A veces, no hay suficientes cigarrillos.

Nunca volví a mirar de la misma manera esas aguas. Ahora estaban contaminadas por el miedo, el suave chapoteo en su orilla se había convertido en susurros fantasmales que repetían *qué hubiera pasado si, qué hubiera pasado si, qué hubiera pasado si...* Ahora, éramos otra clase de gente de río.

• • •

Hice la transición entre la secundaria a la preparatoria durante esa extensa temporada de inestabilidad. Todas las mañanas de clases del noveno grado respiraba hondo, abría la puerta de adelante, bajaba los escalones de cemento, cruzaba la calle Doceava, luego el patio de la escuela, mientras conscientemente intentaba soltar las partes más obvias de mi desolación. Ellas me esperarían como migas de pan, para que las recogiera en el camino de regreso a casa, para asegurarme de que encontrara la casa correcta, con todas las cosas que estaban mal.

No podría haber engañado a un adulto que estuviera atento. Era una alumna buena y capaz que, de pronto, sacó bajas notas en dos materias. Era una chica sociable que ya no podía mirar a las personas a los ojos. Usaba maquillaje de adulta y las faldas muy cortas. No me faltaban novios, pero no tenía herramientas para manejarlos. Iba a lugares donde no tenía nada que hacer, con una hermana tres años mayor. Según su razonamiento (acertado, por cierto), que yo la acompañara era más seguro a que me quedara en casa sin ella. Yo era una chica buena que hacía cosas malas. Era una chica mala que hacía cosas buenas. Iba cayéndome en nuestra casa que daba vueltas como una espiral, donde las brujas volaban en el aire.

Lo único que me aterraba más que el que me descubrieran era que a nadie le importara lo suficiente. En una ocasión, mi novio y yo, demasiado jóvenes para conducir, pero suficientemente grandes y estúpidos para buscar un lugar oscuro donde escondernos, nos encontramos en el Royal para la proyección de una matinée que yo sabía que tendría escaso público. Nos escabullimos hacia un costado, unas diez hileras abajo; estábamos prácticamente solos en el auditorio. Sin embargo, no me sentí ni mínimamente lo libre que pensé que sería. Cuanto más nos besábamos, más me preocupaba que papá entrara y nos atrapara, con lo cual me metería en el peor de los líos por portarme mal y por ser una chica mala. Él no estaba allí cuando habíamos entrado.

Estaba empezando a sentir mariposas en el estómago, así que me volteé para ver que no hubiera moros en la costa. Y ahí estaba él. Unas seis filas atrás, observándonos.

CAPÍTULO SEIS

—¡Buenos días a la ciudad más grande del Sur! —Tony y yo nos incorporamos bien erguidos en el asiento trasero del auto, luego del abrupto despertar de la radio KILT 610. Papá necesitaba ese volumen para sacudirse la fatiga de los huesos y el adormecimiento de la cabeza mientras conducía entre los cuatro carriles de un tránsito embotellado como nunca habíamos visto en nuestra vida. Nos había llevado a mamá, a Tony y a mí durante las horas de la noche por la interminable monotonía de la Interestatal 10, desde Arkadelphia. Las tormentas no habían terminado para los Green, pero el tornado que había dado vueltas enloquecidamente a mi familia durante casi cuatro años, finalmente, nos expulsó y nos hizo aterrizar en la extendida área metropolitana de Houston, Texas. Lo cual estuvo bien. La casa de la calle Doceava estaba embrujada ahora. Los malos recuerdos que durante el día se escondían detrás de las cortinas, de noche salían para sisear, bailar y jugar. Papá escalaba de posición en el mundo, no tanto monetaria como socialmente. Él supervisaría los cines de salas múltiples AMC en Houston, y no eran pocos.

La mudanza era casi inexplicable. Nosotros éramos de Arkansas y lo seríamos hasta la muerte. Nuestros difuntos seres queridos estaban enterrados en el suelo arcilloso de Arkansas. Casi todos nuestros parientes vivos todavía estaban allí. Nuestro legado estaba allí. Las raíces de los árboles genealógicos de las familias Rountree y Green llegaban a las profundidades más profundas de las colinas rurales de Arkansas desde el tiempo que nuestros ancestros emigraron desde la costa este de Estados Unidos. En las buenas y en las malas, en la riqueza como en la pobreza, era el hogar de nuestra gente. Sin embargo, algo era asombrosamente claro: ya no estábamos en nuestro hogar.

Tony y yo mirábamos, enmudecidos, por las ventanillas del asiento de atrás, los ojos enrojecidos abiertos como platos y el ácido del estómago escupiendo llamas. Las imágenes y los sonidos eran tan desconocidos para nosotros, que no hubieramos estado más sobresaltados si nos hubiéramos despertado en Neptuno. Un semirremolque enorme hizo sonar un bocinazo desde atrás, indicándole a papá que acelerara o saliera de su camino. Él se apartó del medio, nervioso y preguntándose (imaginaba yo) qué diablos hacía en esa ciudad calurosa y congestionada. Era fines de agosto y las vidrieras de las tiendas en ambos lados de la autopista estaban selladas debido a un alerta de huracán que se había dado unos pocos días antes. Habíamos venido para morir. Eso era obvio para nosotros.

Todavía vestíamos la ropa arrugada y pegajosa del día anterior y necesitábamos considerablemente lavarnos los dientes. Nuestros padres habían estado de acuerdo, algo bastante atípico, en viajar de noche para permitir que Tony y yo fuéramos a las fiestas de despedida que habían organizado nuestros amigos. Lloramos sobre nuestras almohadas las dos primeras horas del viaje, hasta que empapamos las fundas y nos quedamos sin fuerzas.

Abuelita se había quedado en la casa Ligon, controlando el empaque. Gay estaba en su primer año universitario en la Henderson State de Arkadelphia. Habíamos llegado en ese preciso momento del año para que Tony y yo pudiéramos comenzar el ciclo lectivo en Houston. Yo ingresaba como estudiante de segundo año de la preparatoria y Tony, al octavo año. Mamá tenía hasta media mañana para registrarnos. Comimos un almuerzo rápido; luego, ella y papá nos dejaron con nuestros amigos de la iglesia, que se habían mudado a Houston varios años antes. Nuestros padres regresarían a Arkadelphia a toda prisa para terminar la venta de nuestra casa y organizar la mudanza. Tony y yo comenzaríamos la escuela al día siguiente y nos quedaríamos varias semanas con los Turner.

Ese año, la secundaria Spring Woods de Houston, Texas, alardeaba de tener alrededor de 4700 alumnos, que se desparramaban desde el edificio principal a una sucesión de estructuras unitarias que ellos llamaban barracas T (la T era la abreviatura de *temporaria*). El distrito dividiría la escuela al año siguiente; sin embargo, la nómina era el triple del tamaño que la secundaria de Arkadelphia. Cuando sonaba la campana al final de cada clase, Spring Woods entraba en erupción como si la bota de un vaquero hubiera pisoteado un hormiguero. Yo tardé semanas en agarrarle la mano al tránsito del corredor, iba continuamente contra la corriente y la mayoría de las veces recibía golpes de hombros descomunales, que me hacían dar vuelta como la flecha roja de plástico en un juego de mesa. Pronto me di cuenta de que criaban muchachotes en Texas. Estos eran del mismo tamaño de los jugadores ya mayores de fútbol de Henderson y Ouachita. En el almuerzo, comían cosas como bistecs de pollo frito y hamburguesas dobles de carne y queso, y les ponían chile a las papas fritas. Era impresentable.

El ingreso de Tony a la escuela pública de Texas fue parecido. Hubiéramos llorado, chillado y sentido lástima de nosotros mismos fieramente si no hubiéramos estado en lo de los Turner, pero éramos sus huéspedes y los buenos modales limitaban severamente nuestras libertades.

De los 4700 estudiantes, apenas un puñado eran negros. La imagen era instantáneamente llamativa y surrealista. Para la época en que nos fuimos de Arkadelphia, nuestras escuelas públicas estaban completamente integradas. Todo el avance, por cierto, menor, que habíamos hecho en nuestras amistades y relaciones estudiantiles en Arkadelphia (casi convertido en nuestra nueva normalidad), lamentablemente no necesitamos transitarlo en aquellos primeros años en Houston. Ellos aseguraban que no tenían problemas raciales en nuestro distrito escolar, como si ignorarlos no fuera un problema en sí mismo.

No escucharía el término «fuga blanca» hasta dentro de un par de décadas, pero la semana cuando entramos en la escuela nueva, ciertamente lo vi. No sabía cómo le decían, pero por más profundos que fueran mi ignorancia y mis prejuicios nacidos y criados en Arkansas, sabía que había algo que parecía sospechoso. Tuvimos una bienvenida blanca brillante a la vida suburbana en una de las ciudades más diversas de Estados Unidos. ¿Cómo puede tener sentido eso para un recién llegado? Apenas unas pocas salidas más hacia el oeste, sobre la autopista I-10, uno estaba oficialmente fuera de Houston. La idea total de progreso en esos días era seguir alejando los confines de la ciudad.

•　•　•

Mamá y papá regresaron a Houston varias semanas después de dejarnos en la casa de los Turner y adquirieron una vivienda de la mitad del tamaño de la casa Ligon. Nos dejaron volver a Tony y a mí a Arkadelphia con ellos durante el fin de semana para buscar a abuelita y cargar el resto de nuestras pertenencias en un camión de mudanza.

La última tarde, mi mejor amiga, Dodie, y nuestro amigo Mike pasaron a buscarme para ir a comer a Pig Pit Bar-B-Q antes de irnos del pueblo. Crucé corriendo el jardín delantero para recordarles a mis padres que habíamos hablado del tema y que yo volvería en una hora y media. Ambos comenzaron a protestar.

—Los de la mudanza están casi listos para partir y nosotros debemos ir detrás del camión. Debes quedarte aquí para que no tengamos que esperarte.

Lo que quiera que sea un ataque de histeria, según mamá y papá, yo lo tuve en ese mismo instante, en el jardín delantero. Ellos nos habían sacado a rastras a Tony y a mí del único pueblo que habíamos conocido en la vida, nos arrancaban de nuestros amigos, y habíamos pasado semanas en gigantescas escuelas nuevas sin la compañía de un solo miembro de nuestra familia, excepto por nosotros dos. Yo no estaba de humor para que me dijeran que no. Al y Aletha Green habían escogido un buen momento para, repentinamente, estar de acuerdo.

—No —dijeron al unísono—. No irás.

—¡Pero me lo prometieron!

—No sabíamos cuán cerca estábamos de partir. La respuesta es no.

Acongojada y furiosa como una avispa, le di un abrazo de despedida a mi amiga del alma, Dodie (éramos inseparables, como Anne y Diana de *Ana, la de las tejas verdes*). La extrañaría más que a nadie. Habíamos compartido el casillero, nuestra ropa y un baúl lleno de secretos. Nos pintábamos las uñas de los pies del mismo color y nos habíamos jurado una a la otra que nunca las dejaríamos al natural. Infinidad de veces, había pasado la noche en su casa y la había protegido de pasar la noche en la mía. Ninguna de las dos éramos ángeles, así que nos sentíamos menos demonios en nuestro pueblito religioso cuando estábamos juntas.

Casi media hora después, mientras subían las últimas cajas al camión de mudanza, escuchamos varias sirenas que aullaban una masacre. En nuestro pueblo, nunca se oía que sonara más de una. Todos dejamos de hacer lo que estábamos haciendo, nos volteamos en dirección al lamento de las ambulancias y escuchamos con el ceño fruncido.

—¡Tenemos que esperar! —grité—. ¡Debe ser alguien conocido!

Mis padres estaban exhaustos y, con todos los muebles en el camión, no había dónde sentarse en la casa. Abuelita tenía ochenta y seis años ya, y si se hubiera sentado en la escalera del frente, todavía estaría sentada allí, hecha una pila de cenizas. Papá abrió de golpe la puerta trasera del auto y me dirigió una mirada seria.

—Entra, Beth. Debemos irnos. —Estaba a punto de sacarlo de las casillas, y él a mí.

Los teléfonos celulares todavía eran inauditos. Teníamos un número telefónico en la casa nueva desde hacía solo una semana, pero ninguno de nuestros amigos lo conocía. Apenas nosotros sabíamos cuál era. Al día siguiente, fui a la escuela y tomé el autobús a casa, sintiéndome aún inmensamente apenada por mis padres irracionales que no me habían dejado ir al Pig Pit con mis amigos. Cuando entré por la puerta delantera, mamá y abuelita estaban sentadas una cerca de la otra en el sofá. Tenían pañuelitos de papel en la mano y esa clase de expresión afligida que, a quien las observara, instantáneamente se le formaba un nudo en el estómago.

—Bethie, siéntate con nosotras un minuto.

—No. —No tenía idea de qué estaban a punto de decir, pero estaba ciento por ciento segura de que no quería escucharlo.

—Cielo —dijo mamá, palmeando el espacio junto a ella en el sofá—, ven aquí.

Mantuve los ojos bien apretados, como si de alguna manera pudiera endurecer la superficie de mi cerebro y hacerla tan inquebrantable para que las palabras no pasaran.

Dodie y Mike habían muerto. Así, de repente. Él había girado bruscamente hacia el carril contrario mientras buscaba un paquete de chicles en el tablero, unos dos kilómetros antes de llegar al estacionamiento del Pig Pit Bar-B-Q. El negocio era el de siempre. Los clientes se acercaban al mostrador. Las cajeras garabateaban las órdenes:

—¿La especial de dos carnes? Rebanadas de carne de res, costillas de cerdo, salsa extra. Guarnición de frijoles al horno y ensalada de col. Lo tengo. Los pepinillos y las rodajas de cebollas caramelizadas están allí, junto a los contenedores plásticos con cubiertos. Los pastelitos fritos de arándanos ya salen de la freidora y estarán en el mostrador en diez minutos, burbujeantes y calientes. O pueden pedir budín de banana, si prefieren algo más simple.

Fue un choque frontal. Mike murió instantáneamente. El corazón de Dodie siguió con vida durante algunas horas. Claro que sí. Ella era, sobre todo, corazón. Sin embargo, la herida de su cabeza fue catastrófica. Desde el lugar donde estaba sentada al lado de mi madre, tratando de procesar esos dos cuerpos de tierna edad estropeados, parecía que todo el mundo se había vuelto loco.

Todavía visito la tumba de Dodie cuando estoy en Arkadelphia y llevo margaritas, si las encuentro. Bordeo la pequeña colina hasta que veo cierta lápida. Es la que tiene incrustada la foto de un camafeo de una chica de quince años a la que conocí tanto como a mí misma, con una sonrisa perfectamente traviesa. A sus padres permisivos solía darles muchos trastornos, y ellos no sabían ni la mitad. Cuando voy a su tumba, me quito los zapatos y piso descalza el borde frío de granito, el césped cosquillea mis talones.

—Sigo cumpliendo mi promesa —le digo—. Jamás un dedo sin esmalte.

La muerte de una amiga en la infancia es tan rotundamente antinatural que deja una fisura difícil de arreglar. No había vuelta atrás. La mudanza era permanente. Esta ciudad rara y enorme, en la que lo más parecido a una colina de Arkansas era un paso elevado de cemento, era nuestro nuevo hogar.

• • •

Mamá y papá todavía se peleaban espantosamente, pero el estado emocional de mamá mejoró sin lugar a dudas cuando comprobó la infidelidad de papá.

Gay encontró la evidencia poco antes de que nos mudáramos de Arkadelphia. Siempre fue medio detective. Esa tarde fatídica, estaba en el Royal y necesitaba una lapicera para escribir una nota. Se sentó en el escritorio de papá y, cuando sacó el cajón largo y poco profundo del medio donde él guardaba las lapiceras de colores, los lápices afilados, la extrae grapas y los sujeta papeles, sus dedos rozaron un objeto desconocido pegado con cinta Scotch a la parte inferior del cajón. Se deslizó afuera de la silla y se agachó debajo del escritorio para investigar. Para ella, cualquier cosa que estuviera pegada en alguna parte ultrasecreta tenía que ser despegada.

Era una carta con sello postal de la novia de papá, cuatro hojas escritas a mano por ambas carillas en un papel carta cursi. Eso no era una aventura de una noche. Las palabras olían a trampa, con un fuerte perfume a demasiada intimidad, chorreaban recuerdos recientes y planes inminentes. Gay la trajo directamente a casa para mí porque así era como hacíamos las cosas. Me arrastró del brazo adentro del baño para poder encerrarnos con llave. Me dio una palmada en la mano con el sobre. El sobre tenía un embarazo de por lo menos cinco meses de páginas, así que me fijé para ver si la mujer había usado dos sellos como corresponde cuando uno supera cierto peso en el envío. El hecho de que no le hubiera importado robarle al Correo los seis centavos que corresponden a la segunda estampilla, me dio toda la información que necesitaba saber. Hurgué las entrañas, volteando las páginas al derecho y al revés.

—Santo cielo —dije una y otra vez.

—Ah, eso no es todo. ¿Estás lista para esto? —preguntó Gay.

—¡Sí! —Y lo estaba. Por Dios, claro que lo estaba.

Me entregó dos fotografías con el brazo rígido como una tabla. Eran primeros planos de la amante y su mascota, un Caniche Toy blanco. Tenía el cabello corto y sin brillo. Me refiero al de la amante, no al del caniche, aunque sí había un parecido notable. Nos habíamos sacado la lotería, Gay y yo.

—¿Qué habrá pensado ella que haría papá con esas fotos? ¿Pincharlas en su tablero de anuncios?

—No me preguntes —dije yo, pero sabía perfectamente bien que yo quería que lo dijera ella.

Entonces, Gay me dirigió una mirada severa y conocida. Era la clase de miradas que ponía cuando ya había decidido algo y ni una manada de búfalos podía detenerla.

—La llamaremos. —Me agarró de la muñeca, destrabó el cerrojo de la puerta del baño, la abrió abruptamente y me llevó al vestíbulo como a su compañera tradicional de baile—. Tú ponte a este teléfono —ordenó, señalando el aparato negro de disco en un estante del vestíbulo —, y yo me pondré al del desayunador.

—¡Espera, espera! —supliqué—. ¡Analicemos esto, primero! ¿Y si mamá nos atrapa?

—Está *dormida*. —Gay ladeó la cabeza y me miró como diciendo: *¿Qué tan tonta puedes ser?*

—¿Y abuelita?

—Abuelita está sorda como un palo. No sabrá a quién le hablamos.

Oh, sí que lo sabría. Abuelita era una fisgona descarada y yo estaba segura de que decía que le costaba escuchar para que bajáramos la guardia. Pero lo cierto es que no nos hubiera impedido hacer esa llamada. Si hubiera habido un tercer teléfono, ella hubiera estado en él. Sin embargo, yo necesitaba un minuto más para darle vueltas a lo que nosotras, adolescentes, estábamos a punto de hacer.

—¿Cómo la encontraremos? —pregunté.

Gay extendió el sobre y golpeó con el índice el rincón superior izquierdo, donde estaba escrita la dirección del remitente con una letra cursiva enrulada en tinta azul eléctrico de una Bic: el nombre, el apellido, la dirección y la ciudad.

—¡Pediremos ayuda en la guía telefónica sobre este nombre y este domicilio en Memphis, Tennessee!

Y lo hicimos. Fue como quitarle una golosina a un bebé. Anotamos los dígitos sórdidos tan rápido como la operadora pudo soltarlos.

—Holllllaaaa. —Esa mujer de Tennessee tardó diez segundos y cuatro sílabas completas en atender el teléfono, yo retorciéndome en el vestíbulo.

Gay empezó de inmediato:

—Más le conviene nunca volver a ver a nuestro papá mientras viva.

—¿Quién habla? —preguntó ella, como si no lo supiera.

—*¿Quién habla?* ¿Quiere saber quién habla? ¡Yo le diré quién habla! Soy yo, Gay Green, y aquí está mi hermana, Beth Green.

Pasaron unos segundos antes de que me diera cuenta de que ese era mi pie. Entonces, abrí la boca:

—¡Obvio!

Gay hacía una declaración con oclusivas enfáticas que salpicaban el teléfono y luego decía:

—¿Cierto, Beth?

—¡Obvio!

—Y le diré algo más. —Y lo hacía.

Cuando hacía una pausa, yo decía:

—¡Obvio!

Gay le dijo a la mujer lo que pensaba de su caniche asqueroso.

—¡Obvio! —Y con esto aprobaba cada palabra.

Esa Jezabel tuvo el descaro de intentar convencernos con palabras dulces y dijo que algún día seríamos buenas amigas. Más le hubiera valido desatar a un Rottweiler rabioso en su sala de estar. No podía ver a mi hermana mayor, pero sabía que en ese momento debía estar escupiendo espuma por la boca. *Sobre nuestro cadáver*, había declarado y no cambiaría de parecer.

No recuerdo exactamente cómo terminó la llamada, pero a nadie le sorprendería que Gay tuviera la última palabra. Volvió como un torbellino desde el desayunador y entró en el vestíbulo como la Mujer Maravilla, con la capa ondeante. Nunca vi a nadie más feroz.

—¿Puedes creer el descaro de esa mujer?

—No —dije, y el vello de mis brazos se erizó.

—Cree que se va a casar con papá.

Por más que quisiera, no podía entender por qué cualquiera de esas dos mujeres (la del Caniche Toy o la que dormía profundamente en la cama a plena luz del día) querían ser la esposa de papá. Era un misterio absoluto.

Gay y yo nos quedamos en el vestíbulo un momento, negando con la cabeza. Estoy segura de que Gay maldijo, pero a mí todavía me costaba hacerlo. Había estado un poco torpe en el llamado y algo había que decir, así que seguí adelante y lo dije.

—Sentí que cada «obvio» que decía era más cruel que el anterior.

—Sí —estuvo de acuerdo Gay—, claro que sí. Más crueles que una serpiente.

Ella lo sabía. Sabía que yo era la peor gallina de la granja Green.

Pero así era conmigo. Toda niña necesita alguien así. A lo largo de los años, cuando ya estábamos en la avanzada agonía de la adultez, le recordaba una y otra vez a Gay: «Tú fuiste la valiente. Yo no. Siempre fuiste tú. Puedes hacer cualquier cosa que te propongas».

—Vamos a decirle a mamá. —Eso fue lo siguiente que dijo Gay en el vestíbulo, envalentonada por haber hecho la llamada de larga distancia a Memphis, Tennessee. Le importó un rábano que papá se enterara y, mejor aún, que pagara la factura de esa llamada. Como era de esperar, se lo dijo a mamá, y yo dije «¡Obvio!».

• • •

Es curiosa la manera en que las cosas menos deseadas pueden convertirse en regalos. Mamá sintió muchos menos deseos de morirse una vez que supo quién había estado mintiendo. Ni siquiera tenía tantas ganas de dormir. De hecho, se sintió mejor en general, al menos por un tiempo. La vindicación puede ser un elixir poderoso. Las cosas mejoraban ahora que tenía algo definitivo contra papá. Ahora que sabía que ella no estaba loca. Ahora que sus hijos le creían. No hay mejor sensación que la de saber, aunque sea por un solo minuto de claridad, que uno no está loco, después de todo. No tengo dudas de que se hizo la permanente y una tintura nueva después de esto.

Ojalá lo hubiera escuchado con mis propios oídos. Hubiera sido un tónico exquisito. No sé con certeza si mamá lo dijo, pero no imagino que no lo haya hecho si tuvo la oportunidad. Así es como lo imagino:

—Los niños lo saben. Saben que no lo inventé. Saben qué clase de hombre has sido. —Señor santo, sabíamos, mejor que mamá, qué clase de hombre había sido papá. No obstante, me hubiera gustado escucharla decir «ellos me creen» y ver la cara de él cuando lo escuchaba.

Ahora bien, no sé qué le habría dicho papá a la versión de mamá de *Te lo dije*, pero no hubiera importado. A veces, uno llega a saber que estaba en lo cierto, aunque la otra persona lo niegue.

Mamá estuvo en un raro lugar nuevo y no en pocos sentidos. Papá no podía simplemente darse aires como un pavo real sin saber que espiábamos con nuestros ojitos a un mujeriego muy dedicado. Oh, todavía seguía pavoneándose con frecuencia, pero sin la aprobación de cierto sector visible de su público.

Gay no se había mudado a Houston con nosotros. No todavía, al menos. Pero la mujer que nos trajo al mundo a ambas (Esther Aletha Rountree Green), dio el paso, no precisamente usando una capa, aunque ya sin buscar descalza el río más cercano.

Mamá no dejó a papá entonces, ni lo hizo después, cuando se enteró de transgresiones más graves. En lugar de eso, lo condenó a períodos infernalmente prolongados de confinamiento solitario bajo el mismo techo con ella. No piense que esta es una frase ligera. Todavía, de vez en cuando, fantaseo con la idea de cómo hubieran sido nuestras vidas si mamá hubiera abandonado a papá. Lo pensé sin cesar la semana que celebraron el quincuagésimo aniversario de casados.

Mi madre no pensaba que marcharse era una opción viable. No la mencionó ni una sola vez, que yo sepa. En su realidad (ya fuera concreta o percibida), ¿a dónde iría ella y qué haría exactamente para mantenerse sola? Tenía un título secundario, cheques que rebotaban como pelotas de goma, una madre anciana, un hijo en la universidad y dos hijas más que pronto irían también, y todo eso sin una pizca de confianza en sí misma. Además, recientemente había tenido un antecedente de inestabilidad mental, aunque tales consideraciones no se incluían en la ecuación. No, mamá hizo lo que muchas mujeres de su época hicieron. Se quedó, pese a tener una docena de razones válidas para irse. Consideró la posibilidad de morirse, pero jamás la de marcharse. Nunca sufrió la amenaza de que papá la llevara a juicio para quedarse con la custodia. Los abogados eran para la gente de dinero y papá de ningún modo pretendía gastar dinero (de todas maneras, no lo teníamos) y tampoco criar hijos. Entre otras cosas siniestras, al menos a mí me parecía, él simplemente quería que mamá saliera en silencio de la escena para que entonces pudiera conseguir alguien nuevo que se ocupara de nosotros.

No tendría la oportunidad, usted puede apostar su Caniche Toy.

CAPÍTULO SIETE

No SIEMPRE QUEREMOS comenzar de nuevo, por mucho que lo necesitemos. Un nuevo comienzo puede venir a nosotros como un intruso que irrumpe en nuestra casa (en nuestra propia vida, tal como la conocemos) y arrastrarnos, pataleando y gritando, a un lugar inhóspito para nuestro antiguo ser. Un lugar donde ni siquiera nuestra piel parece acomodarse bien a nuestros huesos. Un lugar donde miramos por la ventana y al espejo en busca del consuelo de lo conocido. Aquí, la posibilidad de cambiar no es una opción. La única opción es qué clase de cambio haremos.

Houston fue ese intruso para mí, ese captor asesino que vino para llevarme a un lugar al que no quería ir. En ese momento no pude verlo, pero con mi visión periférica he tenido suficientes pantallazos de la providencia de Dios para sospechar, en poco tiempo, que él mismo nos había mudado para que pudiéramos encontrar una vida sostenible. El problema no era nuestro pueblo en Arkansas. Amábamos Arkadelphia. Todavía lo amo y echo de menos sus colinas y sus pinos. Las heridas que mi familia sufrió allí eran el problema. Y cuando se dan suficientes adversidades dentro de un radio pequeño, los caminos a todos los sitios conocidos son poco menos que cicatrices que se entrecruzan. Cuando cada lugar al que uno puede dirigirse desde la intersección de cuatro esquinas (a la derecha, a la izquierda, adelante o atrás) trae el repugnante olor de una carnicería, mudarse puede significar sobrevivir.

Yo estaba a punto de volver a empezar. Claro está, para cualquiera que haya vivido más allá del tercer grado, no existe el empezar de cero real. Solo es volver a empezar *con rasguños* y, si las heridas lo desgarraron profundamente, *con cicatrices*. Pero para quienes deciden no insistir en circunstancias idílicas y con personas intachables, los nuevos comienzos se pueden disfrutar.

Nuestra familia se había reducido a tan pocos en una comunidad de tantos, incluso habiéndonos instalado en una casa y en un vecindario, que ya no teníamos noción de quiénes éramos. La rareza para mí, a los quince años, es que el hecho de resignarme a ese vacío, a ese desamparo y a esa invisibilidad fue casi un alivio instantáneo. En primer lugar, podía salir a cara lavada y mostrarla, total ¿a quién le importaría? Una no tiene nada que ocultar cuando es invisible. Comencé el décimo grado de la escuela secundaria sin maquillaje. Sin ninguna amistad. Ninguna popularidad de pueblo pequeño, lo cual significaba, gloriosamente, que tampoco había ninguna *im*popularidad de pueblo pequeño.

Estaba acostumbrada al miserable orden social del baile de las sillas. Todas las personas que eran «geniales» no podían serlo al mismo tiempo para que la vida de pueblo pequeño no fuera demasiado aburrida, así que la música sonaba cada día y, cuando paraba, alguien dejaba de tener su silla. Uno ni siquiera sabía qué había hecho. Iba a la escuela al día siguiente y nadie de su grupo le dirigía la palabra.

De todos modos, aquellos primeros días en la secundaria Spring Woods High nadie me dirigía la palabra. Yo ya no era «genial» ni «para nada genial». No tenía onda ni había dejado de tenerla. La completa aglomeración de cuerpos que maniobraban por los corredores y las aulas significaba que nadie tenía idea de quién era nuevo. Sin embargo, no permanecí anónima en mi curso por mucho tiempo. Casi un mes fue el tiempo que pude abstenerme de participar en clase en las materias que me encantaban.

Un día, a fines de septiembre, nuestra profesora de Inglés hizo a la clase una de las preguntas que hacía todos los días. Solo que ese día en particular, mi mano se alzó repentinamente como si tuviera vida propia. Como había estado muda hasta ese momento, me llamó sin dudarlo. En el instante que abrí la boca y pronuncié la primera frase, hubo un estruendo de carcajadas por mi acento de Arkansas espeso como una salsa. Por qué eso no me hizo cerrar la boca es un misterio. Cielos, no me limitó. Mis compañeros de clase finalmente llegaron al punto que, cuando yo levantaba la mano, le cantaban a la profesora: «¡Llámela a ella! ¡Llámela a ella!». La ridiculización nunca terminaba, pero en algún momento se les desafilaron los dientes y, en su mayoría, empezaron a morderme solo con las encías.

Me iba bien durante las clases porque conocer personas no era imperativo. Pero, como para todo foráneo, el almuerzo era cruel.

Un día, escuché las seis palabras más espectaculares que podía escuchar una persona sola que se aferra a su bandeja: «Puedes sentarte con nosotros, si quieres». Así, me acerqué rápidamente a la banca de la mesa estilo picnic en el comedor donde los alumnos almorzaban. Las chicas a su izquierda la imitaron y se acercaron.

—¿Cómo te llamas?

—Beth Green.

Y ellas me dijeron sus nombres. Al día siguiente, comí con ellas y el que le siguió, también.

Mis amistades y mis relaciones experimentaron una reconstrucción completa con la mudanza a Houston y, en su gran mayoría, fue para mejor. Nunca volví a ser encasillada en un grupo de personas. No obstante, el camino a la reconstrucción no careció de ciertos baches. Después de vivir varios meses en Houston, un par de chicas me invitaron a pasar el siguiente viernes a la noche en casa de una de ellas.

—No sé qué debo hacer —le dije a mi mamá.

—¿Te agradan?

—Sí. No las conozco muy bien, pero parecen divertidas.

—Pues, ¡ve, cariño! ¡Son amigas nuevas!

Abuelita intervino:

—Letha, tú no has ido más allá de la verdulería desde que estamos acá. ¿Cómo vas a encontrar la casa de un desconocido?

—Ellas me dirán cómo llegar, abuelita. La encontraremos —dije yo—. Tarde o temprano, vamos a encontrar el camino.

—Cualquier cosa, llamo a la policía si tu mamá no ha llegado a casa antes de la mañana.

Estimé que habíamos logrado ser la clase de personas que llamaban a la policía, ya que nadie nos conocía aquí, en la gran ciudad.

El siguiente viernes a la tarde, leí las indicaciones mientras mamá sorteaba las intersecciones con una considerable ansiedad y una espesa nube de tabaco quemado. Era casi el mes de noviembre, pero todavía hacía un calor del demonio. Imaginamos cómo, a esas alturas, las colinas que rodeaban Arkadelphia serían un manto de colores otoñales, y anhelamos nuestro hogar.

Mis dos nuevas amigas, con sus pantalones acampanados de tiro bajo, salieron bailoteando por la puerta delantera ni bien llegamos, de seguro porque mamá hizo chillar los neumáticos al sobrepasar el camino tras chocar contra el cordón y por poco arrancó su buzón. La gente en Houston ponía sus buzones demasiado cerca de la calle. Las chicas eran pecosas, encantadoras y suficientemente educadas, por lo cual, yo sabía que mamá quedaría impresionada con ellas. Conocí a la mamá de Kim y hablé brevemente con ella, principalmente, respondiendo sus preguntas.

—Sí, señora. Solo hace un par de meses.

—Sí, señora, de Arkansas.

—No, señora, no tengo que llamarla «señora», si usted no lo desea.

—Arkadelphia. Es un pueblito universitario a las afueras de Little Rock.

—Solo cinco de mi familia nos hemos mudado aquí, pero somos ocho. Mi abuela vive con nosotros.

—Él es gerente de salas de cine.

—Sí, señora, claro que me gustan las películas de cine.

—¿Mi favorita? ¿*Love Story*? Pues, sí, me gustó. —En realidad, no, porque yo creía que amar debía significar decir millones de veces perdón, pero de pronto me sentí rara al reconocer que prefería el *Conde Drácula*, la versión de 1970, por su sinceridad.

Pronto, las tres quinceañeras nos fuimos al cuarto de Kim. Apenas había traspasado el umbral, cuando ella cerró el pestillo de la puerta a nuestras espaldas. Yo no estaba segura de haber visto alguna vez un pestillo en la puerta de un dormitorio. Pensé lo bien que podría haberme venido uno de esos. Kim caminó directo a su cajonera, husmeó en la parte de abajo, sacó una bolsa plástica de lo que parecía ser menta de gato, levantó la ventana de su cuarto y encendió un porro.

Yo esperaba una redada armada en cualquier momento e imaginaba cómo tendría que escribir cartas para abuelita desde la cárcel. Hice mi mejor esfuerzo para disimular. Actué como si fuese una cosa de todos los días que la madre de una estuviera en la sala, a diez pasos de distancia, mirando *La familia Partridge* mientras una y sus invitadas a pasar la noche estábamos a punto de ir a la penitenciaría. Después de eso, seguimos siendo perfectamente amigas en la escuela, pero la mayoría de las noches las pasaba en casa hasta que logré resolver algunas cosas.

Luego, llegó mi primera cita en Houston. Un joven de una de mis clases me invitó a salir. Dijo que podíamos pasar un rato con un grupo de Spring Woods y que yo tendría la oportunidad de conocer a un montón de gente. Aunque yo no tenía ningún tipo de sentimientos románticos por él, tampoco tenía muchos amigos ni planes. No parecía un asesino serial y, hasta donde me daba cuenta, era demasiado tímido para querer propasarse conmigo, así que fui y él estuvo correcto. Efectivamente, nos encontramos con amigos, pero en una discoteca. Un club nocturno de verdad. Por qué diablos permitían la entrada a un grupo de estudiantes de preparatoria sigue siendo algo desconcertante. Bien podríamos haber estado en Las Vegas.

Yo estaba tan nerviosa que nunca me levanté de la mesa. La música sonaba a todo volumen, así que tampoco hablé. Solo asentía y bebía algo de un vaso alto, algo rojo y granizado que mi acompañante decía que se llamaba «huracán». Como que estoy viva, no pude sentir el alcohol en lo más mínimo. Cuando llegó la hora de irnos, no sentía los pies. Señor, apiádate de mí, tampoco las rodillas. Tuvo que llevarme en andas hasta el automóvil. Lo único que recuerdo del viaje hasta mi casa es que le grité que se detuviera. Abrí rápidamente la puerta y vomité ríos de líquido rojo ahí mismo, a la vista de todos en el pavimento del 7-Eleven. Dada mi fuerte aversión a vomitar en público, debo agradecerle a este único incidente por haberme mantenido completamente sobria por el resto de la secundaria y la universidad, y por hacerme abstemia hasta la adultez.

• • •

Con la mudanza y el repentino lujo del anonimato de la gran ciudad, mis padres dejaron de ir a la iglesia. El cambio radical fue un latigazo, en especial para abuelita. La añoraba con intensidad, pero, al mismo tiempo, cada vez tenía menos movilidad. Las cosas básicas como entrar y salir del auto se habían vuelto difíciles.

Tomé una decisión que pareció menor en aquel momento. Decidí ir sola a la iglesia. No tenía idea de a dónde ir. Los Turner asistían a la Primera Iglesia Bautista de Spring Branch y nos habían llevado a Tony y a mí cuando nos quedamos en su casa. Esa parecía la opción más lógica, pero no estaba tan cerca de nuestra casa como de la de ellos. Sin embargo, me armé de valor y llamé a la señora Turner para preguntarle si podían llevarme. Fueron muy amables y me dijeron que sí, sin dudarlo.

A mamá le resultaba entendiblemente incómodo y pronto ofreció empezar a llevarme y buscarme ella misma. Yo pensaba: *Cualquiera de estos días, me dirá: «Pues, hoy te acompañaré»*, pero nunca lo hizo. Creo que sabía que papá se hubiera vuelto a involucrar de inmediato hasta el cuello en las actividades de la iglesia y ella ya había perdido su tolerancia a la hipocresía.

La relación de mamá y papá siguió siendo un caos tras el reciente descubrimiento del amorío. Aunque papá juraba que se había terminado, mamá no tenía manera de saberlo con seguridad. En ocasiones el teléfono sonaba y, cuando contestábamos, la persona que llamaba se quedaba en silencio unos instantes; luego, colgaba. Un santo no podría haber evitado preguntarse si era ella, y nosotros no éramos ningunos santos. Estábamos tan heridos que, durante los meses siguientes, nada parecía blanco y negro. Nada era seguro. Todo estaba teñido de desconfianza.

Tarde o temprano, mis padres volverían a la iglesia, pero no hasta que terminé la secundaria. Con el tiempo, conseguí el permiso de principiante y, la mañana que cumplí dieciséis años, a las nueve en punto, me puse en la fila del Departamento de Seguridad Pública de Texas para conseguir mi licencia para conducir.

A partir de ese momento, mamá me permitió usar su Dodge Dart negro y amarillo para ir a la iglesia y, a veces, a la escuela. Se parecía a una avispa, pero no me importaba. Era un vehículo bastante fiable, si uno tenía la precaución de llevar un bidón de cinco litros lleno con agua en el piso del asiento trasero a causa del profundo apego a sobrecalentarse que tenía el radiador. Yo sabía cómo levantar el capó y enfriarlo si era necesario, y si lo conducíamos una media hora en un día de calor y con el aire acondicionado encendido, era raro no tener que hacerlo.

Me involucré en el grupo de jóvenes de la iglesia y en el coro, iba a los campamentos y a los viajes misioneros. De vez en cuando, teníamos un servicio especial en el cual los estudiantes predicaban o cantaban y mis padres venían. Más allá de eso, estuve sola en cuanto a la iglesia durante esos tres años de la secundaria en Houston. Era hora de decidir, más que de dejar que decidieran todo por mí. Ahora vivía en una ciudad en la que *no* ir a la iglesia era mucho más común que ir. Se podía afirmar que se creía en Dios sin hacer una sola cosa para demostrarlo.

Durante esos tres años, decidiría quién quería ser. Eso sí, no llegaría a ser esa persona por mucho tiempo, si es que alguna vez lo logré. No se trató de un punto de llegada, sino de una búsqueda. No fue tanto como tres pasos adelante y dos pasos atrás, sino diez mil pasos en círculo y durante ciclos. Me cuestionaba a mí misma si incluso se consideraba hipocresía que la persona que fingía ser fuera la persona que, profundamente, deseaba ser. Por supuesto, yo sabía la respuesta. A veces, la culpa de la hipocresía me consumía. Llena de tristeza y con total sinceridad, me arrepentía de lo que parecían tendencias inevitables a elegir estupideces. Le prometía a Dios que lo haría mejor y, durante un tiempo, lo mantenía. Luego, tarde o temprano, repetía el mismo viejo circuito de autosabotaje. En cada sentido de la metáfora, no podía mantener el personaje para portarme como debía.

De alguna manera, en medio de todo ese desastre, Jesús se quedó. Mantuvo el compromiso que había hecho conmigo cuando yo no podía mantener la constancia ni en un solo compromiso con él.

Una adolescente no sabe que sigue siendo una niña. Una adolescente se siente como un adulto, supongo que, principalmente, por su exterior, por cómo se ve su piel y su rostro, su cuerpo, su tamaño, su anchura y su altura (y puede funcionar, embarazarse, salir de fiesta, ser arrestada y morir como un adulto). Cree que puede tomar decisiones como un adulto, que tiene el cerebro completamente desarrollado y, en mi caso, la fe plenamente establecida. Se equivoca en cuanto a ambas creencias. Pero lo más probable es que no se dé cuenta de que era una niña hasta que, ya como adulta plenamente madura, conozca y ame a un adolescente.

Seguí yendo a la iglesia, con episodios de hipocresía y demás. Seguí yendo a las actividades estudiantiles. Seguí cantando en el coro. Seguí llevando mi sobre de ofrendas con un par de billetes de un dólar doblados adentro. Seguí ofreciéndome como voluntaria para leer en voz alta el pasaje en mis clases de escuela dominical.

Lo que no podía ver, por más que quisiera, es que una mitad de la persona hipócrita que se burlaba de mí ante el espejo del baño y me decía que era una farsante, tenía algo en su otra mitad. Algo que siguió yendo y viniendo a una comunidad de fe en un Dodge Dart amarillo y negro, con un radiador defectuoso. Se llamaba esperanza.

CAPÍTULO OCHO

Abuelita murió de un derrame cerebral en una habitación de un hospital en Houston, en lo más lejano que pudiera haber a un colchón de plumas, justo cuando las azaleas empezaban a florecer en nuestra primera primavera anticipada. Si nos hubiera avisado con más tiempo, podríamos haber encontrado una rama de cornejo para acompañarla. Lo único conocido que vio antes de que su alma abandonara el cuerpo ya cansado del mundo fue el rostro de su hija. Para ella, ningún rostro hubiera sido más amado y ninguna fragancia la hubiera hecho sentirse más en casa que el perfume Estée Lauder Youth-Dew de mamá, con un dejo de humo, pero qué no daría yo por reescribir el final de abuelita con todos nosotros en la habitación, guiándola a casa, cantando. Tal vez, más que personas, lo que ella necesitaba era paz. Los Green somos un montón de cosas, pero nunca nadie nos describiría como gente tranquila. No solo reescribiría su historia con una habitación llena de personas; retrocedería siete meses el reloj y renunciaría a todo ese tiempo solo para que ella gozara de la tranquilidad de morir en el pueblo que ella seguía llamando su hogar (y nosotros también).

Minnie Ola Steed vio por primera vez la luz del día el 1 de marzo de 1886, acurrucada en los brazos de su madre, Aletha Jane, cuyo nombre después le puso a su hija. Ninguna hipótesis tiene más sentido que el hecho de que abuelita salió del vientre siendo bastante terca. La terquedad fue su manera de expresar el amor durante toda su vida y, una vez que uno lo aceptaba como tal, era peculiarmente reconfortante. El lugar donde nació está registrado simplemente como Pike County, ya que ella nació y creció a kilómetros de distancia de un pueblo que tuviera una oficina postal. No obstante, la pequeña comunidad agrícola sí tenía nombre. Los primeros colonos la bautizaron Pisga por un lugar que aparece mencionado en la última escena de libro de Deuteronomio. No puedo hablar por los antiguos israelitas, pero la única pronunciación aceptable para los de nuestra zona de Arkansas, que se llamaba igual, es *PIZZ-gy*. He aquí el relato bíblico:

> Entonces Moisés se dirigió al monte Nebo desde las llanuras de Moab, y subió a la cumbre del monte Pisga, que está frente a Jericó. Y el Señor le mostró todo el territorio. [...] Entonces el Señor le dijo a Moisés: «Esta es la tierra que le prometí bajo juramento a Abraham, a Isaac y a Jacob cuando dije: "La daré a tus descendientes". Ahora te he permitido verla con tus propios ojos, pero no entrarás en ella».
>
> Así que Moisés, siervo del Señor, murió allí, en la tierra de Moab, tal como el Señor había dicho. El Señor

lo enterró en un valle cercano a Bet-peor, en Moab, pero
nadie conoce el lugar exacto hasta el día de hoy.

DEUTERONOMIO 34:1, 4-6

Ahora, Dios es Dios y puede hacer lo que le plazca, y Dios sabe
que siempre tiene razón, que es justo y sabio. Pero, habiendo yo
pecado considerablemente a lo largo de mi vida, no puedo sentir más que pena por Moisés, quien no logró entrar en la Tierra
Prometida por cómo le había pegado dos veces a la roca, infinitamente frustrado con el pueblo confundido que exigía agua, después
de que Dios le dijo que le hablara a la roca (Números 20:7-12).
Moisés no es el único que prefirió golpear a hablar. Pero casi cuando
pensaba que Moisés había perdido el favor de Dios y que dejó esca-
par su último aliento mientras Dios estaba perturbado con él, ahí
está Dios, enterrándolo. Dios, que plantó con sus propias manos
un huerto en Edén, en Génesis 2:8, donde puso al hombre que él
había formado del polvo de la tierra, tomó esas mismas manos y
cavó un pozo desde donde se veía la Tierra Prometida, levantó el
cuerpo inerme de su siervo de ciento veinte años, lo sepultó y lo
cubrió con su mano. Si eso no es amor, yo no conozco el amor.

La tinta se seca para siempre en el grueso rollo de Deuteronomio
con este epitafio: «Nunca más hubo en Israel otro profeta como
Moisés, a quien el SEÑOR conocía cara a cara» (Deuteronomio
34:10).

Todo esto me hace pensar que los cuerpos sí le importan al
Creador del cielo y de la tierra, solo que en segundo lugar, luego
de las almas. Él formó estos cuerpos nuestros tan meticulosamente
como con curiosidad. Si consideramos todo lo que sucede dentro
de nosotros a la vez, lo asombroso no es que nos enfermemos, sino
que pasemos diez minutos consecutivos *con buena salud*. Para mi
gente no solo importaba el cuerpo, también era importante dónde
iba a reposar ese cuerpo. Se tomaban en serio la antigua costumbre

de sepultar a los difuntos con sus antepasados (Génesis 49:29). Era imposible que abuelita descansara en paz cerca de los semirremolques de las autopistas de Houston y tampoco le hubiera encantado pasar cada verano de su muerte en un horno a 38 grados. A mamá no le importó el precio y a papá, probablemente, tampoco. Sin cuestionamientos ni discusiones, el cuerpo de abuelita volvería a Arkansas, donde pertenecía.

Hay algo particularmente conmovedor en el estar de pie y observar el cuerpo sin vida de la persona que desafió el valle de la sombra de muerte (jadeando, retorciéndose de dolor, sudando, aullando, pujando y sangrando) para darnos la vida. Creo que esto es cierto, incluso en los casos donde las relaciones se dañaron, flaquearon o se rompieron totalmente.

Papá llegó primero a casa para decirnos que abuelita se había ido. No fue frío en absoluto. Él sabía que una figura muy importante para la vida de todos, la suya inclusive, acababa de desaparecer de nuestro entorno. Nadie de nuestra extensa familia fue menos anónimo que abuelita. Unas horas después, mamá entró por la puerta, las lágrimas cayendo desde su mandíbula y atravesó lentamente la entrada y la sala hacia la cocina, como si el más leve golpe contra un mueble pudiera rasgar su carne y fuera a desangrarse. Mi madre tenía cincuenta años cuando abuelita murió y había vivido con ella exactamente cincuenta años. Abuelita había venido con nosotros a cada lugar donde mi familia se había mudado. Aunque mamá debió haberlo visto venir y sabía cuán difíciles se habían vuelto las tareas cotidianas para abuelita, estaba devastada por su muerte.

No recuerdo si abracé a mi madre en ese momento. Si mi memoria es precisa, me quedé atrás, mirando, congelada en mi lugar como si las puntas de mis diez dedos fueran pesas de plomo. Ojalá pudiera hacer todo de nuevo y, esta vez, rodearla con mis brazos, consolarla, decirle cuánto lo lamentaba y declarar cuán grande era su pérdida, aunque me sintiera incómoda. Ojalá hubiera llegado antes que ella a la tetera y le hubiera dicho que descansara en el sofá y que me permitiera servirla. Debería haber encendido el cigarrillo por ella. No sé por qué no lo hice. Ella no había criado hijos insensibles. Los cinco éramos sentimentales. La abracé otras mil veces en los años siguientes, rápida para decirle palabras de consuelo. Pero, en ese momento, en una casa en Houston que todavía sentíamos como un zapato que no calzaba bien, lo único que recuerdo es parálisis. Quizás, me aterraba que pudiera ahogarla una ola del dolor tan grande y tan pronto después de que ella saliera del fondo del mar. Me fui sola a mi cuarto con la pérdida, cerré la puerta y lloré.

• • •

No tengo ningún recuerdo de nuestro viaje a Arkansas para el funeral y el entierro, pero Wayne, que estaba en Houston en ese momento, viajó con nosotros y lo recuerda claramente. Dice que el único sonido en el vehículo eran los sollozos de mamá. Por no mencionar que papá también resoplaba a causa de su goteo posnasal, aparentemente intratable; pero, más allá de eso, mamá logró lo que deseaba. Silencio. Sin radio. Sin el parloteo incesante de sus hijos. Solo silencio.

Después de cuatro o cinco horas, el silencio se volvió intolerable y, finalmente, papá preguntó:

—¿No podríamos, por favor, encender la radio?

Ella accedió. Wayne relata que, minutos después, los Four Tops sonaron cantando alegremente su último éxito como si les importara un comino lo que sufriera cualquier oyente. Si usted quería música fúnebre, no la obtenía de los Four Tops. Wayne dice que mamá la soportó con tal de poder apagarla con un fervor demostrativo. Con un sollozo por sílaba, espetó:

—Mi madre acaba de morir, ¡y no tengo ganas de escuchar «No hay mujer como la que tengo»!

Este tipo de cosas (la manera en que los Green podíamos dramatizar) es lo que mejor hacía mi familia. De todas las cosas heredadas de nuestro linaje familiar, bien podría ser lo que más aprecio. Antes de que sienta pena por mi madre por tener unos hijos tan irrespetuosos que tuvieron que morderse los labios para no estallar en carcajadas, le apostaría un billete sano y crujiente de diez dólares que ella tuvo que clavar la mirada en la ventanilla del acompañante y apretar sus propios labios para no hacer lo mismo. Así es como hacíamos las cosas y ninguno de nosotros jamás lo ha lamentado tanto como para cambiar.

No existe una explicación verdadera de qué se les metió en la cabeza a esos primeros colonos cuando bautizaron a la tierra natal de mi abuela con el nombre de la cima de la montaña donde Dios le permitió a Moisés apreciar la vista panorámica de la Tierra Prometida. Arkansas tiene una generosa porción de cadenas montañosas, pero no en esas partes. Esa zona es de colinas suaves con suficientes árboles para que uno deba esforzarse para ver la puesta del sol; sin embargo, era Pisga y quedó Pisga, y creo que todo el mundo tiene derecho a considerar cualquier porción de tierra suficientemente acogedora como para construir su vida sobre ella, como si estuviera apenas a un tiro de piedra de la preferida de Dios. De todas maneras, Pisga era nuestra preferida y si fue lo bastante buena para Moisés, sería buena para abuelita.

Dos días después, metimos el cuerpo de abuelita en su lecho de tierra exactamente donde ella quería ser sepultada. La regresamos a la misma arcilla de Arkansas donde su vida había comenzado y al cementerio contiguo a su antigua iglesia. Así es como lo hacían antes, ¿y quién dice que no era una buena costumbre? No había absolutamente ninguna distancia entre el lugar donde llegaban a la fe y donde descansaban, donde se reunían a adorar y donde se reunían a llorar, donde comían en los jardines después del servicio en la iglesia y donde comían el pan de lágrimas. El santuario y el cementerio, donde tenían flores, se casaban y donde colocaban las flores y daban sepultura.

Por fin estaba al lado de su esposo. Su violinista que marcaba el ritmo con el pie, criado en las mismas colinas, graduado del colegio Mountain Home y de la Facultad de Derecho de Arkansas, un abogado activo que sirvió como alcalde de un pueblito y luego en la Cámara de Representantes de Arkansas por tres períodos, el último de los cuales conservó hasta su muerte. Cuando su ocupación le demandaba trasladarse más cerca del capitolio estatal, las mandaba a ella y a mi mamá, una pequeñita en ese momento, a Arkadelphia mientras él caminaba sus cincuenta y tres sinuosos y desalentadores kilómetros de campos de vacas con sus subidas y pendientes. Murió cuando mi mamá tenía catorce años. Abuelita nunca volvió a casarse y suspiró largamente por el alto Micajah Rountree durante el resto de su vida.

Ahora estaban juntos, sus cuerpos en dulce reposo bajo una espesa capa de tierra, junto a las tumbas de Esna Irene, su primogénita, quien respiró su último aliento cuando tenía seis semanas de vida; Prentis, su segundo hijo, quien le dejó los brazos vacíos a la edad de dos años y Anthony Dalton, su sexto hijo, de dos años también, cuya muerte, según aseguraba abuelita, estuvo a punto de llevarse a sus padres atormentados por el dolor y a sus tres hermanos mayores a la tumba con él. No sé cómo el corazón humano sigue latiendo después de semejantes azotes. Mi mamá fue su séptima y última hija. Cuando Minnie Ola Rountree y su margarita de ojos castaños, Esther Aletha, subieron a ese carruaje rumbo al pueblo de Arkadelphia, ella debió tener la fortaleza de diez hombres para que las riendas atadas a esas tres sepulturas no la jalaran completamente del asiento.

* * *

Las palabras tienen vida propia. Cuando ya no contamos con la tibieza del cuerpo de un ser amado, si la persona vivió lo suficiente para hablar y hablaba a menudo a nuestros oídos, se mantiene viva a través del lenguaje. Sus palabras están presentes, flotan en el aire listas para posarse sobre lengua y, cuando surja el momento, uno sabe perfectamente bien qué diría esa persona. Mis hermanos y yo hablamos fluido el *abuelitano*. Podemos mantener conversaciones enteras sin decir una sola palabra original. Es el regalo de haber vivido dentro de las mismas paredes. Ella nunca no tenía ningún comentario que hacer.

Tuvimos que meter los pies hasta los tobillos en la corriente de su legado y cribar el oro para rescatar lo que vale la pena salvar. Lo digno de transmitir. Algunas palabras y modos que cada uno quería conservar, aunque otras necesitaban ser condenadas al fondo del infierno. El racismo corría por la roja sangre de mi abuela, encendido como hierro caliente.

Para ella, abolir la segregación era, prácticamente, la pena de muerte. Su aversión fue alimentada por un miedo salvaje y sin filtro. Según abuelita, los negros iban a multiplicarse, masacrar a los blancos y tomar el mando. Aferrada a una narrativa histórica horrible y errónea, para su mentalidad nosotros éramos las víctimas, no ellos. Para ella, no habíamos tomado nosotros lo que era de ellos; ellos venían a tomar lo que era nuestro.

Aun durante mi tierna infancia en el Cine Royal, yo sabía que era inmoral que mis compañeras negras tuvieran que subir esas escaleras angostas hacia un espacio aparte. Los alumnos negros de nuestra escuela secundaria de Arkadelphia tenían nombres. Padres. Iglesias. Entre ellos, muchos eran amigos personales. Sin embargo, cada mañana que mi hermana y yo cruzábamos la Doceava hacia la escuela, abuelita nos vigilaba desde el ventanal con la certeza de que uno de los muchachos de piel marrón oscuro que se sentaba en la escalinata de la escuela iba a agarrarnos. La inevitable ironía estaba en el concepto de que nuestra casa (con todos sus secretos abominables) era segura, pero cruzar la calle significaba que seríamos abusadas sexualmente.

—¡Abuelita, santo cielo, nadie nos va a agarrar! —decíamos reiteradamente para que solo cayera en oídos sordos. Jesús habló de las personas que tenían oídos pero no escuchaban y que tenían ojos pero no veían. Para las personas semejantes a mi abuela, esos muchachos no fueron hechos a su imagen. Eran temibles como hombres lobo que merodeaban en busca de una presa a la luz del día.

Por más ignorantes que fuéramos nosotros, los niños, sobre las cuestiones de la injusticia y la desigualdad y por más empapados que estuviéramos de la cultura blanca de las décadas de los sesenta y los setenta, sabíamos que cuando ella hablaba de la manera que lo hacía, estaba equivocada. Era *odiosa*. Estábamos lo suficientemente sesgados para creer, para nuestra vergüenza, que cierta dosis de racismo era aceptable, «normal». Pero no estábamos tan ciegos (nuestra conciencia aún no estaba tan cauterizada) para no darnos cuenta de que abuelita había cruzado largamente esa línea. Sin lugar a dudas, nuestra religiosa abuela, quien todas las noches leía la Biblia que tenía en su mesita de luz, quien amaba la escuela dominical, la iglesia y lloraba con cada himno, tenía una profunda y espantosa cuchillada de hipocresía en la armadura de su piedad. Uno posee cierto instinto. No tiene que hacer un curso de ética. No necesita conocer bien a Dios para saber que, si él es mínimamente justo, algunas cosas están mal. Si él es mínimamente bueno, algunas cosas son malas. Si Dios es amor, no hay nada más blasfemo que el odio.

• • •

No había nada que amar y todo por rechazar en el racismo de abuelita, y bastante por resistir en la abuelita criticona, pero para un puñado de niños que clamaban por estabilidad, la abuelita jocosamente campesina y siempre disponible valía un montón.

Había algo reconfortante en cómo abuelita nunca perdió su manera de hablar rústica y campesina. Las constantes peleas entre sus sustantivos y sus verbos eran cosas que hacían bien al alma. La forma en que pronunciaba aspirando las palabras era un clásico. Sus figuras retóricas no habían salido de los libros. Provenían de las historias. Eran sensoriales y terrenales, estaban conectadas como una pala a la tierra del jardín, como un bebé al pecho.

Hacía frazadas, cascaba nueces, pelaba habas, pescaba percas. Estaba tan empeñada en cocinar cualquier trozo de carne hasta sacarle la triquinosis, que cada asado que comíamos estaba a punto chamuscado y cada hamburguesa de salchicha era un ovillo dentro de un cuenco pequeñito. Lo último resultaba beneficioso en el sentido de que podíamos agregarle una cucharada de salsa de carne sin derramar una gota, y así levantarla y comerla de un solo bocado.

Sepultar a la abuelita tuvo algunos beneficios menores, aunque en la casa quedó un hueco demasiado grande para que los apreciáramos. Meterla en un ataúd fue el final de su incesante obsesión por unificar. Cuando las cajas de los cereales para el desayuno tenían un tercio de su contenido, ella las combinaba en una sola caja. Ser simpáticos a la mañana con nuestra anciana abuelita era una perspectiva desafiante, después de servir un tazón lleno de Cap'n'Crunch que resultaba contener partes iguales de Grape-Nuts y Special K. Lo mismo pasaba con las papas fritas. Las Fritos, Lay's y Cheetos estaban destinadas a compartir todas la misma bolsa. Lo mismo para las botellas plásticas de refrescos en el refrigerador. Una cosa era pedir un suicidio en el Royal, pero llegar a casa y encontrar uno en el refrigerador era algo bien distinto. Llegábamos desde la escuela y nos dirigíamos a la cocina en busca de algo para merendar. Segundos después, nueve de cada diez veces una sola palabra resonaba por toda la casa: «¡Abuelitaaaaaa!».

El suyo era el don de la presencia. Siempre estaba ahí. Siempre en casa los sábados a la noche, con los rulos sujetados con pinzas a su desordenado cabello canoso, sobre el cual se pondría un sombrero cuando llegara el domingo a la mañana para ir a la iglesia. Siempre ahí, limpiando con un toque de saliva alguna mancha de nuestro rostro, aunque ya fuéramos a la preparatoria. Siempre ahí, frente al horno, con manoplas en ambas manos queriendo sacar algo caliente y sus caderas anchas que eclipsaban la puerta del horno y, a veces, su vestido atrapado en alguna parte donde no daba el sol. Siempre ahí, en el otro teléfono, escuchando a escondidas nuestras conversaciones. Siempre ahí, preguntándonos: «¿No están con hambre?» y, cuando decíamos que sí porque casi siempre lo estábamos, untaba manteca en una rebanada de pan integral, lo doblaba a la mitad y nos lo daba como si fuera un banquete. Y lo era.

—¿Quieren ponerle azúcar?

—No, señora. —Pero, a veces—: Sí, señora. —Eso dependía del humor. Dos sabores completamente distintos.

Un mes antes de que muriera, mis padres tuvieron que salir de la ciudad por el trabajo de papá y yo acababa de contraer un virus estomacal del cual no podía terminar de curarme. Al tercer día, cuando yo todavía no tenía apetito y estaba pálida como un fantasma, ella se sentó conmigo en el sofá y con una cucharita raspó la pulpa de una manzana madura y me dio de comer hasta que me recuperé.

Abuelita estaba ahí. Eso es todo. Y, después, no estuvo más. Nada más para agregarle a la historia.

CAPÍTULO NUEVE

Fui con los Turner a la iglesia; luego, cuando me gradué de la preparatoria, fui con su hija menor, Sandy, a la universidad en San Marcos. Ella estaba en el último año de la que entonces era la Universidad Estatal de Suroeste de Texas (actualmente, la Universidad Estatal de Texas), cuando yo ingresé como alumna de primer año. Atractivamente situada en las colinas, con un río verde transparente que corría por su parte central, San Marcos era la elección natural para este par de Arkansas. Volver a Arkansas para cursar en la universidad no era una opción para mí porque el recargo de la matrícula para no residentes superaba nuestro presupuesto y, en esa época, la UEST era lo más barato que podía ser una universidad estatal. Además, aceptaba prácticamente a todo el mundo, y eso era justo lo que yo necesitaba.

Mis notas, que habían caído en picada en mi noveno grado de la secundaria, durante el nudo del huracán Green, siguieron flojas durante mi décimo grado de transición, pero mejoraron en el undécimo y duodécimo grados. Para entonces, me había adaptado, hecho amigos, involucrado en actividades extracurriculares y me había enganchado con un muchacho demasiado maravilloso que, sin la ayuda de nadie, llenó mis últimos dos años de preparatoria de recuerdos excelentes. Nunca le conté nada de mi historia familiar. Él tenía una vida familiar realmente sana, con valores firmes y tradicionales. Así eran los Cleaver. No insultaban, no fumaban, no bebían ni peleaban. Su papá era el director de un banco; de lunes a viernes iba a su casa y se sentaba a almorzar lo que había cocinado su esposa ama de casa quien, hasta donde yo sé, ni siquiera dormía la siesta. Su familia iba a la iglesia todos los domingos y vivían su fe tranquila de lunes a sábados.

En mi opinión, esas personas lo tenían todo en este mundo, excepto la capacidad de afrontar mi horrible verdad. Por lo tanto, hice lo que haría la mayoría de las adolescentes con problemas que trataban de ser una nueva persona. Le cerré la puerta en la cara al pasado. Y, por más hinchada que estuviera la madera, que traquetearan las varillas o que el picaporte girara desde adentro, presioné mi espalda contra la puerta, traté de hablar más alto que el ruido y planté mis talones con cada gramo de determinación que tenía. Mi novio de la preparatoria y yo elegimos universidades diferentes y apenas duramos menos de un semestre a larga distancia. Luego, volveríamos a intentarlo, pero la misma vergüenza siguió afligiéndome. No éramos el uno para el otro. Yo imaginaba que si me casaba con él, me pasaría la vida simulando ser alguien que no era.

Salté a la vida universitaria como un gato, en cuatro patas; hice una prueba para un equipo de entrenamiento antes de desempacar mi ropa y me comprometí con una sororidad estudiantil poco después. Me especialicé en Ciencias Políticas con una subespecialización en Leyes, con la esperanza de seguir los pasos de mi abuelo Micajah. El equipo de animadoras de nuestra universidad presentaba sus rutinas en los partidos de fútbol, así que mis padres hacían un viaje de tres horas al menos una vez al mes para ver nuestra presentación del medio tiempo.

Casi de inmediato, empecé a notar que el trato entre ellos no era tan frío. He aquí que habían encontrado una iglesia a diez minutos de nuestra casa. Papá empezó a ir primero y, en lo que puedo atribuir solo a un acto de Dios, convenció a mamá y a Tony para que la visitaran con él. Ambos se enamoraron por igual de ella y, así nomás, los Green volvieron a la escuela dominical, a las reuniones dominicales vespertinas, a las cenas a la canasta de los miércoles y a las reuniones de oración. Los fines de semana que estaba en casa abandoné la iglesia a la que había asistido por mi cuenta durante la preparatoria y, en solidaridad, comencé a ir a la Bautista Spring Woods con mis padres y mi hermanito. Tenían razón: era una congregación cálida y alegre, que servía de corazón.

•   •   •

Con el nuevo comienzo de mi familia, me las arreglé para crear una nueva narrativa tan autoconvincente que se exponía con una inexplicable sinceridad en mis plegarias. Varias décadas después, cuando mi esposo y yo estábamos embalando las cosas de nuestra vida en la ciudad y mudándonos al campo, encontré mi primer diario de oración en el fondo de una caja de cartón con olor a humedad que se le cayó a Keith del ático. Sacudí una araña muerta de la pequeña carpeta roja de tres anillos y limpié con mis dedos la espesa capa de polvo de la superficie plástica. Las palabras *Bitácora espiritual* emergieron compuestas alrededor del logotipo de una cruz.

—Ah, espera un minuto. Recuerdo esto.

Abrí la tapa y encontré varias páginas de instrucciones básicas para llevar un diario. Formaban una gruesa pila de papel en un cuaderno diminuto. Mi nombre y una fecha de inicio estaban escritos con mi caligrafía más pulcra en la primera página con espacios en blanco para completar. Hice las cuentas y sonreí. Tenía dieciocho años. Como no escribía todos los días en él, contenía notas que abarcaban varios años de la universidad.

Me senté en el piso con las piernas cruzadas, solté las amarras de las mil tareas apremiantes y navegué de vuelta en el tiempo hacia el final de mi vida adolescente, registrada mediante toneladas de oraciones. Algunas de las anotaciones eran tan sinceras e inocentes, tan ajenas a lo que vendría luego, que incitaron las lágrimas que caían por mi rostro. Saqué un rollo de papel higiénico del baño de la planta alta y eché los montoncitos arrugados sobre mi regazo, empapados de lágrimas. Casi deseé abrazar como una madre a esa joven Beth y decirle que la amaba, porque no se lo dije nunca en aquella época. Nunca le aflojé la cuerda. He tenido sentimientos encontrados sobre ella en cada etapa. Otras anotaciones eran tan inconscientemente absurdas y graciosas que me tumbé de costado y me reí hasta que me dolió el estómago. Algunos de los registros no distaban mucho de la clase de cosas por las que había orado esa mañana, y no sabía si eso era bueno o malo. Una muestra representativa de anotaciones:

«Ayúdame a mantener mi entusiasmo para ser una mejor cristiana».

«Perdóname por ser tan mandona».

«Perdóname por hablar de otras personas y por chismear demasiado» (Oh, yo había registrado el chisme).

«Ayúdame a no ser una "reincidente"». (El hecho de que *reincidente* estuviera entre comillas indicaba que lo había escuchado un sermón y, fuera lo que fuera, lo más seguro es que no quería ser culpable de eso).

«Ayúdame a dominar estos sentimientos que tengo».

«Perdóname por hablar tanto».

«No me dejes lastimar a nadie más».

«Ayúdame a ser una buena cristiana y a no ceder ante la tentación».

«Perdóname por ponerme furiosa».

«Por favor, ayúdame a tener una mejor disposición».

«Perdóname por no ser la cristiana que debería el 100% del tiempo». (¡Alguien tenía que darle una mano a esa chica!).

Lo que había escrito no me asombró ni de casualidad tanto como lo que *no* había escrito. Había blanqueado la historia de mi familia para borrar todas las referencias evidentes a la tempestad. Había simulado una cantidad de cosas para sobrevivir, y aunque siempre he tenido un fuerte temor de Dios, demasiado como para mentirle en la cara, ahí estaba, en mi escritura de los dieciocho, diecinueve y veinte años: una narrativa familiar completamente nueva.

En mi cumpleaños: «Gracias por un hogar estable y feliz. Te pido ser una persona mejor y más feliz este próximo año».

«Alabado sea Dios por haber nacido en una familia tan maravillosa».

«Ayúdame a salir de este estado de inquietud y de estar siempre a punto de llorar. Gracias por la ayuda que ha sido mi familia para mí».

«Gracias por cómo nos divertimos juntos en familia». (Y, en ciertas ocasiones y con determinados grupos, nada podría haber sido más cierto).

«Gracias por mi mamá. Siempre está aquí y la amo tanto». (Y porque ella *estaba* ahí de nuevo).

En las páginas del diario, le agradecía reiteradamente a Dios por «mis padres maravillosos» y le decía lo bendita que era por haber nacido en una familia tan buena. Una familia devota.

Amo a mi familia de origen. La amaba en aquella época. Tenía todos los motivos para ser agradecida a Dios por el milagro que parecía estar en marcha en mi hogar, y Dios sabe que yo creía en el poder del evangelio para transformar las vidas. Lo curioso es que mis palabras no delataban ningún indicio de que las cosas habían sido diferentes alguna vez. Ni una pista de la amarga oscuridad de la que estábamos siendo liberados. Ni antes ni después. Las omisiones eran desconcertantes.

Tal vez era mi idea de cómo debía ser borrón y cuenta nueva para una seguidora de Jesús, homogeneizando completamente el *perdón* y el *olvido*. A lo mejor, era una manera de no guardar registro de lo malo. Fuera lo que fuera, no solo había encerrado el trauma. Lo había bloqueado. *Puf.* Desapareció. Casi de la noche a la mañana.

Toda referencia a los conflictos, tanto internos como externos, fue completamente desconectada de la antigua narrativa. No era tanto que yo había olvidado el trauma, sino que me negaba a recordarlo. Mi pasado y mi presente habían hecho un trato con un apretón de manos. «No te molestaré si tú no me molestas». Nuestra familia había renacido. Daba lo mismo que siguiéramos pareciéndonos a quienes éramos en el pasado.

La ironía estaba en la audaz sinceridad de mi disimulo. Como no podía resolver las disparidades y era, por tendencia, demasiado alegre para pasarlo todo a la columna de lo *Malo*, al parecer desplacé todo a la columna de lo *Bueno*.

Al fin y al cabo, había cosas genuinamente *buenas* en la mezcla desconcertante. Me encantaba la universidad. Cada año, a fines de octubre, caminaba por el campus en la cima de la colina mientras las ráfagas frías del otoño hacían revolotear las hojas de todos los matices rojos, dorados y marrones alrededor de mi cara y, con lágrimas que hacían arder mis ojos, le daba gracias a Dios por el privilegio de ir a la universidad. Sabía que mis padres la pagaban de milagro; además, estaban las cuotas de mi sororidad, mis trajes para el equipo de entrenamiento, mi pulóver nuevo de poliéster, la pollera plisada de lana y las botas altas hasta la rodilla. Mamá había conseguido un empleo fuera de casa por primera vez en su vida y trabajaba en la parte de ropa femenina de Craig's, una tienda departamental, para ayudar a mitigar los gastos. Ella me dijo que, cada vez que escribía un cheque para mi matrícula o la de Tony, oraba con todas sus fuerzas para que no rebotara. Finalmente, ambos nos graduaríamos sin préstamos educativos, gracias a mamá y papá. De nuevo, surge el recuerdo de que debería haberles comprado un automóvil con mi primer cheque por derechos de autor y me siento culpable de que ha pasado un tiempo desde que me sentí culpable por eso.

●　　●　　●

Durante mis años universitarios ocurrió un momento de los que cambian la vida, que es automáticamente decepcionante por el simple hecho de contarlo, pero todo lo posterior gira entorno a él. El verano entre mi primer y segundo año, volví a casa, conseguí un empleo temporario de medio día en Craig's, en la sección de bebés, para estar cerca de mamá, y me metí de lleno en la vida eclesiástica de la Bautista Spring Woods. A las pocas semanas, la siguiente charla circulaba entre las mujeres.

—Las niñas de sexto grado no tienen quien las acompañe como madrina al campamento de la SAN. —SAN era la sigla de la «Sociedad auxiliar de niñas», un programa de las iglesias Bautistas del Sur que formaban a las jovencitas para que se apasionaran por las misiones y oraran por los misioneros—. Todas las madres están trabajando o tienen otros hijos que no pueden dejar en casa.

Además, no había aire acondicionado, pero eso era algo menor para las maduras mujeres de Dios. Esta era una emergencia. Imagine en qué se convertirían nuestras chicas si se perdieran el campamento de la iglesia.

—No sé si necesitan alguien mayor —dije en un tono espeso como masa de pan de maíz, arrastrando las palabras—, pero si una muchacha de dieciocho años puede cumplir los requisitos para ser madrina y ustedes me las confían, yo iría...

Una camioneta abarrotada de niñas, almohadas, bolsas de dormir y bolsos, estuvo en camino con el tanque lleno, prácticamente, antes de que supieran mi apellido. Nos dirigíamos al Campamento Bautista Peach Creek por cinco días.

Las instalaciones eran sencillas y comunes. Cada cabaña tenía unas doce camas marineras. Mis seis chicas y yo compartimos el espacio con otro par de grupitos y sus madrinas. Yo elegí una cama del fondo, lo cual les dio a las chicas un conveniente acceso a las bromas obligatorias como poner dentífrico entre los dedos de mis pies y arroz entre mis sábanas. Por las mañanas, había reuniones en el pabellón al aire libre donde escuchábamos sobre los misioneros; luego, iniciábamos los grupos pequeños para los debates guiados. Las tardes eran para ir a nadar (solo trajes de baño enterizos), jugar y asaltar la cafetería o regresar a la cabaña para descansar o escribir cartas a sus mamás. Yo también le escribía a la mía. Las noches se apartaban para un servicio más formal, similar al de los dominicales, canto de himnos incluido.

Cada noche, antes de que apagaran las luces, reunía a mis chicas alrededor de mi cucheta del fondo y les impartía un devocional nocturno, y hablábamos de cualquier cosa que les ocurriera. Se acercaban bien juntas en sus pijamas y algunas de las otras chicas de la cabaña se apretujaban con nosotras. Me enamoré de esas chicas de sexto grado. Les di todo lo que tenía, lo cual, reconozco, era insignificante. Compartí lo que sabía de Dios y, durante el tiempo libre, les enseñé cómo usar todos los rizadores que había en una cubeta gigante. Eso no lo conseguirían con cualquiera. Se necesitaba una cantidad considerable de cabello.

Al cuarto día del campamento, me levanté antes del amanecer

y entré a la ducha antes de que las demás se movieran. Estaba de pie frente al lavabo, a punto de cepillarme los dientes, cuando sucedió. El entorno no tenía nada de extraordinario. De hecho, el nivel de las instalaciones del campamento era muy rudimentario. En el baño había un par de cabinas con inodoros, con las típicas puertas metálicas industriales de color verde, a la mayoría de las cuales se les habían aflojado las bisagras, de manera que las barras corredizas para cerrarlas ya no estaban paralelas a los agujeros. Junto a las cabinas había varias duchas estrechas, cada una con una cortina blanca de plástico que colgaba desde anillos y estaba enmohecida en la parte inferior. El piso era de hormigón pintado, con rajaduras y descascarado. Los trajes de baño húmedos estaban tendidos sobre las puertas de las cabinas de los inodoros y colgaban de ganchos que llenaban el cuarto con el nítido olor al cloro y un dejo de moho.

Fue justo allí, en el lavabo, que sentí la presencia del Señor. No vi nada. No escuché nada. Ningún trueno, calor, luz; ninguna vocecita tranquila. No hubo ningún dedo que escribiera en el vapor del espejo que tenía frente a mí. Mi cepillo de dientes no levitó. Los pelos de mi cabeza no se erizaron. No tuve ninguna visión. No manifesté ningún súbito don espiritual y, según recuerdo, no dije palabra alguna. El momento fue tan despojado de cualquier señal tangible, que una y otra vez he deseado volver atrás en el tiempo y el lugar para experimentarlo de nuevo y revivirlo como adulta, y analizarlo bajo el microscopio teológico. Lo único que tengo para seguir es la convicción de una chica de dieciocho años para quien la sensación de la presencia de Dios fue tan intensa como para hacer que se aferrara de ambos costados del lavabo hasta que pasó el momento.

Pude haberlo imaginado, pero ese tipo de cosas no estaban en mi campo de pensamiento. Nunca había sabido de alguien que tuviera una experiencia remotamente mística. Siento que hubiera elegido un sitio mejor para inventar una visitación divina que un baño donde un inodoro chorreaba continuamente y las duchas goteaban de manera irritante. No tengo ninguna prueba, desde luego, y en realidad hay una sola cosa que da testimonio de su autenticidad: la permanencia de los efectos. A lo largo de toda una vida de cuestionamientos, jamás he dudado de que algo santo y único haya pasado en el ámbito más impuro. Algo suficientemente importante para convertirse en el *antes* y el *después* de mi línea de tiempo. En esta montaña rusa que ha sido mi vida, llena de fracasos y éxitos, de pérdidas y ganancias, resurgimientos, restructuraciones y percances, lo que haya sucedido aquella madrugada nunca me abandonó y, a la vez, tampoco se ha vuelto a repetir.

—Fuiste llena del Espíritu Santo —me dijo obstinadamente una colega líder en el ministerio de las mujeres hace un par de años y para nada me sentí molesta por su explicación ni por su certidumbre.

—No estoy de acuerdo —dije—. Espero haber estado llena del Espíritu Santo muchas veces. Oro pidiéndole a Dios que me llene con su Espíritu cada mañana de mi vida, pero en ese momento no lo sentí como una *llenura*. Me sentí, más bien, como *rodeada*.

—Bueno, entonces, ¿lo que *tú* sentiste es la cuestión?

—Si tuviera que elaborar un término para lo que sentí en mi espíritu, en lugar de oír o ver, diría que fue una posesión. Como si Dios comunicara a través de esta manera extraña: *Tú eres mía*. Lo cierto es que ya lo era. Estoy segura de que ya estaba en Cristo y lo había estado, al menos, durante la mitad de mi vida.

Lo cómico de haber tenido lo que una piensa que ha sido un encuentro con Dios es cómo sigue haciendo todas las cosas más comunes, como tener una indigestión ácida. Me cepillé los dientes. No sabía qué más hacer. Era por lo que me había acercado al lavabo en un primer momento. Cepillé arriba y abajo los incisos y los caninos, ida y vuelta por los molares; luego, escupí en el mismo lavabo del que me había aferrado a causa de la presencia santa. Tiene que haber algo mejor que hacer a continuación de lo sagrado, que escupir. El baño no se veía ni olía mejor que antes. Los pestillos de las cabinas seguían sin cerrar. Me quedé mirando unos segundos al espejo, inclinando la cabeza a un lado y al otro. No me veía distinta. Me agaché y recogí mi toalla húmeda y el bolso con mis artículos de aseo personal y salí del baño, ni un poquito más sabia ni mejor, que yo me diera cuenta. Nada en absoluto era diferente... Sin embargo, todo había cambiado.

El sol de las primeras horas de la mañana recién empezaba a brillar por las ventanas de la cabaña llena de niñas de sexto grado que estaban profundamente dormidas, algunas con la boca abierta y las amígdalas casi a la vista, una con un mechón de cabello castaño pegado a la comisura de su boca, sus pies sucios y desproporcionadamente grandes asomándose de las bolsas de dormir, y todas despeinadas e increíblemente hermosas. Mi corazón se derritió sobre el piso de hormigón, como una cucharada de grasa de cerdo en la cacerola de mi abuelita.

—¡Buenos días, solcitos! —dije bien alto—. Este es el día que ha hecho el Señor. ¡Así que será mejor que se levanten, se regocijen y se alegren en él! —Prácticamente, terminé arrastrándolas de los grandes pies afuera de esas camas marineras.

Como siempre, asistí a las sesiones matinales con mis chicas, pero, una vez que las instalé en sus grupos pequeños, me dirigí directamente hacia la mujer que supervisaba el campamento y le pregunté si podía hablar con ella. Era amable, servicial y escuchó con atención lo que yo tenía para decir.

—Algo raro me sucedió esta mañana.

—Soy todo oídos —respondió.

He pensado una y mil veces cómo pudo haber sido esta situación. Aquellos eran días de agudas divisiones entre las tradiciones carismáticas y no carismáticas en el cristianismo. La mujer que estaba sentada frente a mí no tenía idea de cómo era yo, y ese era un campamento bautista del sur. Con cuánta facilidad podría haber subestimado mi historia o temido que yo estuviera bajo la influencia carismática y desalentarme de creer en cualquier cosa vagamente experiencial. Me sorprende que, aunque creyera que lo que me había sucedido era real, no se sintió obligada a disuadirme de hacer algo con ello.

Se inclinó hacia adelante atentamente y me miró directo a los ojos mientras yo hablaba, las piernas cruzadas, el codo izquierdo apoyado sobre su rodilla y su mentón descansando sobre la palma de su mano. No tardé mucho en relatar mi episodio. Lo absurdo era lo poco que había para decir.

Cuando terminé, dejó caer la mano que sostenía su mentón, alisó un pliegue de su falda sobre la rodilla y dijo de manera lenta y directa:

—Yo creo, Beth, que has recibido lo que los bautistas expresaríamos como *el llamado al servicio cristiano vocacional.*

La escuché pensativamente, sin asentir ni negar con la cabeza.

—Ahora, esto es lo que tienes que hacer a continuación...

He contado esta parte de la historia muchas veces con la esperanza de que, en algún momento, llegara a la mujer que se sentó frente a mí, con su cabello discretamente coqueto, atado un poco flojo con un moño francés, que ella me contactara y yo pudiera decirle cuán apropiado fue el consejo que me brindó para ese preciso momento. De todos los nombres que me quedaron sin registrar, el de esta persona clave en mi vida sigue siendo anónimo.

—Quiero que vayas a la iglesia este próximo domingo...

—Sí, señora —Asentí—. Allí estaré.

—Y, al final del servicio, cuando tu pastor... veamos, ¿quién es tu pastor, Beth?

—El doctor Dean Burke de la Bautista Spring Woods de Houston. Le decimos hermano Burke.

—Está bien, cuando el hermano Burke invite a...

—¿Que pasen adelante las personas que quieran recibir a Jesús como su Salvador o unirse a la iglesia? —Yo sabía que esto era lo que ella quería decir, pero era mi manera fastidiosa de hacerle saber que estaba siguiéndola. Que ella no pareciera fastidiada fue una bendición.

—Sí, cuando el hermano Burke invite a las personas que estén tomando decisiones acerca de Jesús, quiero que camines por el pasillo...

—¿Como hice cuando tenía nueve años?

—¿Fue entonces cuando hiciste tu profesión de fe? —preguntó ella.

—Sí, señora.

—Entonces, sí. Como cuando tenías nueve, quiero que vayas hacia el frente, que te dirijas a tu pastor y le digas que crees que has recibido el llamado al servicio cristiano vocacional. En nuestra iglesia, lo hacemos público ante nuestra familia en Cristo, así como cuando hicimos nuestra profesión de fe. Él te ayudará a orientarte a partir de allí.

● ● ●

Eso fue exactamente lo que hice y, gracias a Dios, lo que hizo mi pastor. El hermano Burke me recibió calurosamente, me invitó a pararme junto a varios hermanos más que pasaron al frente para sumarse a la iglesia y, luego de presentarlos, compartió con la congregación mi decisión de seguir a Jesús en el servicio vocacional. Ahí estaba yo otra vez, mis nueve años por dos, en el frente de una iglesia, recibiendo la diestra de compañerismo de una fila de personas que se extendía hasta el final del pasillo.

Ahora entiendo lo mal que podría haber salido esto en otro contexto. Podría haberle contado mi experiencia, cualquiera hubiera sido, a un líder del ministerio o a un pastor y, en lugar de caer en manos confiables, haber sido desacreditada, anulada, engañada, explotada, usada o abusada. Era una candidata excelente para ser conducida al abuso.

No pude enunciarlo entonces, pero, en retrospectiva, sé que me había entregado al ministerio a tiempo completo. No tenía idea de cuál era el ministerio. Aún no estaba segura de cuál sería. Envidiaba a los muchachos que podían decir con seguridad: «¡Dios me llamó a predicar!». ¿Qué cuernos era menos creíble en mi mundo que el hecho de que una chica obsesionada con la máscara de pestañas, el brillo labial y los rizadores dijera que había recibido un llamado vocacional de Dios y no tuviera ni idea de cuál era? No tenía la mínima noción de qué podía hacer una mujer en mi denominación. Suponía que llegaría a ser misionera, pero incluso eso parecía tan inverosímil en ese momento, que no podía imaginarlo.

Serví en mi iglesia todo ese verano y regresé a la facultad a fines de agosto. No tuve más encuentros con Dios en esos meses ni, curiosamente, la expectativa de tenerlos. Mis disciplinas espirituales eran incipientes y mi santificación penosamente inmadura, pero seguí puliendo lo poco que sabía hacer. Imaginé que, si debía cambiar mi carrera universitaria, recibiría algún tipo de señal, pero nunca sucedió. Seguí cursando mi carrera de Ciencias Políticas, hice una especialización secundaria en Literatura Inglesa y añadí un título como maestra, por si acaso.

Aquella mañana no sería la última vez que percibiría un movimiento inusual del Espíritu, pero, hasta el día de hoy, nunca fue de la misma manera. ¿Quién sabe por qué he tenido una pizca de experiencias místicas en mi caminar con Dios en una tradición bastante reticente a ellas? Una persona puede transcurrir su vida entera sin sentir nada fuera de lo común y no tener menos Espíritu, menos llamado ni menos propósito, fe o dones y, ciertamente, no dar menos frutos.

Además, él o ella serán sensiblemente menos controvertidos. Las experiencias fuera de lo común que he compartido a lo largo del camino han causado más escepticismo que credibilidad, y es comprensible que así sea. Eran fáciles de inventar e igualmente fáciles de malinterpretar, exagerar o explotar. Mi experiencia no estaba destinada a ser una norma de ninguna clase. Dios es soberano y se reserva el derecho al orden tanto como a la creatividad.

Cuando hago un recorrido hojeando las páginas de las Escrituras, desde Génesis hasta Apocalipsis, no encuentro dónde aterrizar en un modelo preciso para ser convocado por Dios para caminar con él o llamado por Jesús a seguirlo. Dios le dijo a Abraham: «Vete». Por otra parte, la voz del Señor dijo al oído de Isaías: «¿A quién enviaré? ¿Quién irá por nosotros?», e Isaías se ofreció voluntariamente: «Aquí estoy yo. Envíame a mí». Jesús les dijo directamente a algunos de sus discípulos: «Sígueme». Otros llegaron a él por los que habían sido llamados. Todos llegan a Jesús por la fe. No hay una fórmula para llegar.

Desde donde me siento, donde me paro, donde camino, donde corro, donde descanso, donde oro, interpreto y lloro, mi historia parece una camisa demasiado larga que dejaron en el fondo del cesto de la ropa. Si la hubiera blanqueado y lavado, almidonado y planchado para empezar adecuadamente, fresca y lisa, luciría mucho mejor, pero estoy segura de esto: ya no me entraría.

CAPÍTULO DIEZ

Lo había notado antes. Era el tipo de galán que difícilmente pasaba desapercibido. La primera vez que recuerdo haberlo visto fue cruzando el comedor de la facultad. Yo estaba sentada frente a una mesa larga con amigas del equipo de animadoras, picando algo rápido antes del largo entrenamiento de la tarde. Estábamos tan acostumbradas al estruendo de las bandejas chocándose, al sonido metálico de los platos y a las charlas de los estudiantes, que no nos molestaba para nada tener que gritar para que nos escucharan en la mesa.

—Miracle Whip.

—¿Qué dijiste, Beth?

—¡Miracle Whip! —dije por segunda vez, con toda la fuerza de mis pulmones.

—¿Qué hay con eso?

—¡No lo entiendo!

—¿Qué es lo que no entiendes de esa horrible versión de mayonesa, Miracle Whip?

Las conversaciones sin sentido pueden ser la prueba más auténtica de las buenas amistades. Cualquiera puede hablar sobre los temas más controversiales.

—No entiendo por qué un comedor universitario no sabe que no puedes ponerle otra cosa que mayonesa de verdad al aderezo de queso azul —despotriqué—. En tal caso, ¿por qué no aceptar sencillamente tu mediocridad y servir salsa Mil Islas?

Las pocas que escuchaban estudiaron los triángulos de lechuga repollada que chorreaban algo lechoso en la punta de sus tenedores. Comer ensalada era lo más seguro si queríamos impedir que la cena saliera volando durante las dos horas de entrenamiento de patadas altas. Nadie podía decirnos que los jugadores de fútbol entrenaban más duro que nosotras. Sabíamos que lloraban como bebés después de la primera media hora que el señor Tidwell les gritaba: «¡Otra vez!», pronunciando largamente las *O*. Cualquiera de las del grupo podría haber pateado un tiro de campo superior. Por lo menos, los jugadores de fútbol comían de verdad.

—Ni siquiera me gusta el aderezo de queso azul —trinó una de ellas.

—¡Eso es porque solo lo has comido con Miracle Whip!

Fue en ese momento que lo vi entrar al comedor, vestido con una camisa de vaquero, *jeans* Wrangler y botas texanas, muy parecido a un joven George Strait y, momentáneamente, perdí el hilo de mis pensamientos.

—¡Malvada Green, tenemos que irnos!

Eran los años de máxima fama del Malvado Joe Greene, un muchacho de Texas que fue el primero en brillar a los ojos de los fanáticos deportivos como defensor para el equipo de fútbol Mean

Green de la Universidad del Norte de Texas; luego, salió disparado como un cohete a Pittsburgh a jugar para los Steelers. Una amiga tenía un prendedor esmaltado con las palabras *Mean Green* y un día lo prendió en la solapa de mi capa del equipo de entrenamiento y ahí quedó. Era un apodo natural para cualquiera que tuviera mi apellido, y me gustaba porque me habían dicho que yo podía ser irritantemente alegre. Nunca me habían visto enojarme por la mayonesa Miracle Whip.

Todavía estaba preguntándome si el muchacho que había llegado al mostrador de la carne y las papas era nuevo en el campus y, si no lo era, cómo se me habían pasado por alto esas botas, cuando me di cuenta de que mis amigas ya casi estaban al otro lado de la puerta del comedor, sus capas agitándose por el viento. Me levanté de un salto, lancé mi bandeja sobre la cinta transportadora y corrí como un rayo para alcanzarlas.

La siguiente vez que vi al muchacho del comedor había transcurrido un mes del semestre. Ese año, mi hermano menor, Tony, se había sumado conmigo a la Estatal del Suroeste de Texas, yo estaba en tercer año y él, en primero. Una tarde, habíamos acordado encontrarnos en el estacionamiento del campus para hacer juntos un trámite. Tony conversaba con alguien cuya espalda estaba vuelta hacia mí, y yo me acerqué. Cuando Tony me vio, dijo:

—Oye, Keith, ella es mi hermana mayor, Beth. —Se dio vuelta hacia mí—. Beth, conocí a Keith en una fiesta de la fraternidad. Es el presidente de los Pikes. Keith, Beth es la presidente de Chi Omega. Quizás ustedes ya se conocieron. —Sacudimos la cabeza para decir que *no* y dijimos los apropiados *encantado de conocerte*. Cada uno estaba en una relación con otra persona en ese momento y ninguno mostró señal alguna de interés. Simplemente, prestamos atención.

Cinco días después, entré en el apartamento de dos habitaciones que compartía con tres de mis amigas y ahí estaba él, de pie en nuestra sala, esta vez con una camiseta y unos jeans Wrangler. Dos de mis compañeras de apartamento eran «hermanitas» de su fraternidad, lo cual quería decir que se conocían bien, y él había pasado para saludar. Lo cierto fue que, aunque entré y salí de la sala durante los quince minutos siguientes, saludó a todos *menos* a mí, que fue precisamente por lo que empecé a sospechar que había venido a verme. Hay cierta manera en la que un hombre y una mujer se miran uno al otro con el rabillo del ojo.

Cuando Keith se fue, le di tiempo a que bajara un tramo de las escaleras; entonces, abrí la puerta, me apoyé sobre la baranda y dije:

—¡Oye!

Él miró hacia arriba tímidamente, luego miró a la derecha y a la izquierda.

—¿Me hablas a mí?

—¡Sí! Solo quería decirte que la próxima vez que estés en nuestro apartamento visitando a tus amigas, también puedes hablarme a mí.

Sonrió fugazmente y su rostro se puso rojo.

—Pues, está bien. *Lo haré.*

Sonreí alegremente; luego retrocedí hasta la puerta de mi apartamento y la cerré. Seguimos apareciendo, sin planearlo, en los mismos lugares, como si un titiritero sostuviera dos pares de cuerdas.

La próxima cita en la programación del otoño de nuestra sororidad, arreglada desde hacía mucho tiempo, fue un encuentro en la casa Pike con su fraternidad. Tenga por seguro que yo tenía exactamente cero interés en escribir sobre la vida de las fraternidades de un campus universitario, a menos que se tratara de una hermandad del Nuevo Testamento, pero, bueno, tiene un lugar inevitable en mi historia. Había transcurrido una hora de la fiesta, cuando Keith caminó por una sala espaciosa hacia mí y gritó por encima de Fleetwood Mac, que canturreaba «Go your own way»:

—¿Puedo traerte una cerveza?

—¡No, gracias!

Pareció un poco desconcertado por mi respuesta. Pensando que tal vez yo era demasiado culta para una cerveza, intentó con una bebida distinta.

—¿Qué te parece una margarita?

Negué con la cabeza:

—¡Gracias, en serio!

—¿Una piña colada? —Como era una fiesta de barril, con vasos de papel, sentí que eso era exagerado.

—Te agradezco, de todas maneras —respondí a los gritos—. Lo cierto es que... —Ajena a la última nota de «Go Your Own Way», elegí ese momento de silencio para gritar a todo pulmón—: ¡No bebo!

No tuve que preocuparme por si el presidente de la fraternidad, a un metro y medio de mí, había escuchado lo que dije. Por la expresión en su rostro, hermoso como era, claramente no tenía lugar en su cerebro de veintiún años para archivar esa información. Desconcertado, se dio media vuelta y empezó a alejarse mientras la siguiente canción tocaba a todo volumen en el equipo de sonido.

—Pero me gusta bailar —grité.

En lo que quizás, al día de hoy, sea el gesto más romántico al que he tenido acceso, el joven de los misteriosos ojos ámbar y el cabello negro como la sombra de una medianoche sin luna se dio vuelta, extendió un brazo, abrió la mano y dijo:

—Pues, entonces, ¿me concedes esta pieza?

• • •

Para cuando cada uno supo cuán profundamente desolado estaba el otro, era demasiado tarde. Éramos un chico y una chica con casi nada en común, más que un quebranto crónico, demasiado enamorados como para tomar en serio nuestras diferencias. Nuestras disputas abarcaban todo tipo de temas: teológico, ideológico, político, económico y familiar. Keith cazaba ciervos. Yo pensaba que la cacería era una salvajada. Yo amaba la poesía. Él estallaba a carcajadas a la tercera rima. Su familia era de nuevos ricos y automóviles elegantes. Mi familia estaba llena de deudas, y el faro trasero izquierdo del recargado Cadillac de mi padre estaba pegado con cinta al paragolpes. Keith insultaba como si hubiera nacido para eso y yo hablaba fluido el dialecto cristiano. Yo creía que se le pasaría. Él creía que se me pasaría.

Las familias de ambos preferían, sin ningún remordimiento, a nuestros anteriores intereses románticos. Contábamos con todo el apoyo de un castillo de naipes. Como la mayoría de las personas lastimadas, Keith y yo sacábamos a la luz lo peor que había en el otro. Cualquier terapeuta de relaciones que cobrara diez dólares de remuneración nos hubiera declarado humanamente incompatibles y hubiera estado en lo correcto.

¿Acaso no es así la cosa? Pensamos que podemos romper todas las reglas y todavía ser las excepciones que triunfan. Pensamos que con el amor siempre será suficiente, pero cuando recién comenzamos a vivirlo y la química es crucial, no sabemos que el amor no siempre es un sentimiento. Todavía no hemos aprendido que, a menudo, es un acto cuando estamos momentáneamente en bancarrota de afecto.

No pocas veces he reflexionado, como seguramente lo ha hecho Keith, sobre cuánto más fácil hubieran sido nuestras vidas si nos hubiéramos asegurado de que éramos amigos genuinos con intereses en común y no meramente dos fósforos viviendo en una fricción sin restricciones, a punto de arrasar con el otro hasta sus cimientos. Por otro lado, siempre termino preguntándome si, en nuestro caso, tuvo que ser así. Me pregunto si Dios se salió con la suya en este remolino y esta tormenta indomables. Me pregunto si la dificultad extraordinaria fue esencial para moldear nuestra arcilla, y no solo la consecuencia de nuestros corazones dañados.

Al menos vivíamos en la misma ciudad. Keith era la decimocuarta generación de houstonianos. Su estirpe se remonta a los sagrados días cuando Texas era una república. Toda persona que le encuentre poco sentido a esto ha llegado a este mundo en uno de los otros cuarenta y nueve Estados inferiores, como en mi caso. Los texanos de verdad han nacido aquí. Los texanos de verdad se quedan aquí o, si por algún giro cruel el destino los degrada a vivir en otra parte, están obligados (por alguna promesa inmutable profundamente grabada en sus corazones con una única estrella) a dar testimonio de su condición de texanos en menos de noventa segundos de cada encuentro. Pueden ser suficientemente educados para hacerlo sutilmente («Gracias por su ayuda, ya que no conozco bien este lugar porque, bueno, vea, soy de Texas»), pero, como sea, lo harán. No pueden evitarlo. Texas es un horno caliente donde se hornean ciertos ingredientes. No escribo estas palabras sin aprecio. Simplemente menciono hechos verificables que pueden ser probados y juzgados.

Keith provenía de la línea de la clase trabajadora. Un abuelo y varios tíos lograron triunfar destapando los retretes de Houston, pero es justo decir que su padre los superó a todos. Su nombre estaba doblemente pintado a los costados de las camionetas blancas de servicios de plomería de todo el Metroplex, la región en el norte de Texas. Debajo del eslogan, estaba el nombre de la empresa: Plomería John Moore. Bien parecido, robusto y magnético, el hombre dignificó la industria toda y logró subirles los pantalones a todos los plomeros de Houston.

Una de las primeras veces que fui a la casa de los Moore, Keith dijo que estaba muerto de hambre y preguntó si yo quería un emparedado. No, dije yo, pero lo seguí a la cocina para no quedarme a solas con los integrantes de su familia que me lanzaban miradas asesinas y reprobadoras. Él tomó un paquete de pan, desató el alambrito que lo mantenía cerrado, sacó dos rebanadas gruesas y las dejó caer ruidosamente sobre la isla de la cocina mientras hablaba de la vez que, por accidente, se clavó a sí mismo contra la cerca de atrás. Abrió el refrigerador de doble ancho, sacó un paquete de jamón en rodajas del compartimiento de la carne y un tomate corazón de buey de la gaveta de la verdura. Volvió a abrir el refrigerador una última vez y fue entonces cuando sucedió. Retiró su fuerte puño bronceado del Frigidaire de lujo con un frasco de medio kilo de Miracle Whip. Fue la primera vez que vi que un ser humano fuera tan generoso con la ración de condimento.

—Keith, te gusta el Mil Islas, ¿verdad?

—Claro, ¿por qué?

Peleamos por la mayonesa Miracle Whip versus la mayonesa de verdad todo el camino de regreso a mi casa; ninguno de los dos dio el brazo a torcer.

* * *

Peleábamos por todo. Todo menos una cosa. Ya nos llevábamos tan mal, que me pareció que nos casaríamos. Él sabía que yo me tomaba en serio mi fe, pero no habíamos tenido «la conversación», y yo me estaba poniendo nerviosa. Habíamos regresado a San Marcos para el semestre de primavera. A poca distancia de mi apartamento había una gran roca; él me había pasado a buscar y me había subido encima de ella y estábamos flirteando como lo hacen un joven y una joven enamorados.

—Keith, necesito decirte algo.

—¿Qué? —dijo él y me besó en la mano.

—Hablo en serio. Necesito que sepas algo.

—Dime —dijo, besando ahora las puntas de mis dedos.

—¡Keith! ¡Mírame a los ojos! —Y lo hizo—. Keith, necesito que sepas que yo voy a trabajar para Dios.

Él parecía un poco estupefacto.

—¿Qué quieres decir?

—Me refiero a que —dije firmeza— voy a trabajar para Dios. O sea, toda mi vida.

No diría que dejó caer mi mano exactamente como si fuera una papa caliente, pero casi.

—¿Cómo lo sabes?

—Él me dijo que yo lo haría.

—¿Dios te dijo que ibas a trabajar para él?

—Sí, Keith. Pero no con palabras. Con una experiencia. ¿Sabes a qué me refiero con *una experiencia*? —Santo cielo, apenas yo sabía qué quería decir con *una experiencia*. La mayoría de las personas que yo conocía ni siquiera creían en *las experiencias*.

Sus cejas oscuras se encogieron casi hasta sus pestañas tupidas.

—¿Qué vas a hacer?

—No tengo idea. —Se me hizo un nudo en el estómago. Me había ido mejor con el hermano Burke.

—Entonces, vamos a ver si estoy entendiendo. Dios te dijo que trabajarías para él.

—Sí.

—Pero no te dijo qué ibas a hacer.

—Sí. Bueno, quiero decir, no, no me dijo qué iba a hacer.

Keith se llevó las manos a las caderas y me miró tan intensamente a los ojos, que creí que me perforaría las pupilas y llegaría hasta la parte de atrás de mi cráneo.

—Déjame que te pregunte algo.

—Está bien —respondí, empezando a sentirme un poco descompuesta.

—¿Vas a ser una monja? —Por su entorno católico, era lo único que él podía imaginar que hacía una chica excesivamente religiosa.

—¡No! —grité, descreída a causa de la manera en que habíamos estado besándonos la última media hora.

—Bueno, en ese caso, puedo convivir con eso.

Y lo hizo. Y lo hace. Y Dios sabe que ninguno de los dos podría haber imaginado qué vendría.

Nos casamos el siguiente 30 de diciembre en una ceremonia de presupuesto reducido que estuvo bien para mí. Usé un vestido de boda digno para la ocasión, color blanquecino, que alquilé por sesenta dólares. La mayoría costaba cincuenta, pero mamá y yo nos la jugamos.

—Eres la única persona con la que me casaría en la temporada alta de ciervos —me dijo Keith categóricamente.

Hace mucho más de cuarenta años, dijimos los votos frente a nuestros invitados y a las dos familias... y estos últimos parecían haber confundido una boda con un funeral. Con el tiempo, cada uno empezó a agradarle a la familia del otro. Solo que no nos apresuramos a hacerlo. Mamá nunca desmontó la fotografía familiar donde estaba mi novio anterior... lo quería tanto, pero, finalmente, recortó la cara de Keith de una instantánea y la pegó sobre la de Scott, y yo lo acepté. El matrimonio está totalmente relacionado con la aceptación, pienso yo.

Keith ha estado en casa solo para unos seis o siete aniversarios de boda debido a la temporada de ciervos. Lo celebramos. Solo que lo celebramos más tarde. En realidad, nunca me molestó. De todas maneras, para Keith y para mí, lograrlo un año más tiene que ver, sobre todo, con Dios y cada uno de nosotros, individualmente.

CAPÍTULO ONCE

UNAS POCAS NOCHES después de que regresamos de una semana de luna de miel en un crucero por el Caribe, me desperté de un sueño profundo cuando Keith se incorporó de la cama bruscamente hasta quedar erguido, gritando con todas sus fuerzas. Salí disparada del colchón y revisé la habitación buscando un intruso. Éramos los únicos allí. Tiré de la cadenita de la lámpara que estaba sobre la mesa de noche y miré a mi joven esposo, que tenía los ojos desorbitados y aterrados y, claramente, veía algo que yo no podía ver.

—Amor, soy yo —dije, tocándolo con cautela, sin saber si era seguro tocarlo—. Creo que tuviste un sueño feo.

Keith miró hacia mi lado, reconociéndome en parte. Estaba segura de que una vez que se diera cuenta de que era yo, no estaría en peligro. Era un tipo misterioso. Inquietante, sin dudas, pero si había algo que yo sabía de él, era que me amaba. Casi me adoraba. Sabía en mi interior que no me haría ningún daño físico a propósito. Sus brazos todavía estaban rígidos, tenía las venas hinchadas y los puños apretados, pero su mirada ahora había comenzado a alternar entre mi persona y lo que fuera que veía frente a él.

Toqué su mano.

—Ivan, amor. —Su primer nombre y el que, casi desde el principio, he usado para nombrarlo—. Soy yo. Estoy aquí. Sentémonos en la cama. ¿Estás aquí conmigo? ¿Me escuchas?

Él asintió. Tiré de su mano para insistirle que se sentara. Él obedeció, pero se sentó tan rígido como había estado de pie.

Masajeé su cuello con suavidad.

—Has tenido un sueño feo, es todo. —*Jesús amado, que sea solo eso*—. Estamos a salvo, cariño, estamos a salvo —susurré—. ¿Quieres que te traiga un poco de agua?

Asintió.

Fui hacia la cocina con las rodillas débiles y tambaleando, mi mente confundida, y llené un vaso plástico con agua del grifo. Ambos sostuvimos en firme el vaso mientras él bebía unos pocos sorbos. Emitió algunos sonidos, en su mayoría gemidos, pero nunca dijo una palabra.

—Acuéstate, cariño. Ya pasó. Todo está bien. —*Jesús amado, que se haya terminado. Que todo esté bien.*

Se acostó, apoyó su cabeza en un borde de la almohada, se alejó de mí hacia su lado y volvió a dormirse, si es que realmente se había despertado. El corazón me golpeaba en el pecho como una bota tratando de derribar una puerta a patadas. Esa fue mi estremecedora introducción a lo que llegaría a conocerse comúnmente como estrés postraumático.

Por Dios, sí que tenía razones.

Los servicios fúnebres por Marcel John Moore III, 3, hijo
del Sr. y la Sra. M. J. Moore, hijo [...] se llevarán a cabo
el lunes a las 9:30 a.m., en la Iglesia Católica St. Theresa.
El entierro será en el Jardín de Getsemaní. El niño falleció
el viernes a la noche por las heridas recibidas en una
explosión que se produjo en su casa el domingo pasado.
THE HOUSTON POST

Eran nada más que dos pequeños, Keith y su hermano mayor,
«Duke»; el mayor tan rubio como castaño era el menor. Estaban
jugando en la cochera contigua a su casita, más felices imposible,
y pensaron recargarle combustible a la diminuta cortadora de césped plástica con una lata naranja que su papá usaba para la cortadora grande. El combustible salió a borbotones y se desparramó
desde el recipiente al juguete y, luego, circuló sin piedad debajo
de la caldera, transportando una delgada llama azul. A Duke le
tocó la peor parte porque su ropa estaba empapada. El cuerpo de
Keith sufrió pocas quemaduras, pero su tierna mente de dos años
soportó ampollas demasiado grandes y profundas para recibir alivio o ser vendadas. Llevaron de urgencia a los dos niños en sendas
ambulancias al hospital más cercano y los pusieron en la misma
habitación. Duke iba y venía, pero Keith nunca perdió el conocimiento. Me contaron que nunca paró de gritar. Él recordaba una
imagen en particular. *Hermano... envuelto en bolas de fuego.*
«El entierro será en el Jardín de Getsemaní».
El lugar de las súplicas y de los poros que sangran. El lugar al
cual usted entra con Jesús y se arrastra sobre las manos y las rodillas y cae sobre su rostro delante de Dios, suplicando que la copa
del sufrimiento pase de usted, pero el cáliz está tan cerca de usted
ahora y la luna está tan llena, que puede verse reflejado en el oro.
Se confronta cara a cara con el miedo, lo blanco de sus ojos se
ilumina por el horror. No todos salen.

«El entierro será en el Jardín de Getsemaní».

Entierro en el suelo que usted escarbó magullándose las rodillas, suplicando. Este es el lugar donde los que creen vienen en carne viva, despellejados e indefensos, impotentes, dependientes en su desamparo, lanzados a la misericordia de un Dios que esperan los esté escuchando. Es allí donde el suplicante solloza: «Si esta copa no pasa de mí, no lo resistiré. Haz lo que vas a hacer, Dios, haz tu voluntad, hazlo por encima de la mía porque solo tú eres Dios. Pero debes saber que yo no puedo, no podré salir vivo de esto». Keith y su mamá fueron sepultados allí con Duke, en el Jardín de Getsemaní. Uno envuelto en telas de algodón, librado de su dolor y restituido en la presencia de Dios, acariciado, sin miedo y establecido, su cabello rubio alborotado por la mano de Dios y en libertad para ir a jugar. Los otros dos, sepultados vivos. No habría ningún juego. Los demás de la familia hicieron el duelo, pero Keith y su mamá nunca se repondrían.

Getsemaní es todas las cosas que más tememos, excepto una. Tememos no ser escuchados. Estamos seguros de que así es, pero no es verdad. Fue en el Getsemaní original que Jesús, según las palabras de Hebreos 5:7: «ofreció oraciones y súplicas con gran clamor y lágrimas al que podía rescatarlo de la muerte. Y Dios oyó sus oraciones...».

Y nosotros somos escuchados.

● ● ●

La inestabilidad de Keith no era nada comparada con la mía. Entramos en la vida matrimonial igualmente llenos de problemas. Capaces de ocultar nuestros daños por igual, hasta que fuimos expuestos al reflector de luz fluorescente de la vida bajo el techo compartido. Dos años después de casarnos, él perdió a su hermana menor de repente, a causa de un catastrófico aneurisma cerebral.

Una vez le pregunté a mi suegra cómo había hecho para sobrevivir a semejantes pérdidas.

—No me lo propuse —replicó ella, y yo supe que lo decía en serio—. Simplemente, seguí abriendo los ojos.

A veces, usted abre los ojos cuando ni siquiera desea hacerlo. Pero quizás Dios siga abriéndoselos hasta que un día, muchos días más adelante, usted se alegre un poquito de haberlo hecho.

Después de arrastrarme lentamente durante largos y arduos años, los bordes cortantes de las fracturas que había aguantado durante mi infancia se desafilaron como para permitirme florecer, en líneas generales. Las fracturas de Keith vinieron de la mano de instrumentos tan brutales, que él va pisando las esquirlas casi a cada paso que da. Una vez me dijo: «Lizabeth, la vida es más difícil para algunas personas que para otras».

Quise discutir con él. Quise decirle cómo todos tenían la misma oportunidad de ser felices en Jesús. Quise preguntarle por qué las bendiciones del presente no podían compensar las maldiciones del pasado. Quise preguntarle por qué yo no bastaba para alegrarlo tanto como para superar la tristeza, pero sabía que sería hablar como una necia. La vida *es* más difícil para algunas personas que para otras. Las sombras me siguen bastante a menudo, pero no incesantemente. No dondequiera que vaya. No he dormido una sola noche en un garaje en llamas. Soporto ataques de ansiedad y depresión, pero no me persiguen constantemente como lobos hambrientos detrás de una oveja balante. A veces me he preguntado, como la mayoría de los niños, si mis padres me amaban de verdad, pero ni una sola vez afronté circunstancias que pretendieran hacerme dudar de si mis padres hubieran deseado que su otro hijo fuera el que hubiera sobrevivido.

Hace mucho tiempo, Salomón dijo en Proverbios 14:10 que «cada corazón conoce sus propias amarguras» (NVI), y creo que es un gran aporte. Ningún otro ser humano puede descender por nuestra garganta como un espeleólogo, atravesar la tráquea, probarse nuestro corazón y ver cómo lo siente. Un mortal no puede comprender del todo cómo funciona otro desde adentro. Jesús es el único foráneo que conoce de verdad la información privilegiada que mantiene velada nuestra piel. Busque en todo el mundo dos personas con idénticas aflicciones, heridas, enfermedades, remordimientos, pérdidas, tragedias y oportunidades desaprovechadas y, si por alguna anomalía las encuentra, verá que de todas maneras no tendrán el mismo ADN ni el mismo trasfondo, condiciones de vida, estado físico ni sistema de apoyo con los cuales sortearlas.

«Cada corazón conoce sus propias amarguras».

Dos heridas pueden requerir la misma cantidad de puntos, pero causar niveles diferentes de dolor. No todos los cánceres en cuarto estadio son iguales, ni lo son los corazones, las mentes y los cuerpos que los soportan. Dos choques frontales no tienen las mismas consecuencias. Somos distintos, queramos o no. Aun en el matrimonio, el Señor dijo que ambos se convertirán una sola carne. No dijo que nos convertiríamos en un solo corazón. No dijo que nos convertiríamos en una sola mente.

● ● ●

Finalmente, a Keith le diagnosticaron no solo estrés postraumático severo, sino también un trastorno bipolar. Me quedo mirando esas últimas dos palabras porque es la primera vez que las escribo para el público. Mientras escribía esta biografía, le pregunté a mi compañero:

—¿Podemos contar tu historia real o no? Es tu decisión. No diré nada con lo que no te sientas cómodo. Pero ya tenemos más de sesenta años, cariño. Alguna pareja, familia, o algún lector a los que nunca llegaríamos de otra manera podrían necesitar conocer nuestra historia.

Keith se paró frente a mí con las manos en las caderas, la cabeza inclinada y los ojos fijos en los míos.

—¿Estás pensando en los detalles?

—Nop —dije, y no estaba pensando en eso.

—¿Vas a omitir...?

No lo dejé terminar.

—Omitiré lo que tú quieras. Esa es tu decisión. Tú pones el límite. —Ahora he llegado a creer que, mucho más allá de las cosas románticas, el amor significa encontrar alguna medida de seguridad mutua, en un mundo que no podría ser menos seguro.

Silencio.

—Entonces, hagámoslo —respondió finalmente.

Lo que todo autor espera, pero no tiene derecho alguno a exigir, es que el lector maneje con cuidado las cosas sagradas registradas. La vulnerabilidad, en y por sí misma, es sagrada porque refleja, incluso en un espejo, oscuramente, la imagen de Cristo. Retirar la venda y ofrecerle a alguien un vistazo de la herida que, probablemente, en esta vida nunca sane por completo sino que solo puede esperar a ser tratada, es *costoso*.

El enigma es que no podemos saber cuánto costará, hasta que sea demasiado tarde y ya esté expuesto. Lo que sí queremos, esperamos y oramos (Keith y yo) es brindar un poco de compañía a alguna persona que esté sola. Nosotros hemos estado solos. Nos hemos sentido desconocidos. Hemos sentido que las personas de nuestras estratósferas sociales no podían entender por qué no siempre podemos hacer las cosas que ellos hacen, ir a los lugares que van, contar con las cosas que cuentan. No siempre podemos hacer planes. No podemos resolver las dificultades similares de otro individuo más de que lo que podemos resolver las nuestras, pero podemos ayudar a que otro se sienta menos solo. Podemos apoyar en espíritu a otra familia y asentir. «Sí, entendemos. Sí, lo hemos sentido. Así es, es a lo que nosotros temíamos».

La hemos tenido difícil, mi chico y yo. La vida puede ser miserable. La enfermedad mental es miserable. Puede ser despiadada con la persona a la cual molesta y hostiga, y odiosa para los que están cerca. Una enfermedad mental puede ser un montón de cosas, pero hay al menos una cosa que no es. No es por culpa de alguien. Keith y yo hemos atravesado situaciones angustiantes como resultado de nuestros propios actos, de nuestra propia estupidez, egoísmo y pecaminosidad. Sin embargo, los vientos más implacables que han azotado nuestras cuatro paredes durante décadas, sin parar, que han golpeado nuestros cristales con lluvias heladas, que han chiflado a través de las grietas de nuestras puertas y que han amenazado con derribar nuestra casa son ajenos a nuestros actos. No los originamos nosotros. No está en nosotros arreglarlos.

Para nosotros y para muchos otros como nosotros, lo que funciona maravillosamente (casi, mágicamente) la mayoría de las veces, funciona solo por un tiempo. Más cosas positivas, más cosas negativas. Más lágrimas. Más conflictos. Más consultas. Más análisis de sangre. *Aumentemos esto, bajemos esto, descontinúe esto, empiece con esto.* Más agotamiento. Más tirarnos de los pelos. Más tomarnos de las manos. Más volver a intentar. Más lucha contra el deseo de no volver a intentarlo...

La hemos tenido difícil, sí, pero también hemos tenido, por la gracia de Dios, consuelos divinos y (en los mejores momentos de cada uno) compasión uno por el otro. Compromiso, a veces, uno de los dos a la vez hasta que volvemos a ser los dos juntos. Lo que tuvimos, por la gracia de Dios, es el valor para buscar ayuda otra vez y otra vez y otra y otra. Lo que tuvimos, por la gracia de Dios, son algunos buenos amigos en quienes finalmente confiamos tanto como para contárselo. Lo que *yo* he tenido, por la gracia de Dios, es un hombre dispuesto a someterse a las prescripciones de los médicos, dispuesto a hacer lo que sea para vivir bajo un protocolo médico continuo, que cambia de una manera exasperante. Estas no son cosas insignificantes. Y son tremendamente a favor de Keith Moore.

CAPÍTULO DOCE

—El matrimonio me enfermó.

Le digo estas palabras a mi madre mientras estamos sentadas en su pequeño desayunador, en Houston, dos meses después del día de mi casamiento. Bebemos café Folgers de filtro en tazas de porcelana para té. Ha descongelado una tarta de queso Sarah Lee y corta una minúscula porción para cada una. Tiene el don de suponer que nadie tiene demasiada hambre. Las sirve en los platitos que corresponden a las tazas de té. Abre una lata de relleno para tarta de cereza y agrega una cucharada a cada porción. La mía todavía está un poco congelada al medio, pero ¿qué puede importarle a la enferma crónica?

—¿Qué tipo de enfermedad?

Aparta su platito y busca un cigarrillo y su cenicero para

prepararse para mi respuesta. Me gustaría darle una pitada, pero no lo hago. De todas maneras, estoy demasiado mareada. Necesito divorciarme porque el matrimonio me ha enfermado.

—Estoy tan cansada que apenas puedo levantar el dedo meñique.

—Cariño, deberías habérmelo dicho antes. ¿Qué más? —Mamá no era muy dada a las demostraciones de cariño, pero realmente podía amar a una persona con los ojos. Me ama profundamente. Puedo verlo en su rostro. Puedo olerlo en el café. Puedo saborearlo en su tarta de queso.

—Me siento asqueada constantemente.

—Ya veo —dice, y sus ojos se entrecierran.

—Ha empeorado tanto, que he empezado a vomitar todos los días. No debería haberme casado con él.

—Cuéntame más, cariño —dice ella. Cuento con toda su atención.

Escucho que el reloj sobre la repisa da las cinco de la tarde. Pronto tendré que irme a casa. No tengo la costumbre de hablar de cosas íntimas con mi madre, pero es obvio que tengo un cáncer de algún tipo y este no es momento para la timidez.

—Mamá... —desvío la mirada por la vergüenza—, me duelen tanto los senos que casi no puedo soportarlo.

—¿Los dos?

—¡Sí! Me duelen hasta debajo de los brazos. —Me ahogo. Ahora que conté la mala noticia en este ambiente, suena peor aún. Aquí estoy, apenas veintiún años. Me pregunto si seré menor de edad para conseguir la disolución.

Apaga su cigarrillo, que fumó a medias, para sentarse bien derecha.

—Bethie —dice de una manera que me hace mirarla directamente—, tú no estás enferma. —La negación es una plaga en mi familia.

—¡Sí, má! ¡Lo estoy!

—No, cielo, no es así. Estás embarazada. —Y dibuja la sonrisa más maravillosa y pícara que haya visto en su rostro.

Que el lector que se pregunta cómo pude haber sido tan ignorante entienda que hacía poco me habían diagnosticado un útero invertido y una endometriosis tan aguda que, seguramente, necesitaría una cirugía para poder concebir. Que el lector entienda, también, que tales aserciones pueden ser incorrectas.

● ● ●

La enfermera echó un vistazo asomando la cabeza por mi habitación del hospital a eso de las cuatro de la mañana. —Señora Moore, ¿está despierta?

—Sí, señora.

Había cerrado mis ojos hacía una hora, más o menos, más exhausta y débil de lo que había estado en mi vida, pero no había logrado dormirme. Mi mente seguía tratando de asimilar lo que había experimentado mi cuerpo.

El nombre de la enfermera era Marianne. Lo sé porque lo anoté en mi diario. Nadie le advierte a usted cuán apegada se sentirá a las enfermeras que la acompañaron, como decían mi abuelita y mi mamá, a través del valle de las sombras. Usted cree que las enfermeras sienten el mismo apego y que renunciarán a su empleo y se irán a casa con usted cuando salga del hospital, apiñadas en el asiento de atrás, con los floreros y la bebé, y que cuidarán de ambas durante semanas (o quizás hasta el jardín de infantes) porque ambas son tan especiales.

Tampoco les molestaría hacerlo gratis. Puede ver el futuro claro como el agua: su enfermera obstétrico-ginecológica de pie junto a usted el día que la bebé se gradúe de la secundaria.

Marianne no pulsó el interruptor de la luz, pero gracias al interminable nivel del voltaje fluorescente que entraba desde el pasillo a mi habitación, pude ver el frente del carrito moisés en la puerta.

—Apuesto a que tengo algo que espera —canturreó.

—¡Sí! ¡Seguro que sí! —respondí incorporándome en la cama hasta sentarme, con el cuerpo dolorido. La enfermera hizo rodar el moisés hacia la izquierda de mi cama, alzó en brazos a su pasajera y la colocó en mis brazos.

—Gracias —susurré.

—De nada, querida. ¿Cómo se siente?

—Ahora mismo, genial.

—Apriete el botón cuando necesite ayuda. Yo estoy a punto de marcharme, pero estará en buenas manos. —Cerró la puerta al salir.

Era la primera oportunidad que teníamos la bebé y yo de estar solas. Había nacido exactamente a las 5:18 de la tarde, con un peso de tres kilos y 430 gramos. Media hora después, según mi diario, Keith les anunció su llegada a veinticinco personas, para ser precisa. Todos habían aguantado eufóricamente hasta que me llevaron a mi propia habitación, momento en el cual se agolparon en el pequeño espacio para una celebración improvisada y una reunión de oración. Inspeccioné la habitación, observé los rostros de algunas de las personas que más amábamos en el mundo y supe que éramos muy afortunados de ser tan amados. Sin embargo, para las nueve de la noche, algunos estábamos listos para ser menos afortunados y un poquito menos amados, incluida la recién nacida que pasaba por todos los brazos como una pelota y la mamá primeriza que no podía decir que no.

Después de todo, el día había comenzado antes del amanecer.

El domingo muy temprano, le escribí a mi primogénita en su *Diario del bebé, sentí que podría estar acercándose la hora de tu precioso nacimiento.*

Lo que quise decir con esto es que me había despertado alrededor de las cinco de la madrugada con la sensación de que había un pequeño búfalo en mi vientre, tratando de salir de mi cuerpo con sus pezuñas.

Desperté a tu padre a las 8:15 ¡y él estaba eufórico! Yo tenía mucho miedo para estar segura de que estaba en el trabajo de parto, así que tu padre y yo oramos y el Señor nos mandó a la iglesia.

No necesito alterar mi recuerdo. Estoy ciento por ciento segura de quién era la única persona que hacía esa oración en particular: la misma que nos envió. Keith obedeció porque sabía aún menos que yo sobre la maternidad. Podría terminar estos recuerdos después de la próxima frase porque realmente es todo lo que necesitas saber.

¡Esa mañana enseñé en la escuela dominical y llegué al hospital a las 12:35!

No había estudiado mi revista trimestral de la escuela dominical para nada. Tenía que enseñarles a las alumnas de sexto grado; mire las esquinas de las calles si quiere saber qué les pasa a los de sexto grado que no han ido a sus clases. No sería nuestro caso. No puedo decir que fue placentero. Enseñé durante cuarenta y cinco minutos meciéndome adelante y atrás en una banqueta sin respaldo, como si fuera mansa y humilde y fuera montada en un burro. Terminé la lección sin invitar a las niñas a compartir sus motivos de oración, lo cual normalmente era mi parte favorita. Basándome solo en esta costumbre, estaba segura de que yo sabía más sobre la vida personal de nuestros feligreses que el pastor, ¿y qué podía ser más gratificante, además de dar a luz ahí mismo, sobre el linóleo, en un aula de la escuela dominical?

Busqué a Keith de inmediato y le sugerí que podíamos considerar, en esta ocasión, privarnos del servicio de alabanza y, en cambio, pasar rápidamente por nuestra casa, agarrar mis bolsos y encaminarnos hacia el hospital. Nada está cerca en Houston, Texas. Para el momento que habíamos recorrido los primeros veinte minutos, cronometraba mis contracciones cada dos minutos. Estaba poniéndome cada vez más ansiosa.

—Amor, creo que será mejor que aceleres.

Pasaron unos minutos.

—Con acelerar me refería a que *te des prisa*.

Varios minutos más.

—Por el amor de Dios, si te detienes en un semáforo más, voy a abofetearte la cara con este bolso de pañales.

No pujes. No pujes. Mantén el control. Presionaba el tablero del auto con mi mano y regulaba la respiración como nos habían enseñado en el curso de preparto. *En definitiva, estoy en la transición,* me dije a mí misma. Huelga decir que había elegido el camino autosacrificado del parto natural. Era fuerte y estaba bien preparada, y ¿por qué comenzar la vida de tu hija con drogas? (Este es tan buen momento como cualquier otro para agregar que mi segunda hija necesitaría comenzar la vida con drogas).

Keith llevó el vehículo a la puerta de Emergencias del hospital, corrió adentro para avisarles que yo estaba avanzando rápidamente y volvió a buscarme. Me llevaron aprisa a la sala de partos y me hicieron cambiar la ropa por una bata. Luego de hacer la revisión médica, la enfermera Jean me miró con sus ojos odiosos y duros.

—Señora Moore, dilató solo dos centímetros.

Pude discernir un espíritu de juicio. Lo que discernió la enfermera Jean fue que me esperaba el día más largo de mi vida. ¿Quién diría que el ser humano podía soportar esa clase de auténtica agonía y vivir para contarlo?

—Señora Moore, ¿está segura de que no quiere algo para suavizar la situación? —Debía ser obvio que no lo dijo la enfermera Jean.

—Estoy segura.

Mentí. De lo único que estaba segura a esa altura era que no había nada ni remotamente natural en el parto. Apreté una de las manos de Keith hasta que se le entumeció y dejó de circular la sangre; entonces, me ofreció la otra. Además de responder las preguntas, nunca dije ni pío. Me gustaría dejar constancia de que casi lo logré. Estaba en la recta final, haciendo todo lo posible por pujar, cuando mi doctor anunció un cambio de planes.

—Señora Moore, vamos a tener que darle anestesia epidural. El bebito está atascado y necesitamos ayudarlo a salir, ¿está bien?

Él y las dos enfermeras miraban el monitor. Tecleaba un número con la punta del dedo índice dentro de un guante azul.

Esa tarde, más temprano, las enfermeras habían pronosticado por el latido del bebé que era un varón. Yo ya lo sabía porque mi mamá había puesto mi anillo de boda en una cadena y lo había hecho pendular sobre mi vientre unas semanas antes.

—Es un varón —declaró ella con un entusiasmo que yo hubiera jurado era un poco forzado. Keith y yo lo dimos por sentado todo el tiempo. No había nada en Keith que me generara confianza en su capacidad de engendrar una niña. Ya lo habíamos llamado Matthew Keith.

—Señora Moore, necesitamos que se incorpore un poquito más. Concéntrese en nosotros.

Asentí con la cabeza y tragué saliva para suavizar la llamarada de pánico que me quemaba la garganta.

—¿Va a estar bien el bebé? —Seguramente, murmuraron que sí varias veces, pero el sonido se perdió en la velocidad del movimiento. Las enfermeras entraban y salían. Reacomodaban la lámpara. Trajeron instrumentos en una bandeja. Keith estaba apoyado contra la pared y parecía quince años más viejo y confundido.

—Beth —ahora, el doctor me llamaba por mi nombre de pila—, en tu próxima contracción, insertaré una aguja en tu zona lumbar. —Lo que él quería decir era la *columna vertebral*—. Jean y Marianne te inclinarán hacia adelante y te sujetarán para que estés muy quieta, pero tú también haz todo lo posible para no moverte, ¿de acuerdo?

—Sí, señor. —Puse mi cuerpo tembloroso lo más quieto posible. Sentía el frío del aire acondicionado sobre mi espalda descubierta. La contracción llegó en segundos y, con ella, la aguja. No sé si la escuché gorgotear, o simplemente lo sentí.

—Bien hecho —dijo él—. Saquemos a este bebé.

Para cuando me reubicaron para el parto, ya no sentía mis piernas. Colocaron un cobertor sobre mí. Luego, escuché un sonido como de tijeras que cortaban una tela, solo una vez, y vi que el rostro de Keith se puso blanco.

—Beth. —El doctor otra vez—. Vas a sentir como que estoy empujándote de la mesa, pero nosotros te sostenemos. ¿Estás lista?

Sucedió tal como él lo dijo. Estaba segura de que no me sacaría solo al bebé, sino también el hígado, los riñones y ambos pulmones. Luego de una conmoción no menor, el tono de la sala se relajó y la enfermera Jean mostró una sonrisa.

—Bueno, miren lo que tenemos aquí. Señor y señora Moore, tienen una hija.

—¿Una *niña*? —dijimos casi al unísono, estupefactos, pero, de ninguna manera, decepcionados.

Retiraron el cobertor como si levantaran una cortina, y la pequeña humana salida de mi propio cuerpo fue puesta sobre mi pecho. El doctor se tomaría los quince minutos siguientes para coserme de nuevo.

La hora siguiente fue borrosa. Lo que más recuerdo es lo delirantemente feliz que estaba mi mamá porque habíamos tenido una niña. Que quede claro, le encantaban los varones. Simplemente, aún no se había cansado de las mujeres.

—Te lo digo, cariño, está mucho más alerta que los otros bebés de neonatología. Mira alrededor como si supiera exactamente qué está pasando. Como si fuera sabia.

Sonreí al ver sonreír a mamá e hice lo mejor posible por responder y asombrarme, pero lo que yo quería decirle a alguien responsable era: «¿Qué acaba de suceder?». Había escuchado de mujeres que tenían a sus bebés bajo la sombra de los árboles como si fuera cosa de todos los días. *Oh, enseguida vuelvo. Solo voy a traer al mundo un ser humano. Que alguien ponga el agua para el té.* La palabra exacta que había usado mi entrenadora de preparto para el dolor del parto era *manejable*. Mi pensamiento fue que le convenía orar para no encontrarse nunca conmigo en el supermercado Walmart.

Mientras un asistente me sacaba de la sala de recuperación, pedí mi estuche de cosméticos, retoqué mi maquillaje e, instantáneamente, asumí el rol de la anfitriona alegre ante esa horda de personas que había en mi cuarto del hospital. Luego de que desfilaron para irse, uno a uno hasta que no quedó nadie más que nosotros, mi joven y agotado esposo se quitó las botas, bajó la barandilla de la cama de hospital y se subió a la cama conmigo.

—Amor, amor, ¡cuidado con mi vía intravenosa!

Pude ver cómo se estiró la cinta adhesiva y cómo la aguja insertada en la piel de la parte superior de mi mano se levantó. Keith tiene un montón de cualidades maravillosas, como ser amoroso, cariñoso y romántico, pero todavía no he agregado en la lista la palabra *delicado*. Una vez que desenrollé el tubo de la vía de su cuello, me apreté al lado de él, contenta y agradecida de tenerlo junto a mí. Logramos tener a nuestra recién nacida por un rato y, luego, hablamos hasta que ninguno de los dos pudo mantenerse coherente.

Cuando empezó a resoplar como lo hace un hombre cuando se queda profundamente dormido, le di un codazo.

—Cariño, ve a casa y acuéstate en la cama así puedes descansar bien. Si te quedas un rato más, me moriré de miedo de que te quedes dormido al volante.

Se despidió de mí con un beso y me felicitó por el trabajo que había hecho. Me vería a la mañana siguiente.

Había estado sola un par de horas, cuando la enfermera Marianne hizo rodar el moisés dentro del cuarto, puso a la recién nacida en mis brazos y nos dejó para que hiciéramos nuestras cosas. Di un tironcito a la cadena de la lámpara que había sobre mi cabeza para dejar la habitación en penumbras. Mi hija estaba envuelta varias veces en una delgada manta blanca, una crisálida con carita de bebé. Besé su mejilla pequeñita, luego la puse sobre mi regazo y comencé a desenrollar el atuendo grueso. Mamá tenía razón. Era asombrosamente despierta, casi atenta, con los ojos fijos en mi rostro.

Debajo de las capas de tela estaba la Bebé Moore, con un pañalito blanco, una camiseta entrecruzada y un gorrito rosa pálido.

Le quité delicadamente el gorrito e hice una mueca al ver las manchitas de sangre en su interior. La bebé tenía una roncha color rojo vivo en la nuca, que se volvería de color púrpura oscuro, y un par de cortecitos que todavía no habían cicatrizado. Eran los rastros de los fórceps que habían usado para sacarla. Ella también había pasado por el valle de sombras y había entrado a este mundo glacial con la sensación de que alguien quería decapitarla.

El problema de la vida es que, para la mayoría de la gente, duele desde el comienzo.

Era la criaturita más magnífica que había tenido en brazos. Desde que aprendí a caminar, siempre me encantaron los muñecos bebotes y los bebés. Empecé a cuidar niños a los doce y, a los catorce, cuidaba a un bebé desde los tres hasta los cinco meses la mayoría de los días de semana durante el verano de Arkansas, en una casa rodante, cuando la mamá del bebé debió volver a trabajar para mantenerlos. Había ayudado en la guardería de la iglesia innumerables veces. Abuelita solía decir que de su lado de la familia sentían profunda debilidad por los bebés. Y yo, sin dudas, la había heredado.

Sin embargo, esto era diferente. Esta bebé hizo nacer algo en mi corazón. Algo involuntario. Algo que se había gestado durante veintidós años. Yo tenía que haber sentido, a veces, que la vida oculta golpeaba dentro de mi corazón, pero ahora había salido ofrecida de manera abrupta, recíproca e irreversible a la intemperie. Esta bebé había venido para arrebatarme el corazón. Lo había marcado al derecho y al revés. Lo había rasgado de par en par y lo había expuesto (vulnerable, desnudo, con rasguños sangrientos y moretones) al viento, al brillo del sol y a la furia de este mundo. Lo único que superaría esta sensación aterradora sería otro bebé.

Qué cosa más pura. Qué cosa tan inexplicablemente pura. Que yo recordara, nunca me había sentido pura en mi vida, pero esta cosita que entrecerraba sus ojitos grises-azulados al mirarme, esta pequeña y preciosa criatura era la encarnación de la inocencia. Cómo dos personas tan impuras pudieron concebir algo como esto era incomprensible.

—Hola, pequeña. Me llamo mamá. —Una lágrima cayó desde mi mentón hacia su pancita; luego, otra—. Tu nombre es Amanda. ¿No eres la cosita más dulce del mundo?

Es impactante lo desconocido que puede ser un bebé recién nacido para la misma mujer que lo hizo crecer y nacer. Usted piensa que podrá reconocerlo o reconocerla completamente, que le será totalmente familiar. Una parte de usted. Igual a usted. Pero cuando los ve, usted sabe (o, al menos, yo lo supe cuando la vi) que una maravilla mucho más grande está teniendo lugar. La criatura que creció dentro de usted y que fue alimentada, protegida y escondida por usted es un individuo, está separada de usted ahora, es diferente a usted, se mueve libre de usted y mira el mundo de una manera diferente a la suya.

Dicen que los recién nacidos no pueden enfocar todavía, y no insinuaré que esta bebé podía. Quizás, yo era para ella todo matices y sombras y lo único que la hacía fijar la mirada eran los sonidos. No estoy segura de cuánto tiempo la sostuve en mi regazo, estudiándola y pidiéndole que me contara acerca de ella. Finalmente, se estiró, arrugó la frente, inclinó todo su cuerpo y extendió los brazos sobre su cabeza, con los puñitos cerrados como bolitas de chicle de diez centavos. Me deleité en la forma que involucró todo su ser en la tarea. Nunca había sido tan feliz en mi vida. Cuando finalizó su bostezo, su mentón tembló.

Susurré:

—Ah, lo siento mucho. Vamos a abrigarte de nuevo. —Volví a envolverla con la mantita, acomodé el gorrito sobre su cabeza y la abracé tiernamente bajo mi mentón.

Eras el sueño de toda mi vida hecho realidad, escribí unos días después en su diario del bebé. Y lo fue.

• • •

Casi tres años después, me senté en la cama de otro hospital con mi segunda hija. Aunque la anestesia no sirvió ni parecido a lo que habían prometido, ambas logramos atravesar el trabajo de parto que, sin duda, fue menos traumático y sin tijeras grandes. Keith y yo mencionamos, de vez en cuando, cuánto habíamos deseado tener un hijo varón la segunda vez y nos estremecemos al imaginar lo que nos hubiéramos perdido si Dios no hubiera ignorado nuestras oraciones. No es que tengamos una debilidad por las chicas. Es que tenemos debilidad por estas chicas. Exactamente, por estas dos. Llamamos Melissa a la segunda para que combinara perfectamente con Amanda. Tres sílabas con acento en la segunda. Las *m* son fuertes. Ambas terminan en *a*.

Se potenciaban mutuamente, excepto por el color del cabello. Amanda es rubia, como la luz del sol. El cabello de Melissa sería claro durante algunos años, pero llegó a este mundo de la misma manera que terminaría: con el pelo oscuro. Además de ser igual de afectuosas y cariñosas, fueron desde el principio, y siguen siendo, tan distintas una de la otra como podrían ser dos seres humanos de la misma pareja. La mayoría de los padres de dos dirían lo mismo, pero nosotros hacemos hincapié como una rareza porque las diferencias nunca dejan de ser extraordinarias. Amanda era afable y dispuesta a complacer. Según Melissa, la mejor manera de enfriar los ánimos era una buena discusión. La pregunta preferida de Amanda era: «¿Cómo?». La de Melissa «¿Por qué?». Amanda amaba los libros. La paz y la quietud. A Melissa le encantaba el movimiento. La acción. La aventura. Amanda hablaba a los nueve meses y medio. Melissa caminaba. A Amanda le fascinaban los cuentos largos a la hora de ir a la cama. Melissa, agotada al final de cada día, se dormía antes de apoyar la cabeza en su almohada. Amanda amaba salir a caminar. Melissa quería ruedas. Amanda era apasionada por los caballos. Melissa por los Camaro. Amanda era la niña de mamá. Melissa era la niña de papá.

Ambas eran *nuestras* niñas.

Si Keith tuviera la paciencia y la vocación por la pluma, podría expresar cuáles han sido sus sentimientos por estas dos chicas. Podría contar cuántas veces ha dicho que no las cambiaría por diez hijos. Se jactaría de lo inteligentes y encantadoras que son y le contaría que no hay nada que nos haga más felices a los cuatro juntos que hacer un emparedado Moore. No es nada original. Solo un abrazo grupal: Keith y yo, las dos rebanadas de pan; las chicas, la mantequilla de maní y la jalea. El jamón y el queso. Pastrón y queso suizo en dos rodajas de pan de centeno. Muchos apretujones. Besos en las mejillas.

Son cosas comunes, pero Keith y yo somos tan anómalos que las cosas comunes nos resultan extraordinarias. Si usted fuera un invitado a nuestra mesa para comer una trucha de arroyo frita pescada por él y macarrones con queso totalmente hechos por Keith, le contaría qué ha significado para él ser el papá de estas chiquitas. Nuestra vida juntos nunca ha estado, ni por diez minutos, exenta de drama. Amanda y Melissa podrían haber tenido (merecían tener) padres mucho mejores. Merecían estabilidad. No tuvimos para dársela. Pero les dimos lo que teníamos. Cuando teníamos más, no lo reteníamos. Cuando tuvimos menos, no salieron ilesas. Usted no puede tener un padre y una madre con los problemas que tuvimos Keith y yo y no dar vueltas en una montaña rusa incesante. Cuando teníamos puestos los cinturones de seguridad, era bueno. Era divertido. Cuando no los teníamos, era escalofriante. Era triste.

Hemos tomado algunas buenas decisiones. Hemos tomado algunas decisiones horribles. Que estemos enteros, que todavía estemos juntos, que nos amemos uno al otro más allá de los límites del lenguaje humano es la marca indeleble de la gracia divina. Lo sabemos cada día de nuestra vida. Yo tengo un montón de dudas en esta vida. El que Jesús haya permanecido con nosotros en nuestras cuatro paredes, dispensando su misericordia como un farmacéutico dispensa medicamentos, no está entre ellas.

Nos hemos reído mucho. Hemos llorado mucho. Hemos peleado mucho.

Algunos hemos orado mucho. Y nos hemos preguntado por qué rayos siempre todo tiene que ser *tan* difícil.

Pero no hay nada en el universo que yo cambiaría por el haber hecho este viaje con esas dos chicas.

Mis hijas. Amanda, Melissa. Mi sol y mi luna. Rayo de sol. Rayo de luna.

CAPÍTULO TRECE

Si es cierto que Dios suele usar al cuerpo de Cristo (con esto me refiero a la comunidad de creyentes) para decirnos qué quiere de nosotros, lo que él quería de mí al comienzo de mis veinte años eran polainas. Yo era una madre novata cuando la moda de la gimnasia aeróbica hizo transpirar a Estados Unidos y arrasó con todo. Un puñado de mujeres de mi iglesia decidió que necesitábamos una clase y que yo era la persona para dirigirla. *¿Por qué?*, se preguntará usted.

—¿No estabas en un equipo de entrenamiento, Beth?

—Bueno, sí, pero eso no es lo mismo que...

—¡Fabuloso! ¿Cuándo arrancarás?

En mi época, no *empezábamos* simplemente las cosas en la iglesia. Arrancábamos.

—Voy a tener que pensarlo un poco —expliqué—, porque le prometí a Dios que, haga lo que haga, lo haré como un ministerio.

No muy impresionadas, contestaron:

—Entonces, hazlo como un ministerio.

—¿Cómo?

—¿Cómo se supone que nosotras lo sepamos? Averígualo.

Le di vueltas y vueltas a la idea en mi cabeza y, la siguiente vez que las vi, dije:

—Quizás, podría encontrar la manera de usar música cristiana.

Debo reconocerles el mérito de que reafirmaron la idea, aunque, por sus expresiones, podía ver claramente que nos imaginaban estirándonos con calzas y mallas al ritmo de «Roca de la eternidad».

—Y primero necesito aprender yo a hacer aerobic.

Exasperadas, preguntaron:

—Bueno, ¿y cuánto va a demorar eso?

No demoró mucho. Me anoté en una clase de aerobics cerca de mi casa para agarrarle la onda y, hete aquí, me encantó. Esto fue en 1980, cuando la música cristiana contemporánea recién comenzaba a transmitirse por las estaciones locales de radio. Las canciones de artistas como Amy Grant, Michael W. Smith, Steven Curtis Chapman y Leon Patillo y de grupos como los Imperials, Petra, Harvest, Farrell and Farrell y White Heart se lanzaban todas las semanas y, claramente, suplicaban tener una coreografía. La música estaba ahí si yo tenía suficiente imaginación.

Para bien y para mal, la imaginación parece ser una de mis fortalezas. Acompañada por una bebé que pateaba con sus piernitas al ritmo de la música sobre su mantita, empecé a coreografiar los ejercicios aeróbicos para la música cristiana contemporánea. Un mes después, anunciamos el arranque en el boletín de la iglesia y en carteles exhibidos en los pasillos y en los baños de mujeres. La iglesia nos permitía usar un pequeño salón si nosotras mismas quitábamos las sillas y volvíamos a acomodarlas después y, ya desde la primera noche, nos quedamos cortas de espacio.

Ocho personas se engancharon. ¿Qué son unas pocas zancadas entre amigas? Pero cuando la clase continuó creciendo me puse ansiosa. Necesitaba saber qué estaba haciendo. Me contacté con la renombrada Primera Iglesia Bautista de Houston porque, según los rumores, ellos habían gastado una pequeña fortuna para construir, entre todas las cosas estruendosas, lo que denominaron un Centro Cristiano de Vida. Era completo; tenía una pista cubierta, canchas de baloncesto y de ráquetbol, un salón de pesas, un café, una pista de *bowling* y vestuarios con duchas. Era una organización sofisticada. Una amiga mía había visto con sus propios ojos el vestuario de mujeres y aseguraba que incluso lo habían equipado con secadores de cabello portátiles.

—¿Qué voltaje tienen los secadores? —pregunté. Esa era la verdadera prueba.

—Mil doscientos.

Si alguna iglesia tenía personal que pudiera entrenarme para enseñar una clase de ejercicios de baile como ministerio, era la Primera Bautista.

—A ver, de nuevo, ¿qué es lo que está preguntando? —El joven al teléfono trabajaba en la recepción del CCV, donde los miembros podían pedir prestada una pelota de baloncesto, un par de zapatos de *bowling*, una toalla o cosas por el estilo.

—¿Podría decirme quién está a cargo de su programa femenino de aerobic? —Mi acento todavía era fuerte como hamburguesa de salchicha, así que tuve que repetir la pregunta varias veces.

—Permítame que la comunique con mi jefe.

Su jefe, uno de los muchos ministros de la PIB, me hizo tres preguntas por cada una de las mías. ¿Qué tipo de clase enseñaba yo? ¿Cuánta experiencia tenía? ¿Las mujeres habían vuelto por segunda y tercera vez? Respondí sus preguntas, pero volví a la mía.

—Señor, lo que yo preguntaba es si tienen ustedes alguien que dirija un programa de aerobics.

—No.

Acababa de pasar veinte minutos con el teléfono apoyado entre mi oreja y mi hombro mientras alimentaba a mi bebé con un biberón.

—Pero —se apuró a decir— me gustaría contratar a alguien. ¿Le interesaría postularse?

Terminé dirigiendo el programa y dando varias clases (avanzadas e intermedias) por semana en el «Centro Cristiano de Vida», durante doce años, y lloré como si no hubiera un mañana cuando llegó el tiempo de entregarlo. En mi vida ministerial jamás he hecho nada que fuera un alboroto mayor. Si la diversión pura calificara como fruto del Espíritu, estábamos tan llenas del Espíritu como pueden estarlo las mujeres en calzas. Nos reíamos y seguíamos adelante, tropezábamos con nuestros propios pies, hacíamos crujir nuestros abdominales, ejercitábamos nuestros muslos hasta que sentíamos que quemaban, bailábamos como locas, cantábamos en voz alta cada canción y chorreábamos el sudor suficiente para llegar nadando hasta el estacionamiento. La guardería infantil estaba en un gimnasio cruzando la puerta y a la vista de todas, donde cualquiera que tuviera niños podía dejarlos, felices como perdices. Los pequeños y pequeñas podían correr hasta agotarse, jugar, lanzar pelotas de baloncesto en aros en miniatura y, lo mejor de todo, aprender a patinar sobre ruedas con la señorita Debbie. Esos niños se convirtieron en los mejores patinadores sobre ruedas de la Convención Bautista del Sur, sin ninguna duda. ¿Jane Fonda ofrecía eso? ¿Acaso lo hacía Richard Simmons? Na', digo yo.

●　●　●

Irónicamente, el elemento más importante de mi nuevo trabajo de media jornada era la parte que no quería.

—Me gustaría que orara para mudar su carta aquí, a la Primera Bautista.

El pedido vino de mi nuevo jefe, momentos después de decirme que estaba contratada. *Mudar su carta* era algo que hacían los Bautistas del Sur cuando transferíamos nuestra membresía de una iglesia a otra. Originalmente, se refería a un verdadero intercambio de cartas por parte de dos iglesias, pero, con el tiempo, la frase se volvió un poco más metafórica. (No debería tener que explicar a esta altura que mudar la carta de uno se activaba al pasar al frente al finalizar un servicio de adoración. Luego de que el pastor le daba la diestra de compañerismo, usted llenaba un formulario de membresía).

En nuestro mundo, de más estaba decir que mudar la carta de uno era algo que ocurría horizontalmente entre dos iglesias Bautistas del Sur. Si usted se iba de una iglesia bautista, por ejemplo, a una metodista, efectivamente se estaba mudando a otra parte, pero era hacia abajo. Escribo esto sin una pizca de maldad. Ni siquiera puedo elaborar un poco de cinismo. Así era nuestra cultura y yo me sentía satisfecha y en casa. Me consuelo con la bendita seguridad de que otras denominaciones tenían sus propias formas de exclusividad.

—Hemos orado al respecto, y nos sentimos dirigidos a quedarnos en la iglesia de nuestro barrio —le dije por teléfono a mi nuevo jefe, una semana después. Amaba nuestra iglesia más pequeña y no tenía ninguna disposición a desplazarme, con o sin secadores de cabello. El otro lado de la línea permaneció en silencio durante unos quince segundos; entonces, dijo:

—Bueno, pues, quizás no hice mi propuesta con la claridad que debí haberla hecho. Me disculpo por eso. Esta condición parte de la oferta de trabajo. Espero que eso no sea un problema.

Consternada, fui a Keith de inmediato y le recité el descaro.

—Por mí está bien —dijo, encogiendo los hombros—. Prefiero

mil veces estar en algún lugar donde podamos perdernos entre la multitud.

Que no pueda recordar el discurso que le di a Keith como respuesta es una pena. No es posible que no haya incluido una fusión de amenazas bíblicas como: «Bueno, si quieres esconder tu luz bajo un almud y perder tu sal, y luego pararte frente al trono del juicio, adelante, hazlo».

Llevé esta crisis al Señor en oración con gran prisa, a lo cual el Señor respondió con la misma prisa, mudando nuestra carta a la Primera Iglesia Bautista. He descubierto que caminar por fe es un 50 por ciento de aguantar hasta que haberse alejado lo suficiente en el camino permite desarrollar una mirada retrospectiva. No se me ocurre algo que Dios haya hecho, al parecer, más estratégicamente que trasladarnos a Keith y a mí a la Primera Bautista. Las oportunidades que comenzarían a llegar como consecuencia no se basaron, de ninguna manera, en mi credibilidad. No había tenido tiempo para forjarme una. Tampoco era única de modo alguno ni, que yo supiera, particularmente talentosa. Las oportunidades me llegaron en función de la credibilidad de mi iglesia y de su pastor, John Bisagno.

Si existe cosa tal como «el pastor de la vida» (alguien de quien usted diría que marcó su vida durante más tiempo, de la manera más profunda y para bien, eso sí, no para mal), incuestionablemente, John Bisagno sería el mío. Permanecí bajo su liderazgo hasta que se jubiló, poco menos de veinte años después. Era un mejunje de fortalezas y debilidades, igual que el resto de nosotros, pero nunca he conocido a nadie que gozara de una manera más inagotable ayudando a hombres *y a mujeres* a hacer lo que Dios los había llamado a hacer. El ego del hermano John se doblegaba ante su afán por ver que las personas prosperaran en Jesús. Buscaba a los predicadores jóvenes más talentosos del entorno para que hablaran desde su púlpito, sabiendo perfectamente bien

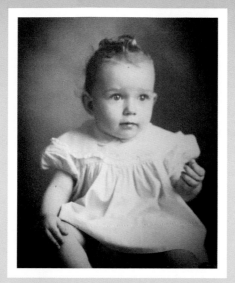

Yo a los nueve meses de edad

Mi amada mamá (en el centro)
en 1960

Mi papá y yo

Mi niñera, mamá,
mis hermanos y yo

Los cinco de nostros (desde la izquierda): yo,
Gay, Wayne, Tony y Sandra

Los tres pequeños: Gay, Tony y yo

Navidad 1961

Baile escolar. Mi mamá hizo mi
vestido, y me encantó

Practicando piano con el maestro (Wayne)
en 1962

Keith cazando patos, 1980

Nuestra luna de miel, 1978

Los cinco de nosotros en la Pascua de
1987: Keith, Amanda, Melissa, yo y mi cabello

Mis pequeñas: Sunshine (en la derecha) y Moonshine (en la izquierda)

La boda de Amanda

Melissa y yo, mayo del 2019

Living Proof Live (arriba y a la derecha)

Recibiendo un doctorado honorario de Gordon College en el 2019

Una sesión extemporánea de preguntas y respuestas con Keith en un evento de Living Proof Live en el 2006

Nuestro hogar en el bosque

Keith, nuestro perro de caza Creek y yo, 2021

que lo compararían con ellos. No le importaba. Si tenía que despojarse de poder para invertir en la próxima generación, le parecía bien.

Mi primera oportunidad oficial de pararme frente a un grupo y hablar sucedió en el retiro anual de mujeres de la Primera Bautista, cuando aún tenía veintipocos años. Me habían pedido que hiciera una sesión temática sobre, a que lo adivina, aerobics. Todas mis invitaciones anteriores para hablar estaban ligadas a este tema. El título que le di al mensaje de cincuenta minutos fue: «Haga que su estado físico valga la pena para Cristo». Hablé los primeros treinta minutos; luego, metí un casete en mi radiocasete portátil y las mantuve de pie durante los veinte minutos siguientes. Es cierto que la coreografía tenía que ser pensada con cuidado para que se adaptara al atuendo, ya que en esos tiempos la mayoría de las mujeres iba a los retiros eclesiásticos en hoteles caros con vestidos y medias finas azul marino.

Me gustaría agregar en este instante que escribir estas memorias ha sido, en ciertos puntos, como ser desollada viva con un pela-papas por demonios repugnantes. Lo soporté para vivir momentos como este. El regalo que nos da nuestro yo joven, si tenemos suerte, al yo de la vejez es la pura absurdidad. Muchas veces y por muchas razones, he odiado a la mujer joven que solía ser, pero puedo amar a la mujer que se toma en serio a sí misma y lee la Biblia mientras tiene puesta una badana. Concédame eso.

Al final del trillón de sesiones temáticas que haría en mi joven vida de oradora, una mujer llamada Marge Caldwell se acercó a mí. Yo sabía quién era ella. Todo el mundo en el retiro de mujeres sabía quién era. Entre los sabios de la Primera Iglesia Bautista de Houston, cálida, encantadora y graciosa ella era, probable-mente, la oradora motivacional cristiana más popular de nuestra denominación, casi a sus setenta años. Las mujeres que hablaban en el mundo de la iglesia conservadora eran apenas menos escasas que los unicornios. Marge había servido por todo Estados Unidos y en muchos otros países. Era la oradora inaugural del retiro.

La encarnación de la gracia y la elegancia, Marge extendió su mano y se presentó a sí misma conmigo.

—Sí, claro, sé quién es usted, señora Caldwell.

—Dime Marge —dijo. Yo asentí, pero no lo hice. Pronto llegaríamos a ser tan unidas como de la familia y, sin embargo, seguiría costándome llamarla por su nombre de pila.

—Beth —dijo, entrecerrando sus ojos azules—, creo que fuiste llamada a hacer esto.

Supuse que se refería a enseñar aerobics. Sentí que una gruesa gota de sudor corría desde mi espeso cabello hacia mi columna.

—No, no, no me refiero tanto a *eso* —prosiguió rápidamente y echó un vistazo a mis pesas manuales de un kilo y medio—. Quiero decir que creo que fuiste llamada para hablar.

● ● ●

De vez en cuando, Dios envía una palabra profética a un siervo a través de otro, que no tiene efecto o manifestación inmediatos. Es para que la meditemos con humildad, no para ser divulgada públicamente. Es para que sea plantada como una semilla en el suelo fértil del corazón, con la profundidad suficiente para que las aves no la picoteen ni se la lleven. Esas palabras no pueden dar fruto por la fuerza, aunque indefectiblemente lo intentemos, por más que nos hayan advertido que es inútil. Luego del breve tiempo que le di al Señor, determiné que debía estar esperando que yo tomara la iniciativa. Convencí a Keith de que hiciera brotar el dinero para imprimir un folleto tricolor con mi foto. El anuncio al pie del mismo decía: «Elizabeth Moore, la *Oradora* y *Maestra* cristiana profesional, es una incorporación bienvenida al mundo de los motivadores y los comunicadores cristianos».

Yo escribí el anuncio. En efecto, me di la bienvenida a mí misma. Los envié a cada una de las iglesias dentro de un radio de quince kilómetros que encontré en las páginas amarillas y, por más que lo intente, no puedo recordar un solo resultado. Es posible que el Señor los escondiera. En algún sitio del ático de casa, hay una pila de costosos folletos tricolores metidos en una caja; el suministro excedió por mucho a la demanda. Que haya escrito en mayúsculas Oradora y Maestra pudo haber tenido cierta relevancia en el baño de humildad que llegaría durante mis treinta.

Una semilla necesita ser plantada para crecer. Necesita paciencia. Si la semilla fue lanzada por la mano de Dios, seguramente él la hará brotar, a su tiempo, a su manera. Si llegó de buenas intenciones humanas, no lo considere un desperdicio. Fue la creencia vocalizada de un mortal que piensa que usted tiene algo que ofrecer y, si bien esa persona pudo haberse equivocado en cuanto a la forma precisa, la fe puede actuar como un fertilizante para el suelo.

Marge Caldwell hizo su propia trayectoria por el mundo de podios en la época cuando nuestro honorario podía equivaler al corpiño que teníamos puesto mientras hablábamos, y nos preguntábamos si la punta del aro de alambre iba a reventarnos un pecho como un globo. Los hombres no tienen que preocuparse por estas cosas. El ejercicio físico no era el tema de entrada que llevaba a Marge al podio. Su introducción era sobre la elegancia y los buenos modales, de los cuales lo primero incluía cómo pararse y sentarse apropiadamente y cómo encontrar el estilo adecuado de vestir según la figura que Dios le había dado. De alguna manera, ella se las arreglaba para hacerlo sin un atisbo de vergüenza física. Sus clases sobre buenos modales, por otra parte, abarcaban una amplia gama de conceptos, desde presentar personas correctamente cuando una era la anfitriona en una cena a diferenciar un tenedor para ensalada de uno de postre. Usted no conocía bien a Marge Caldwell si no sabía en qué plato iba su panecillo. Tendría que dejar pasar la canasta del pan.

En aquellos días y en ese mundo, las invitaciones a hablar solo de Jesús eran raras. Piénselo de la siguiente manera. La mayor parte de lo que hacíamos era hablar a la hora del té. Usted no podía disertar durante el té y servirlo directamente. Las primeras tazas tenían que ser principalmente leche y azúcar, y más le convenía servir buenas galletitas.

Varios años después de conocer personalmente a Marge, aproveché la primera oportunidad de servir el té enseguida. Todavía estaba enseñando aerobics, y continuaría haciéndolo durante siete años más. No se imagine que la última vez que hablé fue en «Haga que su estado físico valga la pena para Cristo». En esta ocasión, las mujeres cristianas estaban firmemente enfundadas en sus mallas. Sin embargo, ahora tenía el sabor a Jesús en mi lengua y no habría nada que lo enjuagara.

Tenía veintisiete años, Amanda y Melissa cinco y dos, cuando sonó el teléfono y escuché la voz de Marge del otro lado. Para entonces, ya estaba familiarizada con su voz como si fuera miel y mantequilla sobre un pancito tibio.

—La Primera Bautista necesita reemplazante para la maestra de escuela dominical de las mujeres casadas del departamento de adultos jóvenes. Sería solo por un año mientras la maestra titular se toma la licencia por maternidad. Les dije que creía saber exactamente quién debería hacerlo.

El problema con los mentores activos que le han dedicado una energía incalculable a una es, como todo el mundo sabe, cuán difícil resulta decirles que no. Empecé a tartamudear por todo. No era novata en la enseñanza de la escuela dominical, pero solo para niños. Por entonces, hablaba con bastante regularidad en eventos para mujeres y, teniendo cinco mensajes en mi repertorio, podía reutilizarlos indefinidamente y ahorrarme horas de tiempo de preparación. ¿Por qué querría enseñar también en la escuela dominical?

Con mi voz más deferente, respondí:

—Bueno, ya sabes, con las charlas y demás, no estoy segura de cómo andaría eso.

—Mira, tú puedes tener más compromisos para hablar que yo, Beth —dijo en un tono dulce como la melaza, y ambas sabíamos perfectamente bien que yo no hablaba ni la décima parte de lo que lo hacía ella—, pero a mí me ha ido bien haciendo ambas cosas durante veinte años. De hecho, juntas funcionan bien.

No necesito gastar tinta para explicar que pasaron pocos días hasta que empecé a enseñar en la escuela dominical a un grupo de mujeres casadas que tenían entre veintiocho y treinta y un años. Yo era la persona más joven de la clase. Temía a los domingos como a una extracción de muelas. Me hubiera sentido mejor leyendo en voz alta la publicación trimestral de la escuela dominical que, en ese momento, era tan interesante como un obituario. En cambio, tuve la brillante idea de improvisar y pensar sobre qué tenía ganas de hablar y, cuando llegó el sábado, tuve casi un ataque de pánico revolviendo la Biblia en busca de un versículo que lo complementara. Fue terrible. Eso no significa que no haya sido divertido. En definitiva, nos divertimos. Solo que no aprendimos nada sobre la Biblia. No se puede impartir lecciones de escuela dominical con discursos motivacionales y de ese modo discipular a las personas.

El final del año no podría haber demorado más en llegar. Tomé la decisión de nunca más pisar otro salón de escuela dominical en calidad de maestra.

* * *

Un domingo a la mañana, cuando ya habían transcurrido diez miserables meses de mi obligación para con la enseñanza, estaba sentada en el centro de adoración con Keith, esperando que comenzara el servicio y me sentía de nuevo desdichada por la charla inspiradora con la que acababa de sustituir la lección bíblica. Mientras el organista tocaba y nuestro espectacular coro de doscientas voces entraba en fila al balcón, suspiré con desdén por mí misma y me distraje con el boletín. Los anuncios de los próximos eventos estaban en la contracara.

Una nueva clase sobre doctrina bíblica comienza en dos semanas durante la hora de Unión de Entrenamiento en el salón 235, enseñada por Buddy Walters.

El Señor me ordenó *VE. Por el amor de todas las cosas sagradas, ve.*

Yo no tenía idea de quién era el maestro. Lo único que sabía era que me aburriría muchísimo, pero al menos aprendería algo. Me preparé para el sacrificio motivándome a mí misma con un cuaderno espiralado nuevo (con hojas de renglones dobles), un paquete de lapiceras de colores y el resaltador amarillo obligatorio. Nos presentamos unas quince personas y, por lo que puedo recordar, la clase no creció significativamente en número. Después de todo, la Unión de Entrenamiento era los domingos a la tarde, una hora antes de otro servicio de la iglesia. Era discipulado para empecinados.

Buddy Walters tenía una presencia tranquila. Como exjugador de fútbol universitario, era tan grueso como ancho (un músculo conectado al otro), pero sorprendentemente modesto, como si no tuviera idea de la presencia que tenía. En su clase no había algarabía, ni siquiera en el momento del arranque. Nada de *hagamos un recorrido por el salón y preséntese cada uno a los demás.* Cuando el reloj marcó las seis de la tarde, caminó sencillamente hacia el estrado de la pequeña aula de escuela dominical, abrió una Biblia enorme dejándola caer y nos dijo que buscáramos el Génesis. Nunca había visto una Biblia en tan mal estado por el uso.

El hombre agachó la cabeza y le pidió al Señor que lo usara; luego, se lanzó de lleno a una lección sin demasiadas florituras. No tenía una voz resonante. Ni siquiera usaba mucha entonación. Su voz grave y su manera pronunciada de arrastrar las palabras se mantenían estables y con gran autoridad, aun en los momentos que se le llenaban los ojos de lágrimas de un modo desconcertante. No contó una historia triste ni nada parecido. Solo enseñó, cambiando de posición entre el estrado y el pizarrón. Cada vez que añadía un punto al cuadro bíblico que había dibujado, aplaudía sus manos para limpiarse el polvo de tiza, que volaba como una pluma, y daba la vuelta a otra página de la Biblia. No recuerdo haber dado vuelta las páginas esa primera noche, tampoco haber tomado notas. Lo único que recuerdo es que estaba fascinada.

Nunca había visto a una persona como Buddy. Nunca había conocido a nadie que pareciera estudiar la Biblia por puro deleite y no, simplemente, por disciplina. Yo valoraba la Biblia. La respetaba. Había adoptado una manera de vivir y de hablar derivadas de ella. Pero no la *amaba*. No como la amaba ese tipo.

Al instante que concluyó con una oración, me levanté de mi silla, tomé mi cartera y salí directamente hacia la puerta, sin decir una palabra. En vez de quedarme al servicio, bajé raudamente la escalera y salí hacia el enorme estacionamiento, tan rápido como pude. Corrí a mi auto, arrojé la cartera al asiento del acompañante, entré, cerré la puerta y me eché a llorar.

—No sé qué fue eso —le dije a Dios llorando y adelantándome hacia el parabrisas, en caso de que no pudiera verme a través del techo—, pero lo quiero.

No hay partes de la historia de mi vida que me hagan llorar prácticamente cada vez que las cuento, pero esta sí lo logra. No siempre podemos definir lo que anhelamos en Cristo. Ni siquiera sabemos que semejantes pasiones sagradas sean posibles para seres humanos comunes y corrientes como nosotros, hasta que lo vemos en otra persona.

Esa noche en el automóvil, supongo que incluso antes de ponerlo en marcha, Dios, efectivamente, raspó un fósforo contra una piedra y encendió en mi corazón un fuego por las Escrituras que nunca se ha extinguido. La intensidad de las llamas aumenta y retrocede de un día para otro, pero en treinta y cinco años, el fuego de Dios que se instauró en mí aquella noche nunca se ha apagado. No lo merecía ni lo gané. La verdad es que ni siquiera lo entiendo, pero todavía no me he saciado de estudiar la Biblia. De pronto, me doy cuenta de cómo se relacionan dos escenas en las Escrituras y sigo dándole una palmada al escritorio por ello.

Pasé varios años bajo la enseñanza de Buddy. Estaba famélica. Me volví tal peste por interrumpir la clase con mis preguntas, que él empezó a darme tarea para el hogar.

—No puede ser que ya hayas terminado con eso —decía él.

—¡Sí, terminé! ¿Lo ves? —y le enseñaba las tareas terminadas.

Organizó encuentros para venir a nuestra casa a enseñarme a usar los comentarios y los diccionarios bíblicos. Quisquilloso de la decencia como era, Buddy hizo que mi esposo se sentara a la mesa con nosotros. Keith hojeaba las páginas de una revista estadounidense dedicada a la caza, pesca y otras actividades al aire libre, *Field and Stream*, mientras Buddy y yo recorríamos recursos bíblicos. Cuanto más aprendía Keith sobre pesca, más aprendía yo sobre enseñanza. Enseñaría ininterrumpidamente en la escuela dominical durante los próximos veintitrés años, lo cual demostraría que Marge tuvo razón, desde luego. Estudiar para aproximadamente cuarenta y cinco a cincuenta lecciones de escuela dominical al año para adultos, un libro bíblico tras otro, me obligaría a abrir la Biblia de par en par y llegar a una infinidad de temas, trabajos y mensajes que alimentarían décadas de eventos en el camino.

Otros mentores llegarían a mi vida por una temporada o con un propósito particular, pero estos tres (el hermano John, Marge y Buddy) siguen siendo inigualables por su influencia. Cada uno dejó una marca profunda, un punto en negrita con un rotulador permanente. Establecieron límites, los conectaron y formaron un triángulo que moldeó toda mi vida ministerial. El deseo insaciable del hermano John por ver que las personas llegaran a Jesús y descubrieran a qué los había llamado él era contagioso. Lo que amaba Marge por ser mujer y servir y defender a las mujeres se multiplica como las células sanguíneas en mi médula ósea. La pasión de Buddy por las Escrituras me ha estropeado para cualquier otra cosa que no sea la vida de estudio.

Dentro del sólido triángulo que formaron alrededor de mí, lentamente hallaría yo el camino para ser, caminar, vivir y hablar con Jesús. Encontraría mi propia manera de enseñar. Así como Dios a menudo lo ha hecho, creo yo, las huellas de los pulgares de múltiples mentores sobre la arcilla de una vida dan forma a cierta peculiaridad. Usted tiene una mezcla demasiado variada de todos ellos para terminar siendo parecido solo a uno. Con ellos tres, que ya están todos en la presencia de Dios, tengo una deuda imposible de pagar.

CAPÍTULO CATORCE

El ministerio de enseñanza al cual le puse el nombre Living Proof (Prueba Viviente) creció con mis hijas, no solo en tiempo sino en forma, con todos los tropezones y caídas que son parte de la primera infancia y los raspones, los casi accidentes, las multas por exceso de velocidad, los pequeños golpes y las pasadas de largo de las señales para detenerse que acompañan la vida sobre ruedas. No puedo afirmar que el ministerio haya crecido tan bien como lo han hecho Amanda y Melissa, ni que su crecimiento fuera siempre *para arriba*, pero abundan las semejanzas.

Para cuando mis hijas empezaron a subirse a sus triciclos, yo empecé a subirme a los aviones y me adapté al mundo de los cinturones de seguridad, las bandejas plegables y los compartimientos superiores. Keith y yo planeamos un calendario de viajes que pudiéramos manejar sin arrancarnos los pelos, y yo empecé a viajar dos viernes por la noche al mes, raras veces consecutivos, mientras Keith cuidaba el fuerte.

No hay dos padres que críen idénticamente a sus hijos. La manera de Keith de cuidar el fuerte no era como la mía, porque yo era considerablemente más floja ante los caprichos de las niñas. Podían convencerme de hacer casi cualquier cosa. Por otra parte, Keith estaba destinado y decidido a no ser un pusilánime. Aunque es una de las personas más generosas que conocí en mi vida, en nuestra familia Keith tiene mala fama por elegir lugares incomparables para poner límites. Yo llamaba a casa para ver cómo iban las cosas.

—¡Mamá, ven a casa! ¡Papá no nos deja agregarle queso a la hamburguesa del autoservicio cuando te vas de la ciudad!

—Pásame con tu padre. —Escuchaba las murmuraciones y los refunfuños.

—¿Hola? —Keith lo decía con su voz de Empresa de Plomería John Moore, como si yo fuera una clienta con un inodoro tapado.

—Amor, por lo que más quieras, ¿por qué no dejas que las chicas le pongan queso a sus hamburguesas?

—Porque cuesta diez centavos más y pueden agregarle una rebanada de queso amarillo cuando lleguemos a casa.

Nunca pudimos resolver este conflicto.

—Es una cuestión de principios— decía él.

—¿Qué principios? —decía yo.

—¡No puedes darles todo lo que quieran! ¡La vida no es así!

—Keith, es *queso*.

Y de eso se trataba. Pero también se trataba de algo más. Él tenía razón sobre mí. Yo en realidad quería que ellas tuvieran casi todo lo que desearan, y mi idea de que él cuidara el fuerte era hacer lo que ellas pidieran. Claro está, Keith podía ser súper divertido, pero cuando yo no estaba en la ciudad, los buenos tiempos tenían que rodar por su carril. Solía invitarlas al cine u holgazaneaba con ellas todo el sábado a la mañana, mirando dibujitos animados. Pero, a veces, sentía que la mejor manera en que él y las chicas podían pegar onda un sábado que mamá no estaba era ordenando la cochera que él había necesitado organizar desde hacía un año y medio, y ¡madre mía!, ya me iba a enterar de ello.

Los cuatro lo hicimos funcionar, no imagine que a la perfección, para nada, pero lo suficientemente bien para mantenernos enteros, y seguimos con ese calendario durante años. Yo quería trabajar. Keith quería que yo trabajara. Necesitábamos el dinero y, a esa altura, yo empezaba a cobrar honorarios por los retiros de mujeres que superaban el costo de un tanque de gasolina.

No existe el tenerlo todo. Es un hecho indiscutible. Pero había dos cosas que yo quería desesperadamente. Quería a mi familia y quería el ministerio. Deseaba criar a mis hijas. También deseaba que las mujeres se dejaran llevar por las Escrituras. Amaba estar en casa y amaba salir de viaje. Adoraba a mis dos hijitas y también me encantaba abrir la Biblia para un salón lleno de mujeres. Gracias a ellos (a Keith, Amanda y Melissa), junto con una marea oceánica de gracia, he tenido ambas cosas. El equilibro en el día a día estuvo a disposición, pero ambas fueron constantes.

Lo que quedó completamente en la nada fue mi vida social. Las amistades que no se incorporaron a la articulación familiar a través de la iglesia, el vecindario o las escuelas y las actividades deportivas de las niñas se escurrieron. No fueron pérdidas menores sino necesarias. Algo tenía que quedar fuera. En la necesidad de equilibrar la familia y el ministerio, nada funcionó a la perfección. Ni siquiera puedo decir que funcionó continuamente sin complicaciones, pero para nosotros funcionó bastante bien como para sobrevivir.

El ministerio es difícil para la familia. Imagine sentir que usted compite con Dios por el afecto de la persona que más le interesa.

Para quienes están en el ministerio vocacional, la oportunidad de manipular espiritualmente a quienes rodean es enorme como un lago. Delgado es el puente que lo atraviesa. Yo intenté mantener firmes los pies, pero el camino podía volverse resbaladizo, y solo Dios sabe que ningún engaño es más malicioso que el autoengaño. Keith merece un reconocimiento importante en el hecho de que yo no haya usado a Dios contra mi familia, con o sin queso extra. Como plomero de profesión, su olfato para detectar el estiércol y su boca para calificarlo fueron elementos disuasivos eficaces. ¿Quién sabe cuánta dificultad sumó el ministerio a la mezcla familiar? Es lo único que conocimos.

La mala reputación es una cuestión diferente. Los cuatro sabemos precisamente cuánto estrés sumó eso a la mezcla, pero luego llegaré a eso.

● ● ●

La dinámica de nuestra familia llegaba más allá de las cuatro personas que vivíamos bajo nuestro techo. Nuestras vidas eran como unas coletas trenzadas con cada par de abuelos de nuestras hijas. Excepto en los primeros años de nuestro matrimonio, Keith trabajó con su padre en la empresa de plomería. Entrábamos y salíamos continuamente de la casa de sus padres y nos reuníamos con ellos en restaurantes cada vez que se presentaba la oportunidad. El papá de Keith no era ningún tonto. Sabía que la mejor manera de mantener una relación cercana con sus hijos casados era ofrecer una comida y pagar la cuenta. Nosotros, los hermanos de Keith y sus familias de hijos pequeños aparecíamos en un santiamén.

En cuanto a la parte Green de la familia, ningún cúmulo de dificultades o distracciones podían apartarnos a mis hermanos ni a mí de nuestra mamá. Gay y yo siempre vivimos a una corta distancia en automóvil de nuestros padres, pero incluso nuestros otros hermanos, que se habían mudado lejos, nunca estuvieron alejados por mucho tiempo. Ninguno perdió contacto con ella o, si vamos al caso, tampoco con papá, ya que ambos eran parte del mismo paquete. No fue una dinámica sencilla para algunos de nosotros, pero una familia puede recorrer un largo camino a fuerza de negación. La complejidad desquiciante es que la negación puede, en ciertas ocasiones, brindar cierto alivio. Genera un estilo de vida desgraciado, pero un agradable almuerzo.

Para entonces, otra granada, más grande que ninguna, había caído sobre nuestra familia acerca de las transgresiones pasadas de mi padre. Por lo tanto, las alegrías que mis padres tuvieron durante mis años universitarios se truncaron. Aunque siguieron casados, yendo a la iglesia y haciendo todas las apariciones obligatorias y cada uno se mantuvo presente en nuestra familia, jamás se recuperarían de esto. El hielo se derritió un poco con los años, pero el sol realmente nunca volvió a salir entre ellos. De todas maneras, sus dominios estaban suficientemente separados. Papá todavía trabajaba en el horario de los cines y, aun cuando estaba en su casa, tendía a vivir un poco en su burbuja. Mamá hacía uso exclusivo de la casa y del televisor. Tenía sus telenovelas, sus canteros, escribía sus cartas, dormía sus siestas y, lo más precioso de todo para ella, una puerta giratoria para sus hijos y sus nietos.

Cuando hago memoria, me maravillo de cuánta vida transcurrió bajo esos cielos nublados en la casa de mis padres. Algunos de mis recuerdos favoritos de mamá están entrelazados con los años en los que mis hijas eran pequeñas. Aletha fue un poco impredecible como madre. Fueron más las veces que acertó que las que falló. Pero, sin dudas, fue la mejor abuela que conocí. Mi madre estaba en su mejor momento cuando estaba con sus nietos. Esto fue así desde el primero que nació hasta el último. Después de todo, era una Rountree, con profunda debilidad por los bebés. Jugaba con ellos en el piso, aun cuando se volvió tan frágil que teníamos que ayudarla a levantarse. Los acunó por miles de kilómetros. Gay y yo tuvimos hijos pequeños al mismo tiempo y nuestra idea de dicha era estar juntas con nuestra mamá. Les leía a nuestros hijos, hablaba sin parar con ellos y les sonsacaba un vocabulario que nos divertía constantemente. Les mostraba un mundo de cuentos y escenas, de disfraces, de bailes de máscaras y de familias de arcilla que los fascinaba.

La película *E.T.: El extraterrestre* arrasó las taquillas cuando Amanda tenía tres y cuatro años, y ella se obsesionó con la criatura de la ficción sin pelos y con ojos saltones. Un día estábamos en lo de mamá, cuando entré desde el jardín y no encontré a ninguna de las dos. Después de llamarlas varias veces, escuché la risita conocida de una niñita desde dentro del armario. Abrí la puerta y encontré a mamá y a Amanda rodeadas de animales de peluche como en la escena de la película. Esa era mi mamá. Hacía que las cosas comunes fueran mágicas para mis hijas. Les compraba vestidos del hipermercado Kmart que para ellas era como si hubieran sido de la lujosa tienda Neiman Marcus. Con poco presupuesto, creaba un espacio en el que una comida congelada de supermercado era vivir como un duque. Cantaba más acordes roncos que melodías, a causa de todos los Marlboros, pero para Amanda y Melissa, la definición del regocijo era cantar canciones con su abuelita. Así la llamaban ellas.

Abuelita.

—¡Te amo, abuelita! —Los bracitos apretados rodeando su cuello, la vena de su frente sobresaliente.

Las besuqueaba fuerte en la mejilla con cada partecita de labio que podía desplegar y les decía sin ningún esfuerzo lo que sentía, con todo su corazón, pero le costaba expresárnoslo a mis hermanos y a mí. «Te amo». Así como así. Como si fuera esta la manera en la que nos hablábamos en nuestra familia.

I love you, a bushel and a peck
A bushel and a peck and a hug around the neck
(Te amo, de aquí al infinito
De aquí al infinito y un poquito más)

Nunca resentí que fuera mejor como abuela que como madre. Sonreía, sintiendo lo que sienten la mayoría de las madres. ¿Quiere saber cómo amarme? Ame a mis hijas. ¿Quiere ser bueno conmigo? Sea bueno con mis hijas.

Ella era su mejor amiga. Cualquiera de mis hermanos que vivió lo suficientemente cerca de ella para que participara continuamente de la vida de sus hijos diría lo mismo. También diríamos que ella era nuestra. No puedo pensar en una sola porción de nuestra existencia que se haya caracterizado por la comodidad, pero muchos de esos días fueron días especialmente buenos.

•   •   •

Nuestra familia de cuatro Moore, cuatro mascotas y presupuesto apretado estaba logrando llevar una vida en cierto modo estable, en medio de nuestra oleada de conflictos y desafíos cuando, poco después de que cumplí treinta años, tomamos una de las decisiones más monumentales de nuestra vida. La prima menor de Keith tenía un hijo de cuatro años al que no podía criar por la incesante batalla que mantenía contra la adicción a las drogas. Su papá, tío paterno de Keith, y su nueva esposa habían adoptado al niño y habían hecho lo mejor que podían, pero la situación era insostenible. La genética del lado de la familia de Keith es atrevida e invasora, en especial entre los hombres. Se rumoreaba que este varoncito, al que nunca había visto, era el vivo retrato de mi esposo. Para Keith, ver al niño era como verse a sí mismo a los cuatro años. Y verse a sí mismo de cuatro años, con las brasas del incendio de la casa todavía ardiendo y con la piel aún ampollada, era casi insoportable.

—Nosotros podríamos acogerlo —dijo él—. ¿Qué es uno más?

El tema era que nuestra hija menor acababa de adaptarse a la escuela elemental. Amé la infancia, la niñez y los años de jardín de infantes de mis hijas y lloré como un bebé en su primer día de preescolar, pero, habiéndome dedicado de lleno a esos años y desde el principio del matrimonio, los autobuses escolares amarillos se habían convertido en mi color favorito. Tenía el rostro húmedo por la nueva ola espumosa de la libertad. Podía llevar a cabo todo tipo de tareas durante las horas escolares y, aun así, estar de pie en la vereda, con una sonrisa de oreja a oreja, cuando el conductor del autobús hiciera rechinar los frenos en el cordón de casa cada tarde de la semana.

—No sé, cariño. Es mucho. Tres niños son considerablemente más que dos.

Mi mamá siempre aseguraba que así era. Decía que nunca se había arrepentido de haber tenido cinco hijos, pero que una madre se veía superada en el momento que tenía más hijos que manos.

Keith seguía mencionándolo. Yo seguía necesitando más tiempo para pensar.

Unos meses después, pasamos todo un sábado en un picnic con toda la familia Moore en un parque de Houston, y mi mirada recayó en el chiquito más encantador. Cabello oscuro, grandes ojos marrones.

—¿De quién es hijo aquel? —susurré al oído de Keith mientras él mordisqueaba los restos de carne de una costilla de cerdo. La dejó caer sobre su plato de cartón, se aclaró la garganta de los porotos en salsa de tomates y dijo el nombre de su prima, haciendo señas hacia su tío, que iba unos doce pasos detrás del niño.

—¿Ese es *él*?

—Ajá —respondió Keith.

—¿Ese es el niñito del que has estado hablando?

—Ajá.

—No puede ser. Ese niño no puede tener cuatro años.

—Sí, es él. Solo que es pequeño. Necesita de todo.

Ese hermoso niñito se mudaría a nuestra casa poco tiempo después. A los cuatro se nos iluminaron los ojos. Un hermanito les sonó maravilloso a Amanda y a Melissa. Un hijo le sonó maravilloso a Keith, en especial uno que se pareciera tanto a él. Y luego estaba yo, la de los pensamientos más nobles de todos. Recuerdo haber dicho en voz alta: «Amémoslo en su totalidad».

Es difícil amar a alguien y acompañarlo en las experiencias que uno nunca tuvo.

Lo apodamos Spud. Pensando que era nuestro para siempre, enseguida tratamos de adoptarlo, pero el paradero de su mamá seguía siendo una incógnita y su padre no quiso firmar los papeles. No quería tener ningún rol en la vida del niño, pero al parecer se sentía curiosamente poderoso por controlar las cuestiones legales. No era por tener resentimiento contra nosotros. Nunca lo habíamos conocido. Quizás era un resentimiento con la vida en general.

La custodia legal fue transferida de los abuelos de Stud a nosotros, y lo recibimos como nuestro. A posteriori, he pensado en el tema hasta el suplicio. ¿Nunca debimos haber permitido que nos llamara mamá y papá ni que a las niñas les dijera hermanas? ¿Deberíamos haber insistido en que éramos el tío Keith, la tía Beth y las primas Amanda y Melissa? Parece que nunca emerge la bola de cristal cuando uno la necesita. Spud quería una familia. No quería primas. A la semana de estar en casa, me preguntó si podía llamarme mamá. Empecé a tartamudear, intentando pensar en la respuesta correcta y, finalmente, no tuve el valor para decirle que no. Según mi manera de verlo, había todo tipo de madrastras, suegras y figuras maternas que se hacían llamar *mamá*. Y yo estaba dispuesta. Estaba más que dispuesta. Estaba *decidida*. Tan decidida como nunca había estado sobre nada en mi vida.

Las necesidades de Spud eran muy distintas a las de nuestras hijas. A ellas les iba bien en la escuela pública. Desde temprano supimos que él requeriría de educación privada. Sabíamos que necesitaba ayuda médica y la buscamos. Sabíamos que su corazón estaba roto y nos dispusimos a ser usados por Dios para sanarlo. No por culpa de él, finalmente demostramos que no teníamos la capacidad para hacerlo. Él valía mucho más de lo que nosotros teníamos para brindar.

Creados a la imagen de Dios, los seres humanos tenemos, en líneas generales, el deseo innato de salvar. Un anhelo intenso de rescatar. Era claro que nuestro muchachito tenía grandes necesidades. Inevitablemente, las chicas tuvieron que mantenerse al margen del nuevo miembro de nuestra familia. Aun así, lo amaban. Todos lo hacíamos. Queríamos desesperadamente que el nuestro fuera el hogar perfecto para él. Había sufrido mucho en su corta vida. Ser abandonado por ambos padres es algo tremendo. La capacidad de un niño para encariñarse puede quedar desgraciadamente comprometida. El vínculo que Keith imaginó no se materializaría como él esperaba, una realidad que le resultó devastadora.

A pesar de los desafíos, nos involucramos sin retener nada de lo que teníamos para dar. Con nuestra familia de cinco integrantes, hacíamos todas las cosas habituales que habíamos hecho cuando éramos cuatro: la escuela, los deportes, la iglesia, los abuelos, los tíos, las tías, los primos, los viajes, los veranos en las piscinas de los vecinos, las bicis, las vacaciones, las navidades y los feriados en lo de los Moore y de los Green. Como montones de otras familias, cualquier éxito que disfrutábamos eran tres pasos adelante, dos pasos atrás. No soy ningún genio de las matemáticas, pero hasta donde daban mis cálculos, un paso seguía siendo un avance. Decía en broma que era mamá de seis: Amanda equivalía a una hija, Melissa a dos y Spud, por lo menos, a tres.

Spud y yo pasábamos juntos los días de semana, nosotros dos solos, mientras sus hermanas estaban en la escuela y Keith, en su trabajo. Me acompañaba al Centro de Vida Cristiana tres veces por semana, donde yo daba clases de aerobics y él aprendía a andar en patines, igual que lo habían hecho las niñas. Dieciocho meses después, mi pequeño de ojos castaños fue a un jardín de infantes privado, seleccionado con cuidado, a media hora de nuestra casa.

Fue un desafío para sus maestros desde el principio, así que hice lo que tenía que hacer. Me dispuse a cerciorarme de que él fuera el más precioso de su clase. Me gustaría que quede constancia de que, habiendo fallado yo en miles de otras cosas, tengo la seguridad de haber hecho bien esto. Bajo mi cuidado, el niño ni un solo día fue a la escuela sin producto para peinarse el cabello. Era adorable, y no me diga que lo de adorable no importa cuando se trata de un niño difícil. La directora, una mujer capaz y devota si alguna vez he conocido alguna, me llamaba casi todas las semanas. El rango de ofensas de Spud variaba ampliamente. Algunas eran graves y desconcertantes. Hicimos todo lo que sabíamos hacer; buscamos todas las vías de ayuda profesional, al mismo tiempo que criábamos a nuestras otras dos hijas. Las lágrimas y frustraciones fueron incontables. Desconcertada, a veces le decía: «Hijo, ¿por qué diablos hiciste eso?».

Él no lo sabía. Realmente, no lo sabía.

Cuando estaba en segundo grado, me pidieron que fuera a buscarlo más temprano porque la directora necesitaba hablar unos minutos conmigo. Se me encogió el corazón. Ya conocía yo ese procedimiento. También sabía lo mucho que se esforzaba la escuela. Desde el principio hasta el fin, no fueron más que razonables con nosotros. Esta vez, Spud necesitaba ir al baño durante una de sus clases. ¿Qué debe hacer una maestra sino creerle al alumno, aunque sea uno en el que no puede confiar mucho, cuando parece terriblemente dolorido de la vejiga? Para su gran fortuna, Spud entró en el baño de varones en el preciso momento que los niños del jardín de infantes tenían su recreo para ir al baño. Cuatro niñitos estaban alineados en fila frente los mingitorios, cuando Spud tuvo la inspiración de apagar la luz y dejar el baño en la oscuridad total, lo cual provocó que se desconcentraran, entraran en pánico y, por consiguiente, se orinaran unos a otros.

Escuché y asentí. Era algo terrible lo que había hecho. Los niños no tenían otra muda de ropa. Algunos lloraron. Spud y yo caminamos directamente hacia el auto sin decirnos una palabra. En esta ocasión (solo en esta), apoyé la cabeza en el volante y estallé en carcajadas. Los dos nos reímos hasta que nos dolieron las costillas. En ese momento, supe que el niño era brillante. No sabía qué hacer con él. No tendría mucho éxito con él. No sería capaz de amarlo en su totalidad. Pero sabía que era brillante. Y, madre mía, ese niño era hermoso.

CAPÍTULO QUINCE

Con Spud en la escuela, mi vida de estudio se intensificó. Si quería, podía estudiar desde que sonaba el primer timbre de la escuela hasta el último y, la mayor parte del tiempo, era lo que quería. Cuanto más estudiaba, más deseaba enseñar lo que había aprendido. Había sumado una clase los jueves a la mañana en una iglesia bautista cerca de mi casa con la esperanza de profundizar más en las Escrituras de lo que podíamos hacerlo en la escuela dominical. La Bible Study Fellowship [Comunidad de Estudio Bíblico] y los estudios bíblicos Precept Upon Precept [Precepto sobre Precepto] de Kay Arthur despertaban en las mujeres cristianas un apetito voraz de tener tarea que hacer en casa, además de los estudios bíblicos semanales. Mi clase empezó a hostigarme (en el sentido más santo) para que escribiera segmentos de trabajos que ellas pudieran completar de un jueves a otro. Al semestre siguiente, impartí una serie sobre una recopilación de Salmos e improvisamos algunas tareas muy básicas. No eran grandiosas, pero invitaban a que las mujeres participaran plenamente, en lugar de ser receptoras pasivas. La diferencia terminaría siendo algo que nos cambió la vida a todas.

Poco antes del siguiente semestre, encontré algo en un plan de lectura bíblica diaria que, según lo entendía yo, apareció de la nada en las páginas. Después de que el Señor rescatara a su pueblo de la esclavitud en Egipto, los llevó al desierto (eso ya lo sabía) y les dijo, por medio de su siervo Moisés, que levantaran una estructura móvil para él, de acuerdo con sus instrucciones exactas, donde se reuniría con ellos. El solo detalle era asombroso. Continuó capítulo tras capítulo documentando medidas precisas, colores, texturas, mobiliario, bordado e iluminación. ¿Quién diría que Dios tenía talento para la arquitectura y el diseño de interiores? Un becerro de oro, dos tablas rotas, una plaga, una grieta en la roca y dos tablas nuevas más tarde, el pueblo de Dios siguió el modelo de Dios. Y, como era de esperar, cuando la estructura fue lograda hasta el detalle más mínimo, Dios cumplió su promesa. Una nube se posó encima del tabernáculo y su gloria llenó la casa. Siempre que la nube estaba directamente sobre él, los israelitas sabían que debían quedarse quietos. Cuando la nube se levantaba, sabían que debían recoger todo y moverse con ella. Nunca había visto algo más fascinante.

Con el tipo de inocencia que solo una novata podría tener, se me ocurrió una idea brillante. *Mi clase quiere tarea para el hogar. ¡Prepararé un curso y les escribiré tarea sobre esto!* Eso sí, yo tenía exactamente cero preparación para escribir un plan de estudios. Mi tentativa fue llevarlas al mismo recorrido de Éxodo (*vayan aquí, ahora vayan al libro de Hebreos y observen cómo esto se une*) lo que, a veces, me llevó a postrarme con el rostro contra el suelo, como

Moisés. Me metí tan de lleno, que me sepulté viva. Escribí un estudio bíblico de diez semanas en tiempo real para varios cientos de mujeres *mientras lo hacíamos.* Durante casi todo el curso, la clase apenas iba una semana detrás de mí. Lo terminé, no porque llegué a descubrir qué estaba haciendo, sino porque había hecho un compromiso con las integrantes de mi clase.

Mientras el reloj marcaba la cuenta regresiva a cada segundo del horario escolar de mis hijos, yo estudiaba y escribía como una maniática. Cada martes a la tarde, entregaba cinco nuevos días de extensos trabajos para el hogar a mi querida amiga Johnnie, quien dirigía el ministerio femenino en la iglesia donde nos reuníamos. Durante todo el miércoles, ella imprimía las copias en un mimeógrafo tradicional para las integrantes de nuestra clase. Los miércoles a la noche, las ordenaba y las perforaba con tres agujeros y los jueves, al comienzo de cada clase, las entregaba. Johnnie y yo mantuvimos este ritmo durante dos meses y medio, cincuenta días de estudios preliminares en total, con un mínimo de cuatro páginas por día. Ella podría haberme estrangulado. Yo podría haberme estrangulado a mí misma.

Salvo por una cosa.

Jesús me encontró allí, en el pequeño comedor de casa donde había instalado mi primer procesador de textos. Tenía tantos libros y comentarios comprados, prestados o retirados de la biblioteca de la Primera Iglesia Bautista, que mi mesa rectangular parecía un perfil urbano en miniatura. Había papeles por todas partes en forma de artículos engrapados, borradores o pilas de lecciones que yo había impreso, corregido y descartado. Era un revoltijo. Un área de desastre. Pero fue el tiempo más intenso que pasé con Dios en toda mi vida.

Me mudé a ese tabernáculo en el desierto durante semanas y semanas y me alimenté del pan de la Presencia. Me lavé en el lavamanos de bronce. Estaba voladísima de aspirar el incienso en el altar del Lugar Santo. Abrí los ojos a la deslumbrante consciencia de que Jesús era más real, más vigoroso y vivo, más completamente consciente, comprometido y energizado, aquí mismo, rodeado de mortales, entre las zarzas y los espinos, que cualquiera que pudiéramos ver.

Trabajé tanto durante esos meses de investigación y escritura, que no sabía qué hacer cuando el curso terminó. El impacto fue violento. Grandes oleadas de miedo comenzaron a golpearme en el primer semáforo donde frené mientras volvía a casa ese último jueves. Manejé precipitadamente hacia un vacío, una nulidad instantánea e inesperada, que me llegó por completo y me socavó. Todavía me resulta curiosa la premura con la que me golpeó. No era ninguna debilucha. Era una sobreviviente. Obstinada, disciplinada. Había aprendido a correr mi carrera en la fe, aplastada y contra fuertes vientos. Pero nunca había chocado contra esta pared de vacío y, ahora, había colisionado con ella a 160 kilómetros por hora.

Escribir un segundo estudio de igual volumen no se me había ocurrido seriamente porque, de haber sido así, hubiera sabido, por instinto, que la primera experiencia no podría repetirse. Algunas cosas no pueden ser mimeografiadas. Cinco años antes, en mi clase de doctrina bíblica, había despertado agitadamente a un mundo de estudio que sabía que nunca querría dejar. Había estado ascendiendo esa montaña desde entonces, y en los últimos meses, había llegado a la cima, a la punta de mi experiencia mortal con lo divino. Había logrado clavar una bandera en el suelo pelado y calcinado por el sol, pero no lograría quedarme.

● ● ●

Treinta años se volaron del calendario desde esa época de mi vida y, aunque he subido muchas montañas y he contemplado vistas que me dejaron sin palabras, ese fue mi Everest. Mi aire enrarecido, mi ascenso único en la vida. No descendí al nivel del mar; salté desde un acantilado.

Menos de veinticuatro horas después, recibí una llamada telefónica de mi querido pastor.

—Beth, necesito que me hagas un favor.

—¡Por supuesto! ¿De qué se trata?

—Una pareja de misioneros a quienes queremos mucho está de regreso en Estados Unidos, se quedarán en nuestra casa por un par de días y necesitan un poco de asistencia y de sanidad. La esposa lucha con el abuso que sufrió en su niñez, y me gustaría que pases un poco de tiempo con ella.

Me tomó desprevenida. Apenas poco tiempo atrás, yo había hecho referencia a mis antecedentes de abuso, y lo había mencionado en términos muy generales. No había hecho una gran ostentación de mi sanidad ni había recibido la consejería propia del momento. De manera muy apropiada, mi pastor quería asegurarse de que ella estaría prudentemente acompañada por una mujer, y una que la entendiera, que pudiera empatizar y animarla, pero yo no estaba segura de ser la indicada. Era joven. Estaba mal preparada y empezando.

—No lo sé, Pastor. Yo recién...

—¿Orarías por este tema y me dirías tu respuesta mañana? Solo estarán en Houston unos días. Yo le dije que estaba casi seguro de que estarías dispuesta a ministrarla.

—Oh, estoy muy dispuesta a ministrarla, pero es que yo... bueno, sí, voy a orar por el tema.

Y lo hice. Y al día siguiente le dije que no tenía paz al respecto.

Mi pastor era un hombre muy persuasivo, pero de ninguna manera era autoritario. Pensar que pudiera ser intimidatorio sería una grave distorsión. El hecho era que él creía en mí y, de todo corazón, creía que yo podía ayudarla. Eran épocas en que las mujeres raras veces confesaban que habían sido abusadas. Él sabía que yo no era terapeuta. Simplemente, quería que yo escuchara a esta mujer y presumía que lo único que me frenaba era la falta de seguridad en mí misma.

Mientras conducía hacia su casa, supe que cometía un error. Una premonición terrible me estrujaba el estómago. Según lo prometido, nos dejaron solas. Nos sentamos a la mesa y ella, una mujer hermosa, incalculablemente estimada para Dios y digna de ser escuchada, empezó a contarme su historia. Lo mejor que recuerdo es que habló durante unos quince minutos, momento en el que pude ver que sus labios se movían, pero yo ya no escuchaba lo que estaba diciendo. Empecé a sentir un timbre en los oídos. Sobre mi labio superior se formaron gotitas de sudor y la sangre parecía correr en ráfagas hacia mi cabeza, como si estuviera columpiándome cabeza hacia abajo en el pasamanos del patio de la escuela que estaba al otro lado de mi casa de la infancia.

Traté de librarme de eso. *Escúchala. Esto es importante para ella. ¡Presta atención!* No podía concentrarme por nada del mundo. Apenas podía ver las facciones de su rostro. Estaba invadida por las aristas borrosas de una escena de un sueño, la mesa donde estábamos sentadas (que ahora parecía medir diez metros), las dos en los extremos opuestos. Las bocas se movían, pero no había sonidos. Tuve un escalofrío. *Hace demasiado calor aquí. No, está demasiado frío. Recobra la compostura. ¿Qué problema tienes ahora?*

No puedo recordar una sola palabra que haya dicho. No tengo idea si actué tan raro como me sentía. O si oré con ella, como lo hacía normalmente con toda mujer que estaba confundida. Hubiera dado cualquier cosa por que ella estuviera en mejores manos que las mías aquel día. Dos personas que están ahogándose no pueden salvarse una a la otra. Yo estaba demasiado vulnerable, atrapada mientras huía en caída libre desde la cima de una montaña a un abismo oscuro. No recuerdo si me comporté normalmente cuando mi pastor y su esposa volvieron o si murmuré cosas ininteligibles. No sé cómo entré en mi auto ni cómo volví a casa.

Lo que sí sé es que las escenas de mi niñez y mi adolescencia comenzaron a reproducirse delante de mí como en una pantalla de cine, una tras otra. Las veía como un público de una sola persona. Como en una fiesta ajena, como un mirón en la parte trasera del cine. Las escenas, las situaciones y los actores variaban. Algunas eran pecados contra mí. Otras, escenas de mis propios pecados. Otras no eran los pecados de nadie, sino los de Adán. Simplemente, la realidad feroz y tórrida de estar viva en esta tierra aterradora y caída. Yo sabía que la mayoría de esas experiencias habían sucedido. No las había olvidado. Pero me había desconectado de ellas.

Solo el Señor sabe por qué la historia de esta misionera abrió de par en par la puerta a mi juventud. Ciertamente, ella no tuvo ninguna responsabilidad sobre mi reacción incomprensible. Fue valiente y lo que hizo fue bueno, correcto y vital. Su historia fue conocida, escuchada y estimada por el cielo. Fue importante. Sus experiencias eran importantes. Dios me ayude, ni siquiera sé qué le sucedió después de eso. Desde ese momento, he estado en el lado receptor de innumerables relatos que salieron de la boca de mujeres y niñas, y no pocos han sido crudos; sin embargo, nunca fueron para mí un detonante de tal magnitud.

La puerta que se abrió a mi pasado tenía que abrirse en algún momento. Estaba empezando a abrirse, el picaporte palpitaba. No iba a poder alcanzar ninguna plenitud verdadera hasta que todo lo que había tras ella saliera en avalancha a la luz.

Lo que sucedió en la mesa durante el relato de la misionera siguió pasando casi cada vez que yo cerraba los ojos, durante varios meses. Mi mente se convirtió en un circo: unos payasos astutos con rostros que se derretían me gastaban bromas. Yo no distinguía la realidad de la fantasía. Lo peor de todo era que no sabía cuál era Dios y cuál era el diablo.

Hacía lo mejor posible para servir a mis hijos, pero ellos sabían que estaba fuera de mí. Si mi inestabilidad era tan obvia para ellos como para mí, diría que no puedo imaginar cuán aterradora debo haber sido. Pero, lamentablemente, sí lo imagino. Sabía bien cómo era pensar que tu madre está volviéndose loca. No me arrastré a la cama porque, a diferencia de mi madre, tenía terror de cerrar los ojos. Me las arreglé para vivir por repetición, haciendo las cosas mecánicas como ordenar la casa, preparar la cena, revisar que hicieran los deberes, llevarlos a un lugar y a otro. En todo momento, seguimos yendo a la iglesia. Como la mujer torpe que era, seguí enseñando en la escuela dominical. Dios sabe qué enseñé. Entonces, llegaba la noche y me desmoronaba en un agujero negro.

Keith tenía sus problemas y se había replegado a su propio mundo, pero no se había aislado tanto como para que se le pasara por alto mi estado comprometido. Él recuerda que había veces que se despertaba durante la noche y me encontraba acurrucada detrás de una silla, desorientada y hablado de cosas reales a medias. Hoy sabríamos que debíamos ir a un hospital. Aquellos días no eran estos días. *¿A qué hospital? ¿Dónde? ¿Y con qué dinero?* La persona del espejo se me volvió irreconocible y aborrecible. No podía confiar en mi juicio ni en lo que percibía. Sentía que mi cerebro había sido sacudido, que se había soltado del cráneo y ahora flotaba en un frasco de laboratorio. «Diseccionen a esta. Estaba loca, ¿saben? Perturbada. Esto será interesante».

Tres horas de sueño. Levántate, Beth. Lee tu Biblia. Ora. Confiesa tus pecados. Tus horribles pecados. Levanta a los niños. Haz las cosas. Plancha, plancha, plancha. Pon música. No dejes que vean las ruinas que se ocultan detrás de tus ojos. No permitas que se den cuenta. Mándalos a la escuela. Lava la vajilla, Beth. Jesús, Jesús, Jesús, ¿en qué me he convertido? ¿Qué será de nosotros? ¿Aún me amas? ¿Aún me amas? ¿Aún me amas?

Los pensamientos atormentadores me envolvían y la culpa de lo que interpretaba puramente como un estado grotesco y ruinoso me hundió hasta los hombros en el barro de la desesperación. Llegué al punto de creer que mi mente se partiría y perdería a mis hijos.

No te sueltes. No te sueltes. Hagas lo que hagas, no te sueltes.

A mis treinta y cuatro años era madre de tres niños, tenía un ministerio gratificante, estaba logrando hacer lo que amaba y estaba al borde de la autodestrucción total. En la historia de mi vida, esta fue mi tormenta perfecta. Según mi mejor estimación, esta temporada fue la violenta colisión de tres fuerzas, desiguales, pero todas más fuertes que yo, casi imposible de diferenciar una de la otra. Dividirlas era ordenar el viento.

Una fuerza era mi pasado atribulado. Había mantenido agazapada a esa persona estropeada tanto tiempo como ella quiso y, en el momento cuando me quedé demasiado vulnerable para encubrirla, estiró sus piernas dobladas y se puso de pie del tamaño de Goliat. Parte de la culpa y del autodesprecio que me atormentaron durante y después de esta época provenían de la absoluta certeza de que otras personas habían sufrido cosas mucho peores y las habían manejado mucho mejor. ¿Cuán patética podía ser yo?

Otra fuerza de esta tormenta perfecta provenía del dominio de las tinieblas en lo alto y lo bajo, de las guaridas de los demonios que atormentan a los seres que portan la imagen divina, donde lobos que no pueden verse tienen rienda suelta para robar, matar y destruir. Durante aquellos meses, descendió sobre mí una oscuridad que no era simplemente la ausencia de la luz. Era la presencia del mal. Un mal inteligente y convincente, con una habilidad aterradoramente sobrenatural para la oportunidad y recursos para provocar el caos total. Rodeó mi hogar, se nos vino encima y, si Dios no le hubiera puesto un límite que no podía atravesar, nos hubiera devorado y destruido hasta las cenizas. Vino por mi mente, mi corazón, mi cuerpo, mi esposo, mi matrimonio, mis hijos, mi hogar, mis relaciones, mis frutos, mi esperanza, mi gozo, mi ministerio, mi fe y mi futuro. Los viejos recuerdos de mi juventud se han desvanecido ahora, disipados en la luz. Cualquier recuerdo que me haga estremecer hoy en día proviene de esta temporada.

La tercera fuerza, preeminente sobre todas las personas, principados y potestades, era Dios mismo. Él estuvo cerca en la furia, escondido y visible, revelando —no tanto su persona, sino el pacto que yo había hecho con la autodestrucción. Fue un tiempo de prueba divina, demolición y desalojo. Los primeros meses de mi tormenta perfecta, la peor parte, cuando mi mente era apenas coherente, duró la mayor parte del año. Pasaría el resto de mis treinta bajo su impacto, revisando los escombros, tratando de entender y de recuperarme del trauma, y de orientarme sobre cómo seguir adelante.

Una parte de mí no sobreviviría a esta temporada. Había pasado por una matanza. Dios vino con espada y con escudo a matar lo que estaba matándome. Los patrones destructivos en los que había incurrido toda mi vida por fin se romperían. Había estado mirando lo que asomaba del rostro de la víctima que acechaba desde adentro, que seguía tragándose las mentiras, que sucumbía ante las relaciones tóxicas. Finalmente, recibí la ayuda que necesitaba para dejar de autodestruirme y, paulatinamente, la mentalidad de víctima moriría por falta de oxígeno.

• • •

Poco después de esta época terrible (cuya sincronización no me parece nada casual), la rama editorial de la Convención Bautista del Sur vino a pedirme el estudio sobre el tabernáculo que yo había escrito. Lo mejoraron, lo ordenaron y lo publicaron. Este sería su primer estudio bíblico oficial para mujeres. La versión editada seguía siendo enorme, pero sonrío cuando pienso en las mujeres aplicadas y laboriosas que me siguieron la corriente, trabajando cada renglón de la voluminosa versión original. Ellas y yo nos sumamos a aquellos israelitas en el desierto y, aunque no podíamos ver la nube ni el fuego, sentimos el calor. Ese semestre avanzamos con Jesús y, para muchas de nosotras, no habría vuelta atrás.

Yo iba a escribir otros cuatro estudios bíblicos durante la década de mis treinta en feliz colaboración con Lifeway Christian Resources, a los cuales les seguirían muchos otros en la década siguiente. Si bien cada portada tenía el nombre de la misma autora, yo no era la misma mujer. Pese al título del estudio bíblico más cercano a mi mensaje de vida, no me liberé del cautiverio integrado a mi pasado. Fui *liberada*. Una y otra vez le había suplicado al Señor con las palabras del salmista David: «Hazme oír gozo y alegría, y se recrearán los huesos que has abatido» (Salmo 51:8, RVR1960).

Una vez que usted fue rota en pedazos, el lujo de imaginarse irrompible se evapora. Su disposición cambia, no para mejor en todos los sentidos, pero sí en la mayoría de ellos, creo yo. ¿Alguna vez resultó fácil la compasión? ¿Dónde están los que no necesitan misericordia y han de buscarla en su interior cuando alguien la necesita con desesperación? Todavía llevo las heridas que recibí mientras me buscaba en la tormenta perfecta, pero el golpe a mi orgullo, a mí, que me creía íntegra y por encima de ciertas caídas, nunca cicatrizó ni se le formó la costra. Supongo que nunca sucederá. Espero que nunca suceda. No es mala idea que el orgullo herido sangre toda la vida. Que esa tonta arrogante que hay en mí se desangre.

Gran parte del tiempo a finales de mis treinta transcurrió en mi lugar de madre: en las graderías techadas de los numerosos partidos de vóley y de baloncesto, gritando y despotricando, consumiendo puñados de palomitas de maíz, envases de los puestos de comidas de nachos, refrescos y barras Snickers. Los padres de los compañeros de equipo de nuestros hijos abarcaban casi la totalidad de nuestro círculo social. Sabíamos poco y nada de la vida personal de cada cual. Amábamos a los hijos de todos. Sabíamos cuándo tenían sus días malos y sus días buenos. Los alentábamos y, cuando nos lo permitían, les levantábamos el ánimo.

Todavía estaba temblando por la batalla que había dado en mi tormenta perfecta. No recuerdo una vez que no estuviera sentada en la base de las gradas y que por mi cabeza no pasaran pensamientos como este: *Estoy aquí. Estoy sana. Afectada pero sana. Y ahí, justo delante de mis ojos, están mis hermosos hijos. Dios, gracias, Dios, gracias.*

Estaba casi acabada, hundida hasta el fondo del océano, y aquel que caminó sobre el agua metió su mano debajo del salitre revuelto y me sacó a la luz desde las entrañas del mar.

CAPÍTULO DIECISÉIS

—¿Bethie?

Era más temprano de lo habitual para una llamada de mi hermano Wayne. Él trabajaba durante el horario teatral, llegaba a su casa después de la medianoche y casi nunca veía el amanecer. Su hablar suave sonó intenso, aun cuando dijo esa única palabra cariñosa, y de inmediato se me hizo un nudo en la garganta.

—Creo que será mejor que vengas. Es probable que ella no pase del final día.

—¿Tú llamas a los demás, hermanito?

—Sí, acabo de avisarle a Sandra. Llamaré a Gay y a Tony enseguida.

—Me cambiaré de ropa y estaré allí en diez minutos. Te amo, Wayne. —Ay, santo cielo, lo amaba. Santo cielo, lo amo.

Nuestra madre estaba muriendo. Yo tenía cuarenta y un años. Era comienzos de agosto y, en apenas dos semanas, llevaría a Amanda a la residencia universitaria para su primer año en la Texas A&M. Melissa estaba ingresando a su penúltimo año de la preparatoria.

Ya estábamos metidos hasta la cintura en una época de pérdidas. Hacía varios meses que Spud había regresado con su madre biológica, la prima de Keith. Había conocido a un tipo decente, decía ella, tuvo un segundo hijo y quería de vuelta a su primogénito. Estaba limpia y tenía un empleo estable. En ese momento, Spud tenía once años y la herida del abandono de sus padres se había profundizado e infectado con el paso del tiempo y estaba cada vez más enojado. Podríamos habernos negado a que la prima de Keith tuviera a su hijo y, quizás, llevarla ante la corte; pero para bien o para mal, no nos resistimos.

Para entonces, Spud había estado siete años con nosotros y, siendo nosotros una familia que manoteaba y pataleaba en el agua para mantenerse a flote, le habíamos dado lo que teníamos. A nuestros ojos, habíamos fallado abismalmente. Keith, sobre todo, se había apartado de él. Sus desafíos eran tan parecidos, que cada llama que había cerca de la casa hacía saltar los fusibles de ambos. Yo había consultado a todos los especialistas, había agotado todos los recursos e intentado todos los métodos y quedado ridículamente corta, no solo de respuestas para Spud, sino también en criar satisfactoriamente al niño, el único talento del que yo me sentía más segura y esperaba poder brindarle con entusiasmo. No se ha bebido hasta el fondo de la copa del fracaso hasta que se ha fallado en lo que mejor uno es. No hay chupito en este mundo que borre del todo de la lengua ese sabor agrio.

Mi matrimonio necesitaba atención. Mis hijas necesitaban atención. Yo estaba resuelta a dársela. Era hora. También era devastador y generaba culpa. La duda todavía me persigue. No sabía si a Spud le iría bien con su mamá biológica, pero, a esas alturas, tenía la certeza de que no le iría bien sin ella.

No sabía qué haría yo sin la mía. Dos años antes, mientras llenaba el lavaplatos con la vajilla de la cena, me había llamado por teléfono para contarme sobre una biopsia inminente. Me limpié las manos, lancé el trapo de cocina y apoyé la espalda contra el refrigerador. Sentí que tenía mariposas en el estómago.

—Esperemos que solo sea un tejido benigno. Ya sabes, una enfermedad fibroquística. Ya te han dicho antes que tenías eso. ¿Era un poco blando e impreciso?

—No.

—¿Te duele como antes del ciclo?

—No.

—Tranquila, mamá, podría ser cualquier cosa. Quiero decir, ¿el pecho tiene algún hoyuelo o algo por el estilo?

—Sí —dijo débilmente, casi derrotada, como si ya supiera exactamente cómo sería todo. Mi espalda se resbaló contra la puerta de acero inoxidable mientras me desplomaba al piso. Me crucé de piernas sobre las baldosas durante el resto de nuestra conversación y traté de controlar el temblor de mi voz.

Le sacaron un seno; luego, un bulto similar se desarrolló en el otro e hizo metástasis rápidamente. Lo cierto es que nunca pudimos adelantarnos a él. Papá la llevó a los tratamientos de rayos y Gay y yo la acompañamos a las sesiones de quimio y a las consultas con los médicos. El cáncer es despiadado. Voraz. El suyo no se conformó con carcomerla por dentro: consumió músculos y grasa, como bancos de pirañas microscópicas y no dejó más que carne en sus huesos. También se exteriorizó con unas úlceras grandes y espantosas sobre la piel que rodeaba a las dos cicatrices horizontales donde una vez habían estado sus pechos.

Le hubieramos dado cualquier cosa que ella quisiera para aliviar su dolor y sus miedos. Mamá quiso, en ese momento, lo que siempre había querido: a sus hijos y Campho-Phenique. Esto último nos lo habían untado abundantemente toda la vida, para toda dolencia imaginable: ácaros rojos, picaduras de mosquitos, picaduras de pulgas y de garrapatas, arañazos de gatos, verrugas, ampollas, urticarias, picaduras de avispas, herpes febriles, quemaduras. En nuestra familia, era la cura para todo, el único remedio confiable en un mundo malévolamente poco cooperativo. ¿A quién se le ocurriría que no era una muestra de la bondad del Señor para con mamá el hecho de que una infinidad de tubos de crema recetada no habían podido hacer por las úlceras de los pechos lo que un frasco de Campho-Phenique logró? Lo tomé como una señal (de qué, no puedo decirlo con claridad). Una señal, supongo, de que Dios conocía a su paciente. Ser una extraña para Dios en la enfermedad y en la muerte es un golpe incurable.

• • •

Esa mañana, Wayne nos llamó a mis hermanos y a mí desde el teléfono inalámbrico de la cocina de mamá y papá. Poco después de que el médico anunciara que el cáncer había avanzado a la fase terminal, Wayne concluyó el contrato del último espectáculo que había conducido en Las Vegas. Acordó un trabajo temporario en el Theatre Under the Stars, en Houston, y llevó a su esposa, Lisa, y a su pequeñito, Ben, conduciendo desde el desierto de Nevada hasta la casa de nuestros padres en Sugar Land, Texas.

Habían vivido con mis padres los últimos nueve meses; Lisa cuidaba a mamá las veinticuatro horas del día, era como una combinación de enfermera-cocinera-ama de llaves y mujer de la limpieza. Wayne se ocupaba de ella lo mejor que podía mientras todavía se ganaba el sueldo tan necesario. Débil y sumamente desmotivada por la enfermedad, mamá pasaba la mayor parte de sus días en el sofá, durmiendo siestitas y observando a su nieto menor, de cabello rizado y hermoso, que jugaba con bloques y juguetes con mordeduras y desgastados por la baba dulce de un aluvión de primos mayores. Como habían observado su evolución durante los últimos meses, esa mañana Wayne y Lisa percibieron por su condición que era probable que no viviera más allá del atardecer. Y tenían razón.

Todos nosotros, los hijos y los nietos por igual, fuimos junto al lecho de mamá para pasar largas y difíciles horas con ella. La multitud que éramos rodeamos su cama individual gran parte del tiempo; luego fuimos turnándonos, entrando y saliendo de a pocos, para no dejarla sola nunca. Trataba de hablarnos, y con urgencia, pero sus palabras eran jeroglíficas. Me da un poco de vergüenza decir que fue una suerte para sus cinco hijos adultos porque nos permitió la generosa licencia de ejercitar nuestras propias inter-pretaciones creativas. Oportunamente, nos dijo a cada uno en sus lenguas desconocidas todas las cosas que más queríamos escuchar de ella. Entre esas cosas, cuánto nos amaba, lo orgullosa que estaba de nosotros, que quizás no debería haber dicho esto o aquello y en qué sentido cada uno de nosotros era su favorito. Sabíamos que ella sentía todas esas cosas y, aleluya, finalmente las desciframos.

Mis hijas, al igual que sus primos, estaban devastadas. Lo nega-tivo de la proximidad humana es que, así como se ha amado la presencia de alguien, así entristece perderla. Amanda, la más tierna de los empáticos, no soportaba ver morir a su abuelita. Melissa no soportaba irse de la habitación. Amaban por igual a su abuela y procesaban de manera distinta su dolor. A medida que las sombras del sol de la tarde avanzaban lentamente por la alfombra apagando la luz para señalar la inevitabilidad de la noche, Melissa entró en la sala de estar y le tendió la mano a su hermana mayor:

—Entra conmigo.

—No puedo —insistió Amanda y negó con la cabeza, el borde de sus párpados de un rojo intenso.

—Sí, puedes.

—¡No, no puedo!

—¿Por qué? —preguntó Melissa.

—¡Porque voy a llorar!

—¡Pues, llora! Ella sabe que estamos tristes. Ella también está triste.

Amanda dudó un momento, luego, tomó la mano de Melissa y ambas chicas desaparecieron en la pequeña habitación y tuvieron a su abuelita para ellas solas un breve momento. Se arrodillaron junto a ella, sostuvieron su mano floja y le hablaron entre sollozos. Ella también les habló.

—Abuelita —dijo Melissa—, a que no sabes. Acabo de sacar mi licencia de conducir. Vine manejando hasta aquí, por la autopista y todo.

Mamá hizo una mueca dramática.

—Como si estuviera gritando: «¡Que alguien llame a la policía!» —interpretó Melissa.

Fue así como supe que mamá todavía estaba con nosotros. Todavía coherente. Consciente de que estábamos cerca. Ingeniosa y pícara, aun al borde de la muerte. Aunque sus órganos fallaran. Aunque sus mejillas se hundieran. Nada disfrutaba más que hacer reír a sus nietas y nietos. Había temido el día que Melissa obtuviera su licencia de conducir desde el primer momento que la vio huir por la entrada para vehículos, como una cabra montés con la cola en llamas, andando en su triciclo.

Mamá les habló a esas dos niñas con todo el oxígeno y la emoción que le quedaban en los pulmones. Les dijo que las amaba como si su vida dependiera de ello.

No importó que ellas no pudieran distinguir las palabras. Ellas supieron qué estaba diciendo. *«Ustedes son mis mejores amigas. Todos ustedes lo son».*

Percibiendo el agotamiento creciente y la angustia en la casita llena de gente afligida, la enfermera de pacientes terminales pidió vernos en la sala.

—Me han preguntado cuánto tiempo creo que tardará y no puedo responder a eso. Pero lo que sí puedo decirles, si anhelan que el sufrimiento de su madre termine, es que, si yo fuera ella, viendo los rostros de todas las personas que más amo, tampoco querría despedirme. No estoy diciéndoles qué deben hacer, pero si yo fuera ustedes, le daría un poco de espacio.

Le habíamos dado todo *menos* espacio. Ella quiso que la divirtiéramos durante los meses de su agonía igual que durante sus meses de vida, y eso fue lo que hicimos. Nada era sagrado. Un mes antes, habíamos estirado todos sus turbantes y nos los habíamos puesto apretados como si nosotros también tuviéramos las cabezas peladas como cebollas, y ella se había reído y había tosido y vuelto a reír y a toser. Y fumado. El doctor le dijo que no lo hiciera. Según ella, ya había renunciado a demasiadas cosas. De todas maneras, la suya no sería una muerte a causa del cigarrillo. Pero ese día no fumó. Nunca volvería a fumar, a menos que el Señor estimara adecuado tener un paquete de cigarrillos en una mano y un encendedor en la otra cuando se reuniera con ella en las puertas del cielo.

Ahora, solo era cuestión de esperar. Hicimos lo que dijo la enfermera. Dejamos que la casa se aquietara y que los pisos crujieran. Estábamos cerca, pero no haciendo mucho jaleo ni respirándole en la cara, tratando de recibir alguna respuesta de ella. Por el lento subir y bajar de su pecho, supimos cuándo se acercaba el momento. Retrocedimos y permitimos que papá se acercara. Uno de nosotros le dijo:

—Dile que la liberamos.

Creo que fui yo. La enfermera del hospicio había dicho que eso podía ayudar, pero me arrepentí en el instante que lo dije. Él le tomó el rostro con las manos y le susurró algo al oído.

Nuestra mamá, Esther Aletha Rountree Green, abrió grande la boca para tomar un poco de aire por última vez, pero no lo logró. No volvería a despertar. No volvería a vernos a Gay, a Tony ni a mí entrando en puntitas de pies en su cuarto, haciendo nuestro trencito de tres personas, susurrando: «¿Mamá?». No más matarnos de un susto cuando se despertaba de repente y decía en voz alta: «¿Qué? ¿Qué? ¿Qué pasa?».

Nuestra abuelita, Minnie Ola, pasó momentos tortuosos merodeando al otro lado del cuarto de mamá durante los días de la calle Doceava de Arkadelphia, cuando mamá se desplomaba en el colchón, envuelta por una mortaja de sábanas, y se marchaba a un lugar donde no podíamos alcanzarla. Por eso, quizás, ese día Jesús permitió que nuestra abuelita estuviera junto a él a las puertas del cielo, cuando su hija despertó agitadamente al gozo y lució una sonrisa eterna de dientes auténticos, y las lágrimas brillantes se le evaporaron del rostro. Quizás, en ese momento, Esna Irene, Prentis y Anthony Dalton, sus tres hermanitos que fueron sepultados antes de que ella naciera, salieron corriendo de abajo del delantal de su madre, riendo y jugando. Quizás, mamá rodó por el suelo, en la hierba más verde y pura, derribada por los jubilosos e infantiles afectos del reino de los cielos. Y quizás entonces, escuchó que sonaba un violín y, sin mirar, supo que su papi, Micajah, era el que tocaba. Hubiera reconocido en cualquier parte el sonido del arco deslizándose por esas cuerdas. Quizás en el cielo era sábado a la noche de zapateo en el porche de los Rountree.

Quizás.

Pero lo que sé con seguridad (tan segura como pueda estar una mente mortal), es que mi madre finalmente supo que era amada por Jesús. Amada por completo. Amada desde el primer momento. En lo más profundo de su ser, ella creía que Jesús tenía predilecciones, y no precisamente por ella. Yo le había hablado casi hasta quedarme sin aire, tratando de razonar con ella. Pero ahora lo sabía. Ahora sabía que, si Jesús tenía predilecciones, era para con todos los suyos, así como ella las había tenido con todos los suyos. Jesús nunca perdió el interés en ella. Nunca la reemplazó. Nunca la engañó. Nunca pensó que estaba loca.

El suelo se abrió bajo los pies de nuestra familia Green. Sabíamos que sucedería. Papá volvió a casarse a los seis meses. Sabíamos que lo haría. Y estuvo bien. Había cumplido su condena. Dios sabe que ella también había cumplido la suya. Pero nosotros nunca dejamos de extrañarla. Nunca dejamos de añorarla. Nunca dejamos de preguntarnos si estaba feliz y riéndose. Nunca dejamos de desear que hubiera olvidado las partes difíciles. Nosotros cinco, que nunca estamos de acuerdo en casi nada, estuvimos unánimemente de acuerdo en lo que haríamos cincelar en el granito, debajo de su nombre: «Reina de Todo».

Ahora, estaba a salvo cerca del agua, en un eterno domingo a la mañana, su mamá con su casquete, cantando: «¿Nos veremos junto al río?».

Sí, nos congregaremos en célica hermosísima ribera, canturreará ella. *Del río de la vida verdadera que nace del trono de Dios.*

CAPÍTULO DIECISIETE

Hay algo peculiar en esto de vivir lo suficiente para poder dar un buen vistazo atrás. Reflexionamos en momentos que parecían bastante comunes y corrientes en aquel entonces, cuando germinó una idea que se convirtió en algo enormemente relevante. Luego, está la experiencia opuesta: la de tropezar torpemente con algo que permanece. Usted es apenas un granjero aceptable que camina hacia un campo en particular, con un paquete de semillas y, por accidente, se tropieza, las desparrama en un suelo que nunca elegiría y, unas temporadas después, está contemplando hectáreas de tallos de maíz, rascándose la cabeza y preguntándose de dónde salieron. Mi abuelita decía: «Algunas cosas no tienen ni una pizca de sentido común».

Si somos personas de fe, se lo atribuimos a la soberanía de Dios y, si por ventura tenemos una pizca de sentido común, nos abstenemos de convertirlo en una fórmula. Dios parece firmemente decidido a desaprobar las fórmulas humanas. Yo creo en la proyección de la visión. Pero lo creo solo en la medida en que aceptemos que los mortales, en líneas generales, gozamos de una visión distorsionada. Tenemos la tendencia casi inmutable a ver las cosas más grandes o más pequeñas de lo que son en realidad. Y, a decir verdad, somos malos profetas que entrecerramos los ojos para ver lo que está apenas a unos pocos centímetros frente a nosotros.

El mismo año en que el alma de mi mamá deshabitó su cuerpo enfermo para irse al cielo y que mi primogénita vació su cuarto en casa para ocupar un dormitorio universitario, una pareja de colegas de Lifeway Christian Resources de Nashville me invitó a almorzar. Dijeron que podía elegir el lugar. Yo los quería mucho a estas alturas. Además, me apena la gente que vive fuera de los límites de nuestras fronteras y tiene que soportar miserables tentativas de comida Tex-Mex, así que los llevé a Pappasito's Cantina como un acto de indulgencia.

Conversamos durante la primera cesta de mimbre con totopos calientes, recién salidos de la freidora. Los novatos no saben que cualquier restaurante mexicano puede ser evaluado por su salsa. Si es mala, no ordene nada. Solo deje una propina por el trabajo de la camarera, diríjase directamente a su auto y póngase los anteojos de sol para que nadie vea que está llorando.

En Pappasito's hacen la salsa como los magos, removiendo pociones mágicas, y la confianza que tienen en sus hechizos se muestra en la generosidad. Cada persona que se sienta a la mesa recibe su propio cuenquito. Así es como debe ser. No se meta con mi salsa y yo no me meteré con la suya. Esto es clave para desarrollar relaciones duraderas en Texas. Iba yo por mi segundo cuenco, cuando mis colegas dijeron:

—Iremos directo al tema por el que estamos aquí. Nos preguntábamos, ya que Dios ha sido tan bondadoso al bendecir nuestra alianza para los estudios bíblicos, si podríamos pensar en armar juntos algunos eventos.

Yo había recibido algunas pistas de que esta pregunta llegaría, así que había estado pensando en el tema por un par de días. Ya estaba haciendo todos los eventos que podía manejar, así que estos no podían ser adicionales. Tendrían que ser sustitutos, permutas de una amplia variedad de eventos y conferencias por algo más uniforme, y soy de resistirme a la sobreabundancia de uniformidad. Sin embargo, las personas con las que estaba a la mesa eran creativas, no de las que le hacen perder el tiempo a una y, de todas maneras, todavía no me habían servido las enchiladas.

—¿Cómo sería eso? —le temo al exceso de control, tanto como una persona sana le teme a pisar descalza un nido de serpientes de cascabel. No me enorgullece; simplemente, es un hecho. Entonces, primero necesitaba saber algo. —¿Tendré que hablar sobre algo que estamos publicando, como los estudios bíblicos más recientes, o tendré la libertad de desarrollar el material desde cero?

—No, no; no esperábamos que hablaras de los estudios bíblicos, a menos que pensaras que eso es lo que el Señor quiere que hagas. Teníamos en mente que enseñaras de la manera que él te guíe.

—¿Podría ser deliberadamente interdenominacional? —imagínese que yo no podría haber sido más denominacional en cuanto a la participación en mi propia iglesia, pero desde los primeros días de mi llamado había deseado servir más allá de las paredes de los Bautistas del Sur. Esa visión ya estaba en marcha (no exactamente acelerada, pero tampoco lenta) y me hubiera desanimado mucho dar marcha atrás.

—Trabajaríamos denodadamente en ello. —Sabía que lo decían en serio. Estos no eran empresarios. Eran de las mejores personas que conocía.

En ese momento, el camarero se acercó a nuestra mesa con una bandeja gigantesca de platos manteniendo el equilibrio sobre su palma izquierda. Una vez que mis colegas quedaron adecuadamente impresionados con su comida, contemplé la mía. Las enchiladas eran precisamente como las quería: dos tortillas de maíz enrolladas con la forma perfecta de cilindros, con el queso amarillo derretido rezumando de los extremos, metido bajo una generosa capa de salsa espesa y picante (no demasiado espesa ni demasiado ligera), coronada por queso cheddar en tiras y, al costado, el arroz mexicano y frijoles refritos caldosos. Señor, escucha mi petición: que mi última cena sea esta.

Le pedimos a Dios que bendijera la comida, la conversación, nuestra amistad y nuestras familias. Estas personas eran de las mías. Entendía cómo hablaban, cómo oraban, cómo pensaban y cómo comían. Los bautistas del sur no picotean la comida. Como no bebemos, comemos. En el momento que yo estaba pensando cómo preguntar sin rodeos cuál era el beneficio de hacer eventos conjuntos, ellos fueron directo al grano.

—Nosotros elegiríamos la cantidad de eventos que te interesaría hacer al año y nos encargaríamos de todo salvo de la enseñanza y de la música. Haríamos toda la planificación, la organización, la preparación y la supervisión. Reservaríamos los vuelos y el hotel. Tu parte sería presentarte y hacer lo que más amas. *Enseñar.*

La idea de que otra oficina se ocupara de toda la logística me entusiasmó. Yo tenía exactamente dos empleadas, una de tiempo completo y otra de tiempo parcial, y estábamos muy sobrepasadas.

—¿Cuántas sesiones de enseñanza?

—Estamos pensando en, ¿*tres*?

Asentí con la cabeza. Volar a un sitio y a otro para dar un mensaje de veinte minutos estaba bien, pero lo que yo más amaba era lograr en realidad un proceso de aprendizaje con un grupo: avanzar de A a B, después de B a C. Hasta ahora, estábamos de acuerdo.

—¿Con solo una noche fuera de casa?

—Sí. Calculamos que será desde la tarde del viernes al mediodía del sábado. El horario dejará tiempo suficiente para que vueles a casa esa tarde y todavía puedas ir a la iglesia el domingo.

La prioridad número uno de Lifeway era la iglesia local. La mía, también. Llegar a casa el sábado a la noche era indispensable por mi clase dominical. Yo podía faltar unos pocos domingos al año, pero no más que eso.

—¿Cómo lo llamaríamos?

—¿Cómo te *gustaría* llamarlo?

—Pues, ya saben, el nombre de mi ministerio es Living Proof. ¿Podríamos llamarlo así?

—¡Seguro! Podríamos llamarlo Seminario Living Proof.

Hay ciertas palabras que me ofenden sin ningún motivo, excepto por cómo suenan, y *seminario* es una de ellas. Pero, como todo lo demás que estaban poniendo sobre la mesa mis invitados de Lifeway me encantaba, supuse que podría vivir con ello.

Tenía una última pregunta y no era menor. Este aspecto del evento sería tan crucial como la enseñanza:

—¿Quién dirigirá la adoración?

—Estamos orando por eso. Confiamos en que Dios sabe exactamente quién tiene que ser. Beth, para ser sinceros, ni siquiera sabemos si las iglesias responderán a un evento que viene de afuera, pero estamos dispuestos a hacer todo lo que podamos si tú también lo estás.

Yo estaba totalmente dispuesta. Unas pocas semanas después, me avisaron que habían encontrado una excelente opción como líder de adoración. Me moría de ganas de enterarme quién era.

—Es un tipo joven, veintialgo de años. Casado, recientemente papá. Se llama Travis Cottrell. Parece que es realmente un buen líder en potencia, y sentimos que él armará un equipo sólido. —Me restregué la cabeza, deseando tener un paquete de hielo. ¿Un hombre? ¿En serio? ¿Para eventos de mujeres?

Travis resultó ser una de las personas más asombrosamente

talentosas con las que me he encontrado. Y era increíblemente humilde, divertido y agradable de una manera simple. Suelo ser admiradora de lo agradable. Después de mi primer seminario Living Proof con Travis, metí una hoja de papel en el fax y lo envié a Lifeway con tres palabras: *Tenemos un equipo.*

Travis llegaría a ser como un hijo para mí; su esposa, Angela, como una nuera. Ellos sumarían dos hijos más a su prole, y yo lograría verlos crecer a los tres.

El calibre de los cantantes y de los músicos que Dios nos mandó fue un exceso de riquezas. Cada uno de ellos, verdaderos adoradores. Venían algunos nuevos y otros se iban, pero la cultura de generosidad y jocosidad nunca cambió. Sin grandes conflictos. Sin grandes dramas. Sin divisiones. Sin relaciones sospechosas entre los integrantes. Tampoco aparecieron celos ni rivalidades, a menos que jugáramos al Fishbowl cuando se retrasaban los vuelos.

No muchas cosas en mi vida han estado cerca de lo ideal. Desde mis seis años, supe que la vida era difícil. Pero la idea que nació sobre los recipientes con salsa, sobre las papas fritas, el queso y los jalapeños, sobre las enchiladas y la salsa espesa con chiles, sobre las tortillas caseras y la mantequilla de ajo en ese día común en Houston, Texas, por la bondad de Dios, se acercó poderosamente.

De todas formas, ninguna capacitación podría habernos preparado para lo que vendría y, si hubiera sido profetizado con cierta exactitud, yo hubiera sido la primera en meter la cola y huir. Le entregué a Lifeway casi la mitad de mi calendario de viajes y nos asociamos en doce eventos por año. Los estudios bíblicos estaban cobrando impulso y acabábamos de publicar *Sea libre*, la serie que escribí después de que salí del abismo, cuando enfrenté mi pasado.

Permítame reformular eso: cuando mi pasado me enfrentó a mí. En ocasiones, estaba segura de que moriría en el proceso de sanarme o perdería mi matrimonio, mi familia o mis facultades mentales. En lugar de eso, surgí de aquellos meses y años con una liberación en Cristo que cambió mi interior (mi manera de pensar, de sentir y ver la vida) tan dramáticamente que, por un tiempo, me pareció como si estuviera usando el cuerpo de otra persona y pensando con el cerebro de otro. El trabajo en mí no había terminado (todavía no ha terminado), pero fui libre de una manera, que no hubiera alcanzado con solo esforzarme para mantenerme bien. Había estado en el lado receptor de un milagro que Jesús puede hacer con el puñado de fragmentos que le son ofrecidos por individuos que están al límite de sí mismos.

Todos los estudios fueron mejor recibidos de lo que podríamos haber previsto en nuestro mejor día, pero *Sea libre* metió el dedo en la llaga. Nuestra parte del mundo evangélico no hablaba demasiado de temas como las fortalezas, la guerra espiritual, la libertad de las ataduras ni de romper yugos de adicción u opresión. Probablemente, yo tampoco hubiera hablado de ellos si el recorrido desgarrador que viví en mis treinta no me hubiera destrozado al punto de tener la noción de que si Dios no era más grande y más capaz que lo que me habían inculcado a creer, estaba arruinada. Resultó que él era, ciertamente, más grande.

Lo que sucedió a continuación evidenció que, posiblemente, yo no haya sido la única que necesitaba tener la esperanza de que, si se confía en Jesús y de verdad se busca conocerlo, uno no necesita seguir siendo como era. No tiene que vivir la vida desanimado ni golpeado, con una mentalidad de víctima o como un adicto para toda la vida. No tiene que seguir en una espiral exasperante. No tiene que resultar como sus padres ni como los padres de sus padres, no si no quiere.

Sea libre se disparó por las nubes y, en lugar de dejar a los demás estudios en una nube de polvo, los captó en el torbellino. Cuantas más mujeres cursaban los estudios bíblicos que venían con el video adicional, más buscaban una experiencia similar en vivo. Para distinguirlos claramente, el nombre de nuestros eventos, gracias a Dios, pasó de ser Seminarios Living Proof a Living Proof Live.

• • •

Cuando promediaba los cuarenta años, nuestros eventos de Living Proof habían sobrepasado los santuarios de las iglesias y habíamos ido a los estadios. Luego, la capacidad de los estadios empezó a colmarse. Nuestro primer evento para diez mil personas fue en Pensacola, Florida. A pesar de que sentía que todas las mariposas del condado de Escambia aleteaban en mi estómago, traté de mantener la cabeza gacha y concentrarme en la preparación de los tres mensajes. Pero, cuando me levanté del escritorio para cambiarme para la sesión del viernes a la noche, cometí el error de echar un vistazo por la ventana de mi cuarto en el hotel. El décimo piso captaba una vista panorámica de los terrenos aledaños al estadio. Multitudes de mujeres formaban filas afuera, esperando a que se abrieran las puertas. No comenzaríamos sino hasta dos horas después.

El estómago se me subió a la garganta. Me puse bocabajo sobre la alfombra marrón de tweed. *Amado Dios, amado Dios, amado Dios, amado Dios. Ayúdame, ayúdame, ayúdame.*

No me opongo a una hipérbole bien puesta para demostrar algo, pero me costaría mucho exagerar lo dramático que fue el efecto de esta temporada en grandes estadios para mis entrañas. A veces me preguntaba si esa sensación en mi estómago, todo ese revuelto y ese ardor, era la pared despellejándose. Imaginé que algún día le harían una autopsia a mi cuerpo y el médico forense le diría a Keith: «¿Usted sabía que su esposa no tenía ni un centímetro de intestinos?».

¿Cómo rayos puede alguien en este mundo estar a la altura de las expectativas de los estadios? ¿Y qué hace que valga la pena intentar encontrar su automóvil en el estacionamiento una vez que se terminó? Esto sería el pie para que un santo engreído dijera: «No se trataba de ti, Beth». Yo lo sabía. Todos los del equipo sabíamos por qué estábamos ahí. Nunca lo perdimos de vista. Más que nada en el mundo, queríamos exaltar a Cristo y agradarle. Sin embargo, la simple tarea de prepararnos y posicionarnos ante Dios, tratando de ser crucificados a nuestra propia carne y ser llenos del Espíritu, soportando la incesante guerra espiritual y orando fervientemente para que su presencia estuviera entre nosotros para salvar, rescatar, liberar y llenar era monumental. Hay temor por la enormidad de la confianza divina y el reconocimiento de que no somos dignos.

Esos eventos en estadios marcaron las experiencias más extravagantes e irreales de nuestro ministerio. Vimos a Dios moverse (*sentimos* a Dios moverse) en maneras que carecemos del vocabulario para poder describir. Vimos maravillas de Dios, hermosas y desconcertantes. Sin embargo, por más festivo que sea el entorno, no hay como una multitud levemente habitada por la aflicción. Vimos personas que sufrían un dolor devastador, sumergidas en lo que parecía una angustia inimaginable, algunas habían sufrido durante tanto tiempo que ya no podían llorar. Escuchamos infinidad de historias, contuvimos en nuestros brazos a personas que habían soportado pérdidas catastróficas, y oramos por seres que vivían circunstancias que no teníamos idea si nosotros hubiéramos podido resistir.

Soportamos mil contratiempos en un mundo donde los caprichos excedían a los beneficios. Las entrañas de un estadio sirven como bambalinas y, como no tienen ventanas, en general, están mal iluminados. También suelen ser algo fríos y húmedos y, a veces, dan un poco de miedo. Una vez, cuando tenía un momento de privacidad en el cubículo de un retrete, un ratón salió corriendo de atrás del inodoro y se escurrió debajo de mis pies. Los pájaros, por otra parte, se soltaban y volaban por el estadio, donde no eran para nada alarmantes, pero podían distraer durante la sesión de enseñanza. Una vez, tuvimos un murciélago. A veces, he tenido una abeja zumbando alrededor de mi cabeza mientras yo trataba de leer un pasaje de la Biblia. Culpo a la laca en spray. Otra vez tragué una mosca. Los contratiempos con el vestuario fueron innumerables y, después de un tiempo, me costaba no pensar que Dios los provocaba para entretenerse.

Durante el segmento en que las personas podían pasar adelante para orar, podía suceder absolutamente cualquier cosa. Una vez, cuando yo estaba orando por una mujer, se cayó de lleno en el Espíritu. Ahora bien, éramos interdenominacionales y amábamos y valorábamos sinceramente a nuestras muchas asistentes pentecostales, pero esto fue al comienzo y yo ya sabía que la manera más rápida de lograr que los bautistas me bajaran la cortina era que las personas empezaran a caerse. Me agaché, tomé a la hermana de la cintura mientras se caía, tiré hacia arriba de su peso muerto como una bolsa de harina, enganché su mentón sobre mi hombro y susurré con una para nada pequeña medida de autoridad: «Con todo lo que hay en mí, le pido a Dios que te bendiga y te conceda tus peticiones, pero voy a necesitar que te despiertes en el nombre de Jesús o me van a despedir». Volvió en sí unos segundos después. Nunca descubrí qué sucedió para hacerla caer de esa manera, pero pasaron meses antes de que tuviera las agallas suficientes para volver a imponerle las manos a alguien.

Otra vez, tuvimos un exorcismo accidental. Sin tener ni la más pálida idea de con qué estábamos lidiando y al ver cómo la mujer se retorcía en el piso, llamamos a los paramédicos. Antes de que pudieran llegar a ella, se escabulló por el suelo como una serpiente, siseó y trató de morder a mi colaboradora. Porque el Señor es misericordioso, una mujer que estaba cerca reconoció los indicios y saltó para intervenir y exhortó en el nombre de Jesús a cada cosa vergonzosa que pudiera poseer al alma de esa mujer atribulada por el diablo y, en un minuto, estaba calma como un cordero. Fue un poco excesivo para nosotros. No nos habíamos apuntado para los demonios.

De vez en cuando, teníamos individuos que asistían, sin explicación alguna, completamente disfrazados. El más memorable fue un payaso, justo al centro de la cuarta fila. Entre la enorme peluca naranja, la nariz redonda y roja, el maquillaje grueso en todo el rostro, los guantes y los largos zapatos de caricatura, era difícil saber si era un hombre o una mujer. Mi suposición fue que era una mujer, solo porque el payaso levantó las manos durante la parte de la alabanza y he descubierto que las mujeres son, en general, más demostrativas en la adoración.

También estaban las partes gloriosas, sagradas y santas. Ir a la prueba de sonido a mitad de un viernes a la tarde y orar caminando por un salón enorme de asientos vacíos me conmovía casi hasta las lágrimas cada vez, pensando que Jesús sabía precisamente quién ocuparía cada asiento y cómo él deseaba revelarse a ella. Luego, cuando llegaban las siete de la tarde, los sonidos de entre diez y veinte mil voces bajo el mismo techo, que ascendían al trono celestial en adoración y la palpable sensación del deleite de Dios en ello eran de otro mundo. Tratábamos de disfrutar cada minuto, sabiendo que era sumamente temporario y singular. Sabíamos que era una gracia extraordinaria. Ni una sola persona de nuestro equipo creía que él o ella merecían estar allí. Yo sabía que mi presencia allí se debía a la escandalosa obra de la Cruz de Cristo.

La vasta mayoría de las personas que iban a los estadios para los eventos de Living Proof eran mujeres que habían venido a adorar a Jesús y a estudiar juntas las Escrituras, en un entorno plenamente dispuesto para esas dos cosas. Querían ser fieles a Dios a través de los éxitos y las enfermedades, de las tristezas, las desilusiones y los desalientos. Eran mujeres solteras que querían seguir de cerca a Jesús. Eran mujeres casadas que trataban de aferrarse a su matrimonio. Eran adolescentes que ya se habían sentido llamadas al ministerio o al campo misionero. Eran mamás que criaban solas a sus hijos, tratando de llegar a fin de mes y de educar a sus hijos en el amor a Jesús, así como también había viudas que anhelaban encontrar un propósito en su travesía solitaria no deseada. Eran mujeres que se habían encontrado con Jesús, pero deseaban llegar a conocerlo y a amarlo, y hallar esa satisfacción siempre evasiva en una persona segura. En conjunto, eran hermanas en Jesús, con muchas de las cuales yo sentía una profunda conexión por las horas y horas que habíamos pasado juntas en las páginas de los estudios bíblicos. Las amaba muchísimo. Todavía las amo. Y, entre ese público, había buscadoras, esas que habían venido con una amiga o que habían probado suerte con una entrada y no tenían idea en qué se habían metido.

Algunas personas, desde luego, venían con planes distintos, con expectativas distintas, unas que no podríamos haber cumplido, aunque nuestra vida dependiera de eso. Entre ellas había quienes supuestamente habían sido enviadas por Dios para darme un mensaje y trataban de llegar a mí como si necesitaran dar un salto largo por encima de veinte hileras para lograrlo.

O mentir.

Una noche estaba en mi cuarto de hotel preparándome para un evento. Mi asistente me había entregado una carpeta con cartas y correos electrónicos de mujeres que habían escrito a nuestro ministerio diciendo que asistirían y me topé con una de las peores historias que había leído. Una mujer que asistiría esa noche había sido rechazada por defender sus convicciones por todas las personas que había en su vida: su esposo, los miembros de su familia, sus amigos y los miembros de su iglesia. Había logrado juntar algo de dinero para estar en el evento y esperaba tener más coraje para seguir adelante. Pues bien, la llamé de inmediato desde mi teléfono celular y le dije que podía sentarse conmigo.

Cuando le dije a Ron, mi colega a cargo de la seguridad, que hiciera lugar para ella, él suspiró.

—Ojalá me lo hubieras consultado primero.

Yo quería y respetaba tremendamente a Ron y, en general, le era obediente. Pero, como he dicho, no suelo florecer con el exceso de control y, a veces, voy en contra de las restricciones por la pura libertad de hacerlo. Me encogí de hombros con displicencia y dije que todo estaría bien.

Cuando él vino a buscarme varias horas después para el evento, dijo con la mayor naturalidad:

—Bueno, por lo menos esta resultó mejor que algunas otras. Esta mujer solo ha sido arrestada tres veces, y deberías saber que ese no es su verdadero nombre ni su historia real. —Obviamente, los arrestos no eran una objeción. Para nosotros era un privilegio servir a personas que habían sido o eran convictas, cualquiera de las dos. Todas las personas participantes de un evento Living Proof Live habían sido destituidas de la gloria de Dios. Los delitos no eran el problema. El engaño lo era.

En total, servimos en los cincuenta Estados, en algunos de ellos muchas veces y, a la vez, en un espacio de dos generaciones de mujeres de, por los menos, quince denominaciones. Tuvimos el viaje de nuestra vida: los asientos de adelante en el poderoso mover de Dios en el discipulado.

• • •

Pero con la visibilidad llega el escrutinio.

Érase una vez cuando los cristianos del mundo occidental nos manteníamos, más que nada, en nuestros compartimientos separados. Los eruditos y los académicos se quedaban por ahí, en sus universidades, seminarios y ciclos de postgrado. Los pastores y los miembros de sus equipos estaban principalmente preocupados por sus iglesias y, si eran requeridos o deseados, por sus denominaciones. Los líderes laicos (con esto me refiero a los siervos voluntarios con influencia dentro de un cuerpo eclesiástico) se enfocaban mayormente en los individuos que les habían confiado, en otros líderes laicos que estaban en sus ministerios y en los miembros del equipo que supervisaban sus ministerios. Los conferencistas cristianos conocían a otros conferencistas cristianos. Los maestros de escuela dominical recurrían a otros maestros de escuela dominical. Los escritores se relacionaban con los lectores y sabían de memoria nombres y estilos de otros autores dentro de su mismo campo. La vida de los cantantes y de los autores de letras estaba compuesta por los ritmos diarios de un mundo de música. Todos conocíamos nuestros lugares.

Era dentro de estos compartimientos que tenía lugar la mayor parte de nuestra camaradería, apoyo, disfrute, competencia, crítica, posicionamiento, ataque, producción, quiebre, rivalidad, murmuración, corrección, incorrección, inspiración, restauración, desaliento y reparación. Éramos una mansión de muchas habitaciones, pero, en términos generales, en pisos separados.

Entonces, prácticamente de la nada, llegó la Internet y de su útero distópico dio a luz a los medios sociales que avanzaron sobre la escena como otros tantos Josué, sus ejércitos formados en círculo, gritando y haciendo estallar sus cuernos alrededor de nuestros compartimentados Jericó... y las murallas cayeron. Y, fuera de nuestros compartimientos, algunos éramos extremada y copiosamente más raros que lo que usted podría pedir o imaginar. Concretamente, yo.

Mi camino, por ejemplo, difícilmente se hubiera cruzado con toda una hueste de presidentes y profesores de seminarios y, ¡por Dios!, con estudiantes de seminarios. Que quede clavado en alguna puerta sagrada que no hay escrutinio en este mundo como el que procede de la boca de un estudiante de primer año de seminario.

Después de todo, ¿qué teníamos que ver nosotros, los enseñados por la escuela dominical, con nosotros, los enseñados por el seminario? Ninguno pretendía ser el otro. Simplemente, nos habíamos metido en nuestros propios asuntos, nos habíamos juzgado y reído de los demás a sus espaldas y habíamos sido el contrapunto para la narrativa de otros. De repente, estábamos todos en el mismo patio grande (donde nadie quería estar) mientras el resto del mundo observaba.

He visto a más de un teólogo purasangre (con esto me refiero a los formalmente instruidos y sujetos a un sistema sólidamente establecido según el cual se organizaban, exponían e interpretaban las Escrituras) prendérsele fuego la cola por esta o aquella herejía en las plataformas de las redes sociales, y aún en sus propios bandos. La competencia era feroz y, para algunos, la única manera de llegar a la cima era desacreditar a los que estaban debajo de ellos. Es decir, si los purasangre no podían pasar las pruebas del escrutinio público, los mestizos como yo estábamos fritos.

Desde temprano supe que no tenía nivel de formación y que necesitaba estudiar en serio. A mis veinte años, me postulé y fui aceptada por el Seminario Teológico Bautista del Sur, pero la distancia que había de mi casa a la filial de Houston me imposibilitó asistir a un segundo semestre porque el programa no coincidía con los horarios escolares de mis hijos. Seguí siendo instruida por mi maestro de doctrina bíblica hasta que él se mudó de nuestro Estado y, entonces, busqué que me enseñaran griego. Para complementar las pocas clases formales que podía cursar, comencé a formar una biblioteca de recursos bíblicos para poder estudiar por mi cuenta. Cada centavo extra que ganaba por hablar o escribir lo gastaba en comentarios bíblicos. Sus autores se convirtieron en mis profesores. No distinguía ningún problema en este método. Según lo veía yo, estaba aprendiendo de los purasangre. ¿Qué podía fallar?

Encargué cada colección de comentarios a los que pude echarles mano, avancé rápidamente y con avidez, y florecí con ellos. Con un poquito más de dinero y un poco más de formación en términos técnicos y en palabras en hebreo y en griego, ascendí a las ligas mayores: las colecciones de múltiples volúmenes que tenían un volumen separado de prácticamente cada libro de la Biblia. Tenía básicamente dos normas para los recursos que estudiaba: la creencia en común de que las Escrituras son inspiradas por Dios, completas, verdaderas y autorizadas para la vida y la devoción, y que Jesucristo es el Hijo de Dios y Dios mismo, quien se hizo hombre y, aunque no conoció pecado, fue crucificado por nuestros pecados, resucitó de los muertos, ascendió a la derecha de Dios y algún día regresará. En lo más profundo de mi ser, yo creía que esos dos postes indicadores me guardarían entre las trincheras y en un terreno ortodoxo. No me di cuenta sino hasta varios años después en mi vida de estudio de que mi manera de pensar estaba siendo moldeada por escuelas de pensamiento cristiano que eran tan amplias en el abanico denominacional como profundas podían ser.

Transité infinidad de fases de lecturas religiosas. Pasé por una fase de lectura de rabinos reconocidos, uno tras otro. Leí cuanto libro escribió el difunto Abraham Joshua Heschel y sacudí la cabeza ante su absoluto dominio de las palabras. Pasé por una fase de leer obras de monjes, de místicos y de los padres de la iglesia primitiva y las madres del desierto. Luego fueron los reformadores, por supuesto. Oh, y los traductores de la Biblia al inglés. Estuve a punto de desarrollar un amor platónico por William Tyndale.

Al menos cada cinco o seis años pasaba por una fase pentecostal. No me refiero a la corriente del evangelio de la prosperidad. Eso nunca tuvo ni una pizca de sentido del Nuevo Testamento para mí ni para ningún pentecostal que conozca y que se tome en serio a los Evangelios. Seguía revisando esta corriente para ver qué decían sus teólogos y sus escritores cuando estaba quedándome sin fe de que Dios aún se movía de maneras milagrosas, porque yo sabía perfectamente bien que él lo hacía. Y, desde luego, todas las personas que conozco han pasado por varias fases con los escritores anglicanos como C. S. Lewis, John Stott y J. I. Packer o bien han ingresado a una y nunca salieron.

Quizás, algunas de estas fases fueron apenas poco más que la búsqueda de mi propia identidad, pero lo que conscientemente las avivó fue la búsqueda de Cristo mismo. Me había pasado toda mi vida adulta buscando a alguien que ya había encontrado. Buscando algo más sobre él. A qué se parecía su rostro bajo esta luz o aquella. A qué se parecía su perfil en esta relación o en la otra. Pasé décadas mirando de arriba a abajo la vida de quienes también lo habían buscado y encontrado, para saber si ellos habían visto algo que a mí se me había escapado.

Cada fase fue ir en busca de alguna cosita que yo pudiera averiguar sobre el caminar con Jesús. Sí, incluso de los rabinos. Jesús fue un rabino, para empezar. Además, Jesús dijo que conocerlo a él era conocer al Padre. Así que no era ninguna pérdida de tiempo aprender de quienes escribieron sobre el Padre, ya que yo podría adquirir algunos tesoros de entendimiento sobre el Hijo, en quien «están escondidos todos los tesoros de la sabiduría y el conocimiento» (Colosenses 2:3). Si bien mis estantes sin duda le hubieran hecho fruncir el ceño a un denominacionalista comprometido, a mí, sin embargo, poco me impresionaba cualquier biblioteca que estuviera llena de la tinta procedente de una fuente única. Pero estas rarezas generaban una mestiza, y una mestiza es una bomba a punto de explotar.

Veamos, no se puede culpar a Dios por todas las idas y vueltas que hubo en mi camino, pero sí creo que él trazó mi andanza por colinas y valles que me hicieron vadear muchas corrientes del cristianismo. Desde luego, fui demasiado lejos y, en ocasiones, perdí el equilibrio y tuve que aferrarme a una rama para poder salir, pero la mayoría de las veces fui la más feliz por haberme salpicado y chapoteado en ellas.

Dancé en alabanza hasta marearme frente al santuario con niños de iglesias carismáticas y hablé en más de ellas de las que tengo memoria. Serví en iglesias metodistas, luteranas, nazarenas, de las Asambleas de Dios, en iglesias bíblicas, en iglesias de Amigos, en iglesias presbiterianas y en toda clase de iglesias no denominacionales. Entré por las puertas de maravillosas iglesias de negros, no solo para servir, sino también, a veces, simplemente para asistir y participar plenamente, muchas veces diciéndome a mí misma: *Yo nací para vivir la iglesia de esta manera.* En mi estudio bíblico interdenominacional de los martes a la noche, Dios me permitió servir a más mujeres católicas de las que podría contar. Ellas solían estar entre las estudiantes más insaciables de nuestras clases.

Yo amaba esta parte del ministerio y, prácticamente, en cada lugar al que iba encontraba algo valioso para llevarme a casa. No quería perderme nada que Dios estuviera dispuesto a dar. Debería calificar eso diciendo nada *maravilloso*. Después de todo, quería salvarme de las enfermedades de la piel, los forúnculos y la clase de instrucciones que recibió Isaías. Profetizar desnuda no me atrae. Ni siquiera me siento tan cómoda leyendo la Biblia en traje de baño. Y si escondo mi ropa interior debajo de una roca, como lo hizo Jeremías, espero que mis hijas, con dulzura, de inmediato me pesquen mientras lo hago y confisquen mi teléfono antes de que suba una foto a las redes sociales.

Ahora bien, no puedo decir que alguna vez le haya pedido a Dios que me hablara desde una zarza ardiente, pero una vez creí que estaba en el umbral de una visitación desde el acebo que está junto a mi puerta delantera. Esa mañana, había terminado mi devocional antes del amanecer, salí al porche delantero y extendí mis brazos hacia el frente para orar por nuestro predio y los de nuestros vecinos. Estábamos viviendo una sequía terrible y había un alto riesgo de incendios, ya que el más cercano estaba apenas a un municipio de distancia. De repente, el arbusto que había a un metro de donde yo estaba de pie empezó a temblar descontroladamente y a hacer un barullo espantoso. Con los ojos abiertos de par en par, dejé caer mis brazos y me calmé para observar qué forma de saludo era esta y, antes de que pudiera decir: «Habla, Señor, que tu sierva escucha», de debajo del acebo salió el armadillo más grande que había visto en mi vida. Jamás me había sucedido en la oración algo más ubicuamente texano.

Lo cierto es que la he pasado bien con el Señor y espero que él la haya pasado bien conmigo. También he vivido momentos terriblemente duros. Mi amigo Bill me recuerda que las críticas son los guardianes de nuestra alma. En este caso, soy tan bendecida como cualquiera que conozco. Las críticas también han sido mis maestras. Necesitaba saber cuándo había hablado de manera inapropiada, enseñado erróneamente o sido malinterpretada. Por más humillante que fuera, también necesitaba ver a veces cómo me veían los demás o enterarme de cómo me escuchaban. Los que están en el ojo público nunca estarán eximidos de las críticas. Es parte del juego y, probablemente, debe ser así. El truco de lidiar con las críticas es dejar que hagan su buena obra, pero prohibirles que nos desmoralicen y nos destruyan o amarguen.

Lo que me resultaba muy complejo era cómo podría animarme a vivir, leer, servir, hablar, orar e interactuar con Dios mucho más allá de las normas de mi muy amada denominación de toda la vida y, no obstante, al mismo tiempo, ser tan meticulosamente contenida en ella. Tan profundamente adoctrinada por ella. Supongo que sentía que aventurarme a salir estaba bien, siempre y cuando supiera a dónde pertenecía. Siempre que supiera cuál era el camino que me conducía a casa. Siempre y cuando supiera cómo identificarme como seguidora de Jesús.

Y créame que lo sabía. Al final del día, al final de *cada* día, mestiza o no, era una bautista del sur y estaba segura de que eso, en todos los aspectos, me guardaría.

CAPÍTULO DIECIOCHO

Mi llegada a la adultez coincidió con dos movimientos simultáneos dentro del mundo evangélico que marcaron mi vida de forma permanente: la Mayoría Moral de Jerry Falwell y el Resurgimiento Conservador de la Convención Bautista del Sur. Falwell, un ministro bautista, fundó la Mayoría Moral en 1979, el año después de que Keith y yo nos casamos, para movilizar a los cristianos conservadores a involucrarse políticamente en temas que ellos consideraban de principal interés. Si bien la organización se mantendría intacta por solo una década, normalizó una manera de hablar, pensar y politizar mi parte del mundo evangélico que se convirtió casi en sinónimo de santidad. El mensaje no podría haber sido más claro en el mundo de la iglesia evangélica blanca: si usted es un buen cristiano, piensa de esta manera. Si es un mal cristiano (o, probablemente, para nada cristiano), piensa de otra manera.

Yo quería ser una buena cristiana. Quería pensar de todas las maneras correctas. Quería estar del lado correcto en todo. Los temas no eran el problema. Yo compartía convicciones bastante similares. Era provida, aunque no tenía el estómago para ser abiertamente moralizadora al respecto porque era un milagro que yo no hubiera tenido un embarazo no deseado. En definitiva, creía en la libertad religiosa. Hasta donde entendía los conceptos a comienzos de mi adultez, creía en el capitalismo equitativo y prefería un Estado más pequeño. Debería haber calificado para la Mayoría Moral en todos los sentidos.

La mayoría de mis amigos que se tomaban en serio la fe se metieron de lleno. Solían escuchar los programas de radio que apoyaban la misma idea básica: que los cristianos debíamos juntarnos y usar todo el poder que Dios nos había dado para cerciorarnos de que Estados Unidos (un país cristiano, después de todo) fuera dirigido por los principios y la moral cristiana. Sin embargo, yo no podía escuchar *Enfoque a la familia* sin sentirme culpable. El tono de las voces de los representantes de la Derecha Cristiana me provocaba vergüenza y no me apelaba. No quería que fuera así. Quería ser una de ellos. Aun así, yo cumplía los requisitos para ser parte de la Mayoría Moral tanto como para dirigir una cirugía de cerebro en un hospital. Los de mi clase pertenecían a la minoría inmoral y, vaya, era solitaria.

Mis padres eran demócratas. Hasta donde sé, ninguno de ellos votó a ningún candidato presidencial republicano en su vida. No podía imaginarme siendo distinta en eso. Ayudé a distribuir carteles durante la campaña presidencial de Jimmy Carter. Luego vino Bill Clinton. Pero por más que lo intenté, no pude acompañarlo en la cabina de votación. Yo era de Arkansas como él, por el amor de Dios. ¿Dónde estaba mi espíritu de camaradería? Pero había algo en él que me parecía adulón. Miré la televisión hasta que entró el último voto y anunciaron el ganador de la elección. Las lágrimas caían por mis mejillas. *Señor querido, aquí vamos.*

Clinton fue mi iniciación en el mundo del republicanismo. Siempre fui reacia al mundo republicano. Pero también lo había sido al demócrata. Espero que se entienda: yo no podría haber sido una creyente más firme en la democracia. El derecho a emitir el voto según la convicción personal es, para mí, el corazón palpitante de la libertad estadounidense, pero siempre pensé que las lealtades partidarias tradicionalistas y los votos a lista sábana predeterminada eran difíciles para los seguidores de Jesús. Los apretones de mano y el amiguismo podían ser difíciles de distinguir.

El Resurgimiento Conservador, que se puso en marcha en la misma época, pegó mucho más cerca de casa. No involucró al panorama más extenso de los evangélicos conservadores. Estas eran inquietudes de los Bautistas del Sur. Cualquiera que prestara atención a los asuntos de la Convención Bautista del Sur a mediados de los ochenta entendió claramente el mensaje de que toda la denominación corría peligro por causa de los liberales impíos que no creían que la Biblia fuera la Palabra de Dios. Gloria a Dios, nos habíamos salvado del catastrófico deceso de toda la Convención Bautista del Sur. Yo ni me enteré de que debía estar preocupada, pero qué alivio fue para los demás.

No lo digo con sorna. Habíamos esquivado una bala, pero más balas venían en camino. Esto era la guerra. Tendríamos que mantenernos continuamente proactivos contra los bautistas del sur liberales y expulsarlos o ellos nos controlarían.

Por supuesto, mi noción del conservadurismo bautista era la de mi propia iglesia local. Jesús era preeminente sobre todas las cosas, había una reverencia inequívoca por la Biblia como inspirada por Dios y autoritativa, y se enseñaba la santificación sin pedir disculpas. Nuestra iglesia era acogedora, generosa y cálida, y su gran tamaño brindaba amplitud de oportunidades para que tanto hombres como mujeres pudieran servir y un espacio razonable para que los líderes tuvieran distintas maneras de ver algunas cosas, por lo menos, sobre cuestiones secundarias.

En términos generales, yo estaba de acuerdo con la opinión de nuestra iglesia en cuanto a los roles de los hombres y de las mujeres. El nuestro era un mundo patriarcal. De haber sido distintos en algo, no hubiéramos sido Bautistas del Sur. Los conceptos duales de que las esposas respetan y se someten a sus maridos y que los maridos aman y cuidan a las esposas como Cristo amó a la iglesia me resultaban tan conocidos como mis propias manos. Enseñé algunas versiones de esos mismos conceptos en mis clases y en mis materiales cada vez que los temas eran pertinentes al mensaje.

Mi pastor y su esposa (una potencia espléndida por derecho propio) eran ejemplo de una dinámica sana de mutua estima y tremendo cariño. Estuve cerca de ellos muy a menudo, durante demasiado tiempo y en demasiadas circunstancias para que todo fuera una actuación. Durante cualquier serie de sermones sobre la familia, mi pastor enseñaba que la esposa debía someterse a su marido, pero no machacaba en el tema.

En nuestra iglesia, la sumisión no hubiera incluido aceptar el maltrato físico. No lo digo racionalizándolo, sino como un hecho según lo que sabía. Yo estaba involucrada hasta el cuello en el ministerio de mujeres y, en algunas ocasiones, me llamaban a reuniones entre mi pastor y alguna mujer que estaba en un mal matrimonio. Nunca lo escuché aconsejar a una esposa que se quedara en un entorno donde ella no estuviera a salvo. En tanto no corriera peligro de resultar herida, varias veces lo escuché decir varias: «Déjelo y fuerce una crisis. Si él está dispuesto a buscar ayuda, su matrimonio tiene una oportunidad. Si no lo está, probablemente no la tenga». Hoy en día, yo sabría que una recomendación como esa era, desgraciadamente, insuficiente para el bienestar de la mujer, pero, en aquel entonces, fue un adelantado a su época.

En el panorama más amplio de la denominación, en general, el bienestar de las mujeres no era prioritario. El bienestar de nuestro esposo sí lo era. Nosotras teníamos que atenderlo. Esto era parte de la sumisión. Dicho concepto no solo provenía de los hombres. Mujeres referentes me instruyeron de muchas maneras acerca de cómo, si trataba a mi marido como si él ya fuera todo lo que yo quería que fuera, él se convertiría en eso. Además, si las mujeres hacíamos nuestra parte, Dios se ocuparía de convencer a los hombres y de que ellos hicieran su parte. Considerábamos que estas cosas estaban garantizadas. Durante muchos años, no me di cuenta de que mi devoción era, en parte, una negociación con Dios.

Nunca fui ciega a los diversos grados de sexismo que había en nuestra cultura eclesiástica, pero lo acepté. Fue afirmado, reafirmado y, en caso de que alguien se lo perdiera, reafirmado otra vez como un precepto bíblico. Acá están los versículos. Tap, tap, tap, tap, tap. Acá mismo. Una y otra y otra vez. Si no nos gustaba, podíamos arreglárnosla con Dios. «Él lo escribió».

Eso era todo.

No importaban todos los pasajes bíblicos en Mateo, Marcos, Lucas y Juan en los que Jesús rechazó firmemente las normas culturales, convalidó la dignidad de las mujeres y les dio lugares revolucionarios en la historia del evangelio. No importaba que Lucas documentara sobre las seguidoras de Jesús en el octavo capítulo de su Evangelio. No importaba que, según el sermón de Pedro en Pentecostés en Hechos 2, lo que estaba sucediendo ante los propios ojos de la multitud era el cumplimiento de la profecía de Joel: Dios derramando su Espíritu sobre sus hijos e hijas y prometiendo que profetizarían. No importaba cuántas mujeres había mencionado Pablo entre sus compañeras obreras.

Las mujeres como yo respetábamos las reglas del juego o estábamos fuera de la cancha.

No podía permitirme pensar de ninguna otra manera, aunque me tentara. Habría perdido toda oportunidad como maestra en mi denominación.

Siempre que pasara desapercibida, sirviendo en mi propia iglesia y viajando aquí y allá para hablar y enseñar en eventos para mujeres a pequeña escala, generaba mínima resistencia. No fue sino hasta que las invitaciones y las oportunidades aumentaron y que los primeros estudios bíblicos fueron acogidos por un creciente número de mujeres de las iglesias Bautistas del Sur que fui expuesta al desprecio y a la desaprobación palpable.

Tengo el recuerdo cristalizado del momento en que por primera vez me afectó no ser aceptada (e *inaceptable*, sin importar cuánto lo intentara) por algunos de los principales peces gordos de nuestra denominación. Yo asistía a mi primera Convención de los Bautistas del Sur, ya que me habían pedido que hablara en una pequeña reunión de mujeres. Mi habitación estaba en el noveno piso del Marriott. Había estado mirando por la ventana todos los sujetos que se movían en la vereda, maravillada de cuántos tenían exactamente el mismo peinado. Esto era casi lo mismo con las mujeres. Miré la hora, tomé mi Biblia y mi bolso de mano y me dirigí hacia los elevadores para ir al vestíbulo. Después de esperar uno o dos minutos, la flecha roja descendente se iluminó con un ¡rin!

Di un paso hacia la puerta, que se abrió como el telón del teatro de un musical hacia algunos de los actores más conocidos en el mundo de mi denominación. Yo no podía creer mi buenaventura. Mis ojos saltaban de una tarjeta de identificación a la otra mientras la puerta del elevador rebotaba contra la palma de mi mano. Estaban todos y, junto a ellos, sus esposas, tan encantadoras como las había imaginado. Exultante, comencé a saludarlos por sus nombres de pila y a abrazarlos como si fuéramos parientes en una reunión familiar. Podría aportar argumentos convincentes para demostrar que no hay nada más torpe que entregarse por completo a dar un abrazo (gravitar enérgicamente, lanzar de manera imparable el cuerpo hacia adelante) y darse cuenta de que el sentimiento no es correspondido. Ellos no quisieron darme un abrazo.

Me recorrió una sensación horrible que no se me fue por décadas. No les caía bien. Juntos no les caí bien. Podría caerles bien siendo dos contra uno, pero todos acurrucados, estaba claro que no pensaban como yo que éramos una gran familia feliz.

• • •

En los años siguientes, hablé a menudo en un sinfín de conferencias para hombres y mujeres donde yo era la única mujer del programa. Me encontraba con el mismo aire de desaprobación del elevador, prácticamente, en cada ocasión. El anfitrión, habiendo hecho pública la invitación, era amable y, a veces, también lo era uno que otro hombre. Sin embargo, un poco de hostilidad puede llegar lejos en una sala de refrigerios. No siempre era flagrante. La temperatura social del salón podía estar un poquito helada o yo podía ser invisible aun estando muy cerca, como durante el viaje en automóvil desde el hotel hasta el lugar del evento.

En algún momento de la conferencia, la desaprobación casi inevitablemente adoptaba la forma de ridiculización. He perdido la cuenta de las veces que un orador del plenario me ignoraba en la sala de refrigerios, pero me mencionaba en la introducción de su mensaje. Podía ser de la siguiente manera:

—Estamos contentos de estar en la misma plataforma que Beth Moore. Verdaderamente esperamos recibir de esa unción.

A eso le seguían unas risas divertidísimas. A veces, el tipo me imitaba un poco al hablar, exagerando el acento y marcando mucho mis gestos, dando saltitos en la plataforma casi como si estuviera en el aire, agitando los brazos sin necesidad y gritando tan fuerte y rústico como podía: «¡GLO-REEEAA DIÓ!».

El rostro de mi verdadero yo se ponía rojo como un tomate de vergüenza por la teatralización de mi caricatura facilona. Se suponía que yo tenía que tomar estas cosas como una buena chica y trataba de hacerlo. Yo reconocía el humor alegre. Pero si el tipo no me había dicho una palabra cuando habíamos estado a un metro de distancia durante media hora, detrás del escenario, me costaba pensar que estas cosas fueran con buena intención. El mayor delito que llevé a esos ámbitos fue mi género, pero mi personalidad y mi falta de formación académica también fueron condicionantes.

El desafío fue hacer lo que sentía que Dios me llamaba a hacer sin causar problemas ni representar ninguna amenaza. Por ejemplo, si sabía que serviría o que estaría parada en la plataforma junto a un hombre de baja estatura, usaba zapatos bajos. Una vez estaba en Sydney para una conferencia y tenía un par de horas libres entre las sesiones, así que me vestí informalmente con una camiseta y unos pantalones deportivos y salí a caminar con mi querida amiga Christine Caine. Tuve un terrible antojo de un batido de chocolate, entonces nos detuvimos en una hamburguesería muy conocida para compartir una. Mientras caminábamos por el restaurante hacia la salida, un grupito de personas entró en el establecimiento. Christine señaló hacia el caballero anciano que estaba en el centro y me susurró: «Ese es *fulano de tal*. Es uno de los hombres de Dios más estimados en esta ciudad. Me encantaría que lo conozcas».

También era uno de los hombres de Dios más bajos de la ciudad. Una cabeza más bajo que yo. Eso no era culpa mía, pero era mi responsabilidad. Christine nos presentó, y la amabilidad y la voz suave del hombre me desarmaron. No sé si era por su edad, por humildad o por costumbre, pero cuanto más hablaba, más se inclinaba hacia adelante.

Esto planteó un desafío no menor para mí. Sentía la necesidad de agacharme más para poder demostrarle deferencia, ubicando mi cabeza debajo de la suya, a la vez que tiraba de mi camiseta para mantenerla sobre mi parte trasera. Antes de que nuestra conversación terminara, me había doblado casi como un *pretzel*.

Cuando salimos por la puerta, Christine me miró espantada y dijo:

—¿Qué fue eso?

—¡No sé! —dije—. No pude evitarlo. ¡Fue involuntario!

—No quiero volver a ver eso nunca más.

Nos reímos casi hasta caernos en la vereda.

Mientras tanto, en Estados Unidos, aun en conversaciones informales me dirigía a los hombres utilizando sus títulos cuando éramos parte de las mismas reuniones o encuentros. Si tenían un doctorado, los llamaba *Dr. Fulano de tal*, aunque fuera quince años menor que yo. Estaba más que feliz de mostrarles respeto, pero esto no tenía que ver con el respeto. Esto era por el rango. Yo respondía de acuerdo al pie que me daban y mostraba una deferencia excesiva.

—Pude aprender tanto de usted, y Dios sabe que lo necesito.

—Usted es mucho mejor para entregar el mensaje. Yo, generalmente, suelto el mensaje.

—Usted sabe mejor que yo que [inserte cualquier cosa sobre teología, la Biblia, la iglesia o la espiritualidad cristiana en general].

—Estoy ansiosa por estudiar con usted.

Y una y otra vez:

—Solo soy una servidora laica.

No lo hacía para adular. Lo hacía porque creía que era verdad.

Cuando me ponía de pie para hablar, aunque hubiera una docena de hombres a la vista en un salón lleno de mujeres, en algún momento de la presentación o de la oración de apertura aclaraba que yo «estaba bajo autoridad» y que no «deseaba enseñorearme de la autoridad» por encima de nadie. Lo decía en serio. Encontraba alguna manera de pedir disculpas por estar ahí. Este tipo de costumbres no eran medidas que yo adoptaba de vez en cuando. Constituían una actitud que transmitía continuamente. *Los hombres mandan. Asegúrate de que sepan que tú lo sabes.*

Una vez, casi me provoqué una úlcera por una numerosa clase de escuela dominical que di, donde había mujeres y hombres. Nos proponíamos que fuera solo para mujeres. Mis clases siempre habían sido únicamente para mujeres. Pero los hombres llegaron y seguían viniendo.

—Tendremos que sentarlos en el fondo —dije desde el principio.

—¿Cómo lograremos propiciar eso? —me preguntaron mis anfitriones.

—Tendremos que decirles algo como: «Por favor, ¿serían tan amables de sentarse atrás?».

Los muchachos se sentaban en el fondo al principio y, después, ya no lo hicieron. Sencillamente, se sentaban donde querían y a nadie en la clase parecía molestarle particularmente, excepto a mí.

—Si esto continúa —le dije a uno de los líderes de mi iglesia—, voy a necesitar un director varón de escuela dominical. Es la única manera en que podemos hacer esto. Tendré que tener una cobertura masculina.

«Siempre que tengas cobertura masculina» eran palabras que yo escuchaba una y otra vez, y las creía con todo mi ser. La cobertura masculina era la clave para que una mujer fuera bendecida por Dios en el ministerio.

Racionalicé que Dios trajo un líder varón de adoración a Living Proof Live no solo porque era tremendamente talentoso e idóneo para el entorno, sino también para que proveyera al evento (sí, lo adivinó) la cobertura masculina.

• • •

Cada vez que sucedía algo difícil o malo en el ministerio, automáticamente suponía que yo fallaba en protegerme bajo la cobertura de Keith o que Keith no me cubría debidamente bien. Decía cosas como: «Me parece que hay una rasgadura en mi cobertura» o «Debo haberme salido de mi cobertura».

Y cuanto más visible me volvía, aquellos que objetaban que hubiera una mujer a ese nivel de liderazgo más ponían en tela de juicio mi matrimonio. Una de las preocupaciones clave era que Keith no iba asiduamente a la iglesia y resultaba claro que no era el líder espiritual de nuestro hogar. Lo escuché una y cien veces: Dios no estaba satisfecho con mi matrimonio. Se me había metido en la cabeza que, a pesar de que mi llamado era firme, la bendición y la aprobación de Dios dependían directamente de qué clase de esposa era yo. Me aterraba cada vez más perder el favor de Dios, habiendo recibido alto y claro el mensaje de que la manera más rápida y segura de perderlo era transformarme en Jezabel y tomar el mando del trono de mi casa.

Solía leer o escuchar a hombres que decían: «¿Puede imaginar cómo será estar casado con ella?», como si Keith fuera dócil y yo tuviera vello en el pecho. La audacia masculina con el evangelio era vista como una pasión santa. Si una mujer era audaz con el mismo evangelio, era considerada vergonzosamente impertinente. Era *masculina*. Y en mi mundo se sabía, sin una sombra de duda, que no había nada más desagradable para los hombres al timón que una mujer masculina.

Me inquietaba profundamente que toda la legitimidad de mi ministerio se mezclara con mi matrimonio. Estaba suficientemente cerca de mi pastor y de mi mentora para mencionarles de vez en cuando algunos de los insultos que recibía.

—Ellos no saben de qué hablan. Ignora esos insultos.

Pero no podía, de manera que sobrecompensaba. Oraba más fuerte y me esforzaba más por ser una esposa devota. Era más clara en cuanto a cuáles eran nuestros roles en los ejemplos que usaba cuando enseñaba.

—Solo tienes que seguir siendo una esposa dulce —decían mi pastor y mi mentora.

No fue culpa de ellos que, en aquel momento, analizara demasiado y de manera compulsiva qué calificaba como *dulce*.

A un montón de hombres de mi entorno les encantaba referirse a su esposa como «mi dulce esposa». ¿Cómo era ser dulce, exactamente? Si dulce era no tener opiniones, yo era un limón. Si dulce era ser entusiasta de que Keith fuera a cazar y a pescar en cualquier momento que él quisiera, yo era un panal de abejas. Si dulce significaba pasiva, era un ají picante; pero si dulce era ser cariñosa, pues entonces, yo era la dulce esposa de Keith Moore.

Puede que mi hombre no se sintiera particularmente obligado a ir a la iglesia cada domingo:

—Lizabeth —me decía, a pesar de todo—, Jesús ama a los pescadores.

Pero siempre oraba por mí antes de que hablara. Si estaba fuera de la ciudad, lo hacía por teléfono. Estaba tan comprometido a que yo supiera que él me bendecía, que llevaba su celular a su refugio de caza para que fuera fácil contactarlo. Si este acto abnegado no le resulta suficientemente impresionante, entonces, no conoce a un cazador. No puedo decirle la cantidad de veces que oró por mí susurrando para no poner en riesgo la cacería.

Pero en medio de todas las reverencias, las deferencias, las objeciones y las acusaciones, Keith y yo lidiábamos con cuestiones que superaban ampliamente las fórmulas universales.

CAPÍTULO DIECINUEVE

Nuestra pesadilla empezó sin demasiado alboroto en 2014, irónicamente, en el lugar que más felicidad le daba a Keith. De las infinitas maneras de describir a mi esposo, ninguna lo resume más acertadamente que un pescador de agua salada, salada como el mar. Cuando cierro los ojos y lo imagino en su versión más feliz y en paz con su vida, siempre es allí, en el agua, en lo suyo, metido hasta la cintura, con una caña de pescar en la mano. Ahí, donde los únicos sonidos son los canturreos de las gaviotas y el zumbido de la línea de pesca azotando el cebo hacia la lejana superficie del agua. Estoy empecinada en hacer que las palabras «El hombre de mar de Beth» sean grabadas en el granito en la mitad de Keith de nuestra lápida doble.

Estaba pescando en uno de sus sitios favoritos: el Paso Sabine, en el límite entre Texas y Luisiana, donde un río con el mismo nombre desemboca en el golfo. Conoce la zona como la palma de su mano. Sacó su bote hacia aguas poco profundas y buscó los neumáticos lisos. Después de anclar, saltó por borda, agarró la caña y el carrete y, sosteniéndolos sobre su cabeza, caminó fatigosamente por la corriente hacia lo que parecía un punto óptimo. Dijo que atrapaba pargos a diestra y siniestra, parado en medio de un banco de arena. Enganchó uno de cuatro kilos y medio y de ochenta centímetros y, en lugar de dejarlo luchar lo suficiente para que se agotara, como hacía normalmente, lo acercó mientras tenía todo su vigor y fue a agarrarlo alrededor de las branquias.

—Me pasó por codicioso, por querer meterlo rápido en el cordel para poder pescar el próximo.

Cuando ahuecó su mano derecha bajo las branquias, el pez rojo salió disparado directo hacia arriba salpicando y atravesó la parte interna de su dedo mayor con su espina dorsal.

—Sentí como un clavo afilado. Me dolió como un desgraciado. Sentí que había tocado el hueso.

Ahora bien, usted tendría que conocer a Keith o a algún pescador de agua salada tan ferviente como él para entender que una herida menor no impide ni acorta de ninguna manera un viaje. La única excepción para Keith fue la vez que la lengüeta de un señuelo se enterró en el centro blando de la palma de su mano, lo cual le imposibilitó seguir lanzando. Tiene pequeñas cicatrices finas como un pelo con formas geométricas sobre las dos manos bronceadas, las marcas de un pescador de toda la vida. Los lanzadores de su tipo no abandonan. Se sacudió la sangre y siguió pescando. Cuando llegó a casa, lo que me mostró fue el cordel dentro de la nevera, no la herida en el dedo.

Unos días después:

—Mira esto, Lizabeth.

—¿Es ahí donde te cortó el pez rojo el fin de semana pasado?

—Sí. Ese condenado.

—Uhh. —Le sostuve la mano abierta sobre la mía, estudié la herida y la besé con delicadeza—. Me parece que se está infectando. Mejor ponte alguna crema antibiótica.

No nos pareció más que una molestia en ese momento. Durante las semanas siguientes, la herida (no más grande que una cabeza de alfiler) se fue embraveciendo cada vez más y su dedo se oscureció con un color rojo ardiente, como si hubiera agarrado una plancha. Cuando el dedo llegó casi al doble de su tamaño, fuimos al médico y nos recetó un antibiótico. Todavía, nada para alarmarse. Más que nada, una molestia.

Al término de los catorce días de antibióticos, Keith seguía sin mejorar y se molestó considerablemente porque la temporada de pesca había pasado y estaba empezando la de venados. Lo último que quería era perder el invierno en un consultorio médico, lloriqueando por un dedo dolorido. Mientras cazaba, el dedo lastimado se puso, de pronto, rígido como una tabla y, a las pocas horas, los dedos contiguos también se congelaron.

Keith volvió rápidamente al médico quien, pensando que la punta de la espina dorsal del pez debía estar alojada en el hueso, lo derivó a un cirujano de la mano. Pronto, Keith estuvo en el quirófano de cirugías ambulatorias y yo, en la sala de espera, tipeando cada tanto mi portátil, orando para que todo saliera bien y creyendo completamente que así sería. Nos sentíamos en alerta y ansiosos porque el asunto se terminara, pero no preocupados. El cirujano no pudo encontrar el objeto extraño, hecho que nos pareció decepcionante, pero aseguró que había limpiado la herida y que el hueso iba a estar bien.

—Aquí tiene una receta para un antibiótico mejor.

No fue mejor. Las semanas pasaron y la mano de Keith empeoró.

—Mamá, ¿qué rayos pasa? —protestaron nuestras hijas.

—No tengo idea, pero desde ya les digo que la mano de su papá tiene el aspecto de pertenecer a un cadáver hinchado que apareció flotando a orillas del mar. Tiene esa combinación asquerosa de amarillo y gris.

—Mamá, ¡qué asqueroso! ¡Alguien debe hacer algo!

—Nos han derivado a un médico de enfermedades infecciosas en el centro médico e iremos directamente en cuanto nos den un turno.

El viaje de una hora a una reconocida clínica médica del centro de Houston fue, por fin, empezar a lograr algunas respuestas. También fue el principio del fin de la vida tal cual la conocíamos. Luego de análisis exhaustivos, Keith se enteró de que su condición había sido causada por una *Mycobacterium marinum*. Era una rara, grave y entusiasta infección bacteriana transmitida de una vida marina de alguna índole al interior del cuerpo humano por medio de una herida.

—Puedo decirles de qué se trata, y eso es un logro —dijo el médico—. Pero no la conozco tanto como para tratarla. Los derivaré a la única persona que sé que puede.

Allá fuimos Keith y yo, a un segundo especialista en enfermedades infecciosas, supuestamente, el mejor de los mejores. Hasta nuestro último aliento diremos que jamás hemos conocido un individuo más peculiar que el médico que supervisaría la atención de Keith durante los meses siguientes. A veces, mirábamos alrededor del consultorio y nos preguntábamos si nos estaban grabando para alguna broma. Supongo que existe un escalón de genialidad, un coeficiente intelectual de la altura del Everest, que le da a una persona cierta singularidad. Si así es, este hombre fue el más inteligente que hemos conocido. No anduvo con rodeos ni flaqueó la confianza en sí mismo. Garabateó con una lapicera sobre una libreta mientras sus ojos desaparecían bajo sus cejas desordenadamente tupidas y, sin levantar la vista, dijo:

—Yo puedo hacer que se recupere de esto.

—¿Puede? —Era la mejor noticia que escuchábamos en meses.

—Sí. Abróchese el cinturón. Llevará unos seis meses y requerirá un cóctel de antibióticos que no son fáciles para el cuerpo. Pero es la manera de llegar al otro lado.

● ● ●

Salimos del consultorio con las prescripciones en la mano y pronto, con los medicamentos en el cuerpo, Keith nos abandonó.

El especialista tenía razón. La bacteria en el dedo de Keith, que se había extendido a su mano y ponía en peligro a su brazo, no se curaría sin tratamiento. No teníamos otra alternativa que tomar esa ruta, pero causó estragos en todos los niveles del sistema de Keith, sin dejar nada indemne. Su presión sanguínea se disparó y se mantuvo casi al nivel de un accidente cerebrovascular. Su pulso sc aceleró. Su cuerpo no conseguía desacelerarse. No podía dormir. Apenas podía comer. Caminaba de un lado a otro como un león enjaulado.

Las drogas eran tan fuertes que anularon toda la otra medicación que tomaba, aun las del tratamiento para el trastorno bipolar y el severo TEPT, que habían sido un regalo del cielo y dichosamente exitosas. Efectivamente y con el tiempo, los antibióticos lo curaron de la *Mycobacterium marinum* e impidieron que perdiera su brazo, mano o dedo. Pero el tratamiento puso en marcha un efecto dominó imprevisto y (quién sabe) inevitable, que duraría varios largos años y escalaría hasta el punto de casi matar a Keith, literalmente, casi destruirnos como pareja y aniquilar la intimidad de nuestra familia.

No sé mucho de psicología, pero sé algo de tecnología informática. Para encontrarle sentido a lo que le pasó a Keith, lo pienso como si a mi portátil la hubiera atacado un virus. El virus provocó que la computadora comenzara a sobrecalentar. Se calentó cada vez más hasta que el *software* colapsó. Eso siguió intensificándose hasta que la computadora se aceleró y retumbó por dentro y por fuera. Imagíneme a mí corriendo en busca de cada técnico informático que pudiera encontrar porque esta computadora portátil ya no se parecía a la mía. Mis huellas dactilares eran irreconocibles. No podía recuperar los documentos. No podía actualizarla. No podía reiniciarla. Ni siquiera podía apagarla. Yo emitía una advertencia tras otra y los especialistas trataban de ayudar, pero nada funcionaba. Finalmente, una noche, el disco rígido falló.

Enviamos a Keith en ambulancia a un hospital y, antes del amanecer, lo internaron en la UCI por una falla renal. Durante los años siguientes, pasó unos treinta y dos días en hospitales. El hombre que traje a casa al final de la última internación hospitalaria estaba casi catatónico. Hablaba muy poco y, más que nada, quería dormir. Cuando estaba despierto, su estado de ánimo era triste y su actitud hacia mí era atípicamente insensible. El desdén que me mostraba no era personal, aunque no lo creí durante muchos meses ni pude separar satisfactoriamente mis emociones de ello. Por un tiempo, no podía decirme en qué fecha estábamos, aunque su vida dependiera de ello. No podía concentrarse para leer. No podía mantenerse despierto durante una comedia de treinta minutos. No quería que le hablara. No quería hablarme. Solo quería que lo dejara solo. Que lo dejara dormir.

Fue una cosa gradual, un continuo ir y venir. No hubo un día que yo pudiera marcar en el calendario de cuándo Keith se alejó de mí, ni pude marcar cuándo regresó. Pero hubo un día que recuerdo con escalofríos, con detalles a vivo color, cuando mis hijas y yo lloramos abiertamente en una llamada de a tres y, finalmente, nos reconocimos una a la otra lo que habíamos tenido miedo de decir.

Recuerdo la hora exacta del día, el dibujo de las nubes en el cielo, las rayas blancas entre los carriles del pavimento gris oscuro de la autopista, la temperatura del automóvil, el tono de mi voz, el tono de la voz de ellas.

Soy la mamá. Me correspondía decirlo.

—Se fue. Y lo infernal es que nunca sabremos siquiera el día que murió para hacer el duelo.

Por lo general, paso por la salida de la autopista donde dije las palabras que cada una había estado pensando y, todavía, tengo que recordarme respirar. Oh, lloramos hasta que sentimos que nos dolían las costillas. En lo más profundo de nuestro ser, creíamos que nunca regresaría. No fue una conclusión precipitada. Habíamos sido más que lentas para decirlo en voz alta. Habíamos hecho todo lo que sabíamos hacer para recuperarlo.

En esta familia, somos imperfectos por mil razones, pero no somos poco tolerantes. Somos resistentes, no somos de huir ni somos exigentes. Tenemos tantos puntos débiles y hemos sido tan desafiados por la historia, las circunstancias y la química como para acopiar gracia para largo. Por eso, cuando digo que llegamos al punto que creímos que mi esposo y el padre de ellas se había ido para siempre, no escribo para causar un efecto dramático.

Yo dormía en casa con un desconocido. Un desconocido dormía en casa conmigo. Un hombre que no me gustaba. Un hombre al que yo no le gustaba. Mi vida, su vida, la vida de nuestras hijas se volvieron irreconocibles y, como suele ocurrir, en especial para quienes están en el ministerio, estábamos atrapados dentro de un secreto, inseguros de a quién confiarle la verdad.

Hice lo mejor que pude para sostenerlo: anotaba a diario su estado, administraba y supervisaba todas sus prescripciones, registraba la frecuencia de dosis y de miligramos. Él estaba bajo el cuidado constante de un grupo de médicos. Y lo cuidaron. Ya lo creo que lo hicieron. Estoy satisfecha con que la mayoría de ellos hicieron todo lo que sabían hacer. Simplemente, no podían mejorarlo. No en ese punto, en todo caso. Yo no podía mejorarlo. Keith tampoco podía. Si bien creo que sobre la marcha se cometieron errores costosos de procedimiento y de cálculo, los días de sobrecalentamiento en los que ardía el corazón, seguidos por nuestros largos meses de frío y despectivo silencio, no fueron por culpa de nadie, mucho menos de Keith. Él no recuerda la mayor parte de nada. Hay una cantidad de años que son borrosos para él, y no me sorprende. Su sistema nervioso estaba casi frito. Amanda, Melissa y yo tuvimos que procesar gran parte de nuestro trauma juntas porque nadie más, incluido Keith, sabe cómo fue la vida dentro de nuestra casa en aquellos días crueles. Nos tienta pensar que tal vez exageramos lo dramático de la situación; entonces, encontramos fotografías de esos años. Keith parecía un hombre completamente diferente, no solo veinte años mayor, sino, como que vivo y respiro, con un rostro diferente.

● ● ●

Pocas veces me he enojado con Dios. Me ha bautizado en tales arroyos resplandecientes de misericordia que, por mucho que me costara entender sus decisiones, siempre he estado consciente de cuán bueno y amable ha sido conmigo. Pero, un día, hace unos tres años, salí intempestivamente a los bosques que rodean mi casa, enfurecida, destrozada y grité:

—¿Cuánto tiempo más, oh, Señor? ¿Cuánto más? ¿Qué quieres de nosotros? ¿Cuánto tiempo nos castigarás?

Esa quizás sea una de las peores partes de ser una persona religiosa con un pasado sombrío. La tentación de ver a las dificultades continuas como un castigo es demasiado difícil de resistir.

A pesar de lo que decían los detractores, yo necesitaba trabajar. Mi ingreso y mi cobertura eran imprescindibles. Además, uno de los especialistas de Keith que podía ver lo mucho que me estaba costando este tiempo, dijo que yo había sido imprudente al eliminar todas mis distracciones. Hacía todo lo posible por funcionar normal y diligentemente en el trabajo, pero un día, en medio de todo el lío, no pude contener el llanto durante el almuerzo. Mi amada compañera de trabajo, Susan, con una compasión que fluía a mares desde su rostro, dijo:

—Beth, Dios te ama muchísimo.

Miré a mi querida amiga y, finalmente, expresé el horror que había comenzado a acechar a mi alma día y noche.

—Yo sé que me ama, Susan. Pero ¿ama a Keith? ¿Acaso le importa que nunca haya tenido un día de descanso de su dolor? ¿Le importa en lo más mínimo? ¿Ama solo a algunos de nosotros y al diablo con el resto?

Salió todo lo que había en mi interior. Lo dije. Verbalicé a la luz del día lo que me acosaba en la oscuridad. Y, de alguna manera, fue bueno expresarlo. Que saliera al exterior. Donde los ángeles pudieron escucharlo. Donde los demonios pudieron escucharlo. Donde mis compañeros de trabajo pudieron escucharlo. Mi corazón estaba tan golpeado a esa altura, que no podía discernir un destello de amor marital en mi pecho. Hubiera dicho que el compromiso era lo único que me quedaba. Entonces, me escuché a mí misma. Me escuché con la claridad suficiente para enterarme de la emoción que bombeó las palabras con aire y con sonido.

—DIOS, ¿POR QUÉ NO AMAS A MI ESPOSO?

Lo cierto es que uno no carga ira o agravio profundo porque una persona que uno no ama no sea amada. Yo amaba a Keith Moore. Lo quería de regreso. Dios, perdóname: en ese momento, sentí que yo lo amaba más que Dios. Y quería que Dios me respondiera por qué había sometido a ese hombre a todo lo que había tenido que soportar en su vida. Y por qué nos había sometido a los dos durante décadas.

Dios no respondió. No en público, no lo hizo. Pero tampoco dejó de hablarme por medio de las Escrituras. No dejó de venir a mi encuentro en mi tiempo de oración. No dejó de llenarme para que enseñara y escribiera. Ni siquiera puedo decir que me haya presionado para que me arrepintiera. Simplemente, resistió conmigo. Resistió con Keith.

CAPÍTULO VEINTE

Durante estos años en los cuales Keith y yo batallamos con la dinámica de la salud mental —lo cual hizo que la vida en nuestro hogar fuera particularmente compleja—, el temor de dominar a mi esposo y la culpa por tener que andar esquivándolo a veces hacía mi vida diez veces más difícil de lo que debía ser. Hubo infinidad de ocasiones en las que yo tuve que hacerme cargo porque Keith necesitaba que lo hiciera. Mis hijas me necesitaban. Esto finalmente lo arreglaría con la ayuda de los profesionales médicos, pero sería un viaje largo y arduo e incluiría abundantes lágrimas en oración.

Con el tiempo, entendería cuán tiernos fueron los favores de Dios para con Keith y para conmigo. La voz de Cristo en la página inspirada por Dios se volvió suficientemente nítida para escucharla por encima de las demás. «Vengan a mí todos los que están cansados y llevan cargas pesadas, y yo les daré descanso» (Mateo 11:28).

Estábamos muy cansados y cargados. Lo último que necesitábamos era la presión de ajustarnos a la norma. Las parejas que enfrentan enfermedades mentales complejas pocas veces se dan el lujo de ajustarse a la norma. Nosotros lo hubiéramos dado todo por haber podido ajustarnos.

Los temores y las obsesiones que desarrollé en un esfuerzo por agradar a los hombres y a Dios, además, parecían incongruentes con mi personalidad, que no es dócil ni débil por naturaleza. Soy decidida hasta decir basta, tengo una vena independiente de un kilómetro de longitud y, en situaciones y contra obstáculos que a muchas personas les parecerían aterradoras, yo no tengo una pizca de miedo. Puedo matar una serpiente boca de algodón enroscada alrededor de la pata de mi perro en sesenta segundos, arrojarla fláccida y dejarla colgando de la rama de un árbol. Esta incongruencia, para mí, es parte de lo que hace que la historia sea particularmente digna de contarse.

He hecho considerable exploración espiritual y autoexamen para saber cuánto de esta atadura a la aprobación y a la aceptación masculina me la impuse yo misma y cuánto me fue impuesta. He sabido de no pocas mujeres que se encontraron con dinámicas similares y que también hicieron toda clase de acrobacias para poder usar los dones que Dios les dio en un mundo de hombres, aun para enseñar a mujeres. Instintivamente sabíamos que podíamos buscar algún otro lugar donde ir o convertirnos en *pretzels*. Así fue como me convertí en la reina de los *pretzels*.

Entonces, llegó el otoño del 2016.

• • •

La fecha fue el 8 de octubre del 2016. Acababa de tomar un vuelo para comenzar mi travesía de regreso a Houston, después de una estadía de cuatro días en Chinle, Arizona. Ese fin de semana, habíamos tenido un evento de Living Proof Live en respuesta a la invitación de un pequeño grupo de mujeres que habían realizado varios estudios bíblicos y habían orado durante un par de años para que Dios abriera un camino para que fuéramos. Su invitación me llegó a través de un video profundamente conmovedor en el que compartían su visión sobre un evento no solo para las mujeres de la tribu navajo, sino para las mujeres nativas americanas de cualquier tribu, reserva y estado.

No quise ir como una idiota, presuntuosa e insultante, como si conociera su mundo y supiera cómo hablar de retos que nunca había afrontado. Volé al destino varios días antes para conocer de antemano a tantas mujeres como me fuera posible. Me invitaron a distintas casas en la ciudad y en las afueras, visité cañones donde sus pinturas antiguas podían verse a la distancia, recibí algunas lecciones de historia de una guía navajo y pasé horas en un vehículo con un par de mujeres del lugar, absorbiendo cada palabra que decían. Esos primeros días, mayormente escuché —maravillada por la tierra, fascinada por la fuerza y la pura tenacidad de las mujeres y conquistada por cómo buscaban a Jesús.

Cuando llegó el momento en que Travis y el equipo de adoración tocaron el primer acorde de nuestro evento, las mujeres ya me habían marcado para siempre. Varias habían compartido conmigo sus historias de abuso sexual porque, a través de los estudios bíblicos, había compartido el mío con ellas. Suele haber una confianza sagrada entre mujeres que fueron abusadas sexualmente. Cierta medida de comprensión. Cierta aceptación que sentimos en pocos lugares más. Nadie en este mundo se alegra de haber sido una víctima, pero yo considero un privilegio poder estar junto a quienes lo han sido.

Cuando el evento había terminado, levanté un periódico antes de mi vuelo para ponerme al día con cualquier cosa que hubiera enardecido las redes sociales. El día anterior me había conectado apenas lo suficiente para ver un aluvión de referencias a una graba-ción del programa televisivo *Access Hollywood.* Me desconecté con rapidez porque, fuera lo que fuera, sabía que era sobradamente importante como para afectar mi concentración. No había ido tres días antes a Chinle para estar pendiente de otra cosa.

Para cuando llegué a casa esa noche y me metí en la cama, no solo había leído toda la transcripción de los comentarios fuera del aire de Donald Trump, también había leído las justificaciones de diversos líderes evangélicos que habían estado adulándolo como si fuera el regalo de Dios para la cristiandad estadounidense. *Solo fue una charla de vestuario. Es un bebé en el cristianismo. No es el mismo hombre. Cometió errores. Solo estaba alardeando, como hacen los hombres a veces. Así son los muchachos.*

Según mi entendimiento, ciertamente limitado, los muchachos que son así y que manosean los genitales a las chicas son mucha-chos que comenten actos delictivos. Una cosa es la inmoralidad sexual. No soy ingenua. Esto era diferente. Esta clase de cosas pasan al terreno de los delitos sexuales.

¿Usted piensa que este tipo de conversación está bien? Eso es lo que yo quería preguntar. *De casualidad, ¿conoce mujeres a las que les metieron manos a la fuerza? Porque yo sí. Conozco a más de ellas de las que usted podría contar. Podría decirle a usted el nombre de pila de muchas. Y le aseguro que este no es un asunto menor. Lo que él dijo, como mínimo, exige la conmoción pública y una profunda consternación entre los evangélicos de manera global.*

Unos pocos expresaron su indignación y di gracias por ellos, pero la mayoría guardó silencio o, para ser exactos, brindó excusas. Su respaldo a la candidatura de Trump no pareció flaquear. Mis propios hermanos en la fe, a quienes otros habían escandalizado fácilmente, de pronto tuvieron un inusual y prolongado acceso de tolerancia.

Hice memoria de todos los años en que había soportado el manoseo. Pensé en mi historia y en cientos de otras que había escuchado, algunas tan recientes como apenas tres días antes. Pensé en lo exasperante y lo difícil que es lograr que les importe a las personas que no han sido víctimas. Comprender las repercusiones resonantes de los actos de quienes piensan que tienen el derecho de obligar a alguien a un acto sexual. El descaro que hay que tener para bromear sobre el tema como si no fuera nada. Como si no fuéramos nada.

Yo ya no era esa niña aterrada que fue arrastrada por su propio padre al medio del asiento del auto y, tras el ataque, se aferró a la manija de la puerta del lado del acompañante, temblando incontroladamente, con la frente rebotando contra la ventanilla por cada bache de la carretera 67.

Ya no era esa chica adolescente que, por más que lo intentara, no podía poner un límite y simplemente decir no. Incluso había recorrido un largo camino de la mujer joven que no pudo escuchar el relato del abuso de una misionera sin caer en una espiral oscura y profunda, reviviendo el propio.

Y, tanto como cualquiera de esas cosas, había vivido lo suficiente para dejar de tragarme la mentira de que mantener la boca cerrada protege los intereses de la familia. No, no es así. Una familia que facilita un lugar seguro para que las personas abusivas sigan sin arrepentirse, sin cambiar y sin rendir cuentas ya está destruida.

A la mañana siguiente, me desperté completamente calma, abrí Twitter y subí una serie de tuits:

Despierten, Dormilones, a lo que las mujeres han enfrentado desde siempre en los ámbitos de privilegios burdos y de poder. ¿Estamos asqueadas? Sí. ¿Sorprendidas? NO.

Traten de asimilar cuán aceptable han sido el menosprecio y la cosificación de las mujeres cuando algunos líderes cristianos no lo consideran un asunto tan importante.

Soy una de entre las tantas mujeres que fueron abusadas sexualmente, manejadas, intimidadas con la mirada, acosadas con preguntas, a las que les hablaron con picardía. Como si nos gustara. No nos gustaba. Estamos cansadas de eso.

«Mantén la boca cerrada o pasará algo peor». Sí. Conozco el concepto. A veces, es espantosamente cierto. Sin embargo, hablamos.

Y algo pasó, ya lo creo. El castigo fue rápido y severo. Un amigo trató de salvarme de la cuestión y me llamó un día después. Dijo que estaba circulando en sitios de Internet bastante legítimos que yo me había «sumado a la campaña de Hillary». Dijo que sabía que no era cierto, pero que otras personas no me conocían tanto y lo creerían. Dijo que varios líderes, sabiendo que nosotros éramos amigos, le pidieron que me llamara. Me sugirió algunas maneras en las que yo (estas son mis palabras, no las suyas) podía dar marcha atrás.

No.

Puso a su esposa, a quien yo amaba entrañablemente, al teléfono.

—Lo sé, Beth. Pero todos los bebés...

Todos los bebés. Ella, como tantos de mis amigos evangélicos, creían que revertir el dictamen del caso Roe contra Wade (que protegía la libertad de una mujer embarazada para abortar) era lo más importante para Dios, quizás, lo único que importaba, y creían con toda sinceridad que Donald Trump en la Casa Blanca podía lograr que sucediera.

Yo también soy provida. No solo antiaborto, sino a favor de la vida: en todas partes, desde la concepción hasta el cajón o la cremación y para las personas de todo tipo y credo y de todos los tonos de piel. Creo que es la única respuesta cristiana. Pero cuando un procristiano empieza a parecerse cada vez menos a Cristo, algo fracasó. Para mí, era como si estuvieran bajo un hechizo. Como si alguien les hubiera echado algo raro a su té helado. Conocía a muchas de esas personas y ya no las reconocía, ni ellas a mí.

Lo que sucedió de inmediato a continuación de esos tuits fue el equivalente psicológico a pararme frente a un escuadrón de fusilamiento privada del beneficio de morir. El troleo en las redes sociales fue feroz y constante. Una y otra vez: «¡Asesina de bebés!». Cientos y cientos de correos electrónicos.

Causé una tormenta de fuego distinta a cualquier otra que hubiéramos vivido con mis colaboradoras, las mujeres a las que tanto quería, en Living Proof. Los teléfonos nunca paraban de sonar. Descolgaban el receptor solo para volver a colgar. Las luces al rojo vivo de la centralita telefónica parpadearon durante días. Mis compañeras de trabajo (algunas de ellas, republicanas acérrimas, y algunas, partidarias de Trump) fueron obligadas a responder por algo que ninguna de ellas había dicho. Permítame reformular eso. Tuvieron que cargar con el trabajo de responder cuando, en realidad, tenían la oportunidad de hablar. Muchos de los que llamaban gritaban e insultaban exigiendo respuestas, pero ni siquiera tomaban aire antes de escuchar alguna. Mis compañeras les decían a los maldicientes: «Tendré que colgar ahora mismo» y las personas volvían a llamar para tener su segundo, tercero, cuarto, quinto y sexto *round*.

No hubo manera de evitar la hoguera en el ministerio. No fue posible dejar el asunto en segundo plano. Nos reuníamos alrededor de nuestra mesa (quince personas que ningún demonio del infierno podría haber dividido) y yo podía ver la desmoralización en sus rostros. Living Proof había sido un lugar donde abundaba la alegría y, literalmente de la noche a la mañana, se convirtió en una casa del terror. Hicimos lo mejor que pudimos. Eran mujeres de carácter que amaban profundamente a Dios y estaban comprometidas a amarse unas a otras. Ellas trataban de tranquilizarme. Yo trataba de tranquilizarlas a ellas. Pero el odio y la malevolencia que invadió nuestro espacio hicieron polvo todos los aforismos. Al final de cada día, nos arrastrábamos agotadas hasta nuestros automóviles, a veces, llorando, solo para que la guerra nos acompañara a casa a todas, donde los familiares y los amigos querían respuestas.

Fueron días salvajes en Living Proof y, a pesar del esfuerzo por tratar de trabajar juntas, fueron días de rupturas. Que hayamos sobrevivido y encontrado la manera de llegar al otro lado es un testimonio del carácter de mis colegas y de la gracia de Dios.

Diariamente, recibía noticias de que mis estudios bíblicos eran retirados de las iglesias. Algunos fueron empaquetados y enviados de vuelta a nosotros. Me dijeron que algunos fueron quemados. Yo esperaba reacciones de parte de los hombres por el hilo que había publicado en la red social, pero no vi venir a las mujeres. Algunas subieron fotos a los medios sociales de pilas de estudios que habían arrojado a la basura, los bordes de los cuadernos de ejercicios doblados y desgastados, como testimonio de las semanas que habían pasado en esas páginas.

¿Por qué se deshacían de ellos?

Los hombres, más que nada, me insultaron. Las mujeres se lanzaron a la yugular. Estas palabras se reproducían continuamente: «Estoy tan decepcionada de usted. ¡Yo confié en usted!».

Yo sabía que mis comentarios causarían una reacción en contra, pero no podía entender la enormidad, la minuciosidad. Para una cantidad impresionante de personas esa única serie de comentarios anuló e invalidó años de ministerio. No pude encontrarle sentido.

Había gastado una energía incalculable en mi esfuerzo por ser obediente a lo que sentía que Dios me había llamado a hacer y no pasarme de la raya por meterme en el carril de los hombres. Había hecho todo lo que se me ocurría para dejar en claro que no tenía una agenda feminista. Me había desvivido por asegurarme de que ellos supieran que yo no trataba de seducirlos ni de rebajarlos.

Oh, que no haya confusión: yo estimaba a los hombres. Fuera de su autoridad, a duras penas podía ser de confianza; menos que menos, bendecida y usada como instrumento para el evangelio. El sistema no era culpa de los hombres. Ellos solo servían como decía la Biblia. Yo creía en eso sinceramente. He anotado algunas de las situaciones más bizarras y socialmente incómodas que se puedan imaginar con líderes varones en su interpretación de la obediencia a las Escrituras.

Todo este tiempo, yo había aceptado el sexismo descontrolado porque pensaba que tenía que ver con las Escrituras. Sin embargo, lo que observé tras el informe de *Access Hollywood,* no parecía tener nada que ver con las Escrituras ni evidenciaba el fruto del Espíritu Santo, según pude discernir. En mi opinión, esto que se representaba frente a todo el mundo tenía que ver con el poder. Con el control. Se trataba del club de los muchachos.

Ustedes mintieron.

Me mordí esas dos palabras en la lengua casi hasta sangrar.

Yo les creí y ustedes mintieron. Pensé que todo esto tenía que ver con las Escrituras. Que todo era para agradar a Dios. Esto no me parece agradable a Dios.

No pude quitarme esos pensamientos de la cabeza. Me volví cada vez más franca al respecto, hasta que las palabras que me había mordido finalmente fueron dichas abiertamente. También empecé a expresar mi inquietud sobre el racismo y el nacionalismo blanco (no el amor a la patria, claro está, sino la idolatría al país), el cual me parecía que se estaba intensificando bajo la influencia de Trump. Observo que el racismo y el sexismo tienen la extraña costumbre de aparecer juntos, como los dos puños de un cuerpo. El denominador común era fuerte y claro desde mi punto de vista: la superioridad.

Le hablé específicamente a mi mundo de los Bautistas del Sur porque creía que habíamos sido parte de cosas que estaban mal y quería usar toda influencia que Dios me hubiera dado para acompañar a otros y hacerles bien. Ser parte de un cambio; no hacia el liberalismo, por amor de Dios, sino hacia la semejanza a Cristo.

Yo quería que fuéramos el pueblo que ama a Jesús, el pueblo de la gran comisión que se parece a Jesús, que lo sigue dondequiera que él guíe, que sirve a las personas, que cubre las necesidades, que comparte el evangelio, que da la vida por su nombre. Esto era lo que quería para mí misma. Esto es lo que quería para mis hijas y para mis nietos, y lo que quería para nuestra denominación.

La Iglesia Bautista había sido mi lugar seguro. Mi santuario. Esta era mi gente. Los amaba. Pero algo estaba pasándonos. Algo malo. Quizás, había sucedido siempre y yo estaba demasiado ciega para verlo. Demasiado ocupada en mi propio mundo. Demasiado privilegiada. Demasiado parcial. Demasiado inmersa.

• • •

En abril del 2018, el periódico *Houston Chronicle* dio a conocer un informe sobre dos declaraciones juradas ante la corte que acusaban de conducta sexual inapropiada a uno de los principales artífices del Resurgimiento Conservador. Luego, habría más declaraciones y demandas. Un mes después, el otro artífice principal del Resurgimiento Conservador fue removido de su puesto por manejar gravemente mal una acusación de abuso sexual que había ocurrido durante su cargo anterior en el Seminario Teológico Bautista del Sur.

En febrero del 2019, difundieron la noticia sobre una situación en el *Houston Chronicle* y en el *San Antonio Express-News* de abuso sexual de proporciones escandalosas en las iglesias de la Convención Bautista del Sur. Los periodistas habían estado haciendo los deberes durante seis meses, escudriñando expedientes, documentos y casos judiciales de las dos décadas previas. Para cuando fueron a la prensa, tenían computadas unas setecientas víctimas.

El artículo fue la primera de numerosas entregas que arrojaron una luz de advertencia no solo sobre los casos de abusos, sino sobre los múltiples encubrimientos. El elemento común más prominente era que los lobos depredadores fueron protegidos y las ovejas victimizadas fueron abandonadas heridas, a la deriva. La noticia fue devastadora y causó una conmoción en todo el mundo cristiano. Muchos líderes bautistas del sur se afligieron profundamente y decidieron hacer todo lo posible para exigir que las iglesias rindieran cuentas. Sus esfuerzos se encontraron con una tremenda oposición. Finalmente, los que peleaban en representación de las víctimas ganarían algunas batallas clave y comenzarían una larga travesía para seguir adelante, pero les llevaría varios años y amargos litigios.

Tres meses después de que apareciera la noticia de la mayor crisis sobre abuso sexual en la historia de la Convención Bautista del Sur, hubo una nueva crisis. Luego de mi tuit poco feliz sobre hablar en mi iglesia el Día de la Madre, de pronto, la mayor amenaza para la denominación fue definida públicamente como mujeres que trataban de llegar al púlpito y reemplazar a sus pastores. Yo no conocía ninguna. Permítame decirlo otra vez: no conocía ni a una sola. Pero la posibilidad de que una mujer pudiera subir al púlpito de una iglesia bautista del sur y dar un mensaje, de alguna manera, se convirtió en lo único de lo que podíamos hablar.

Supe qué era la descalificación mucho antes de conocer la palabra. Fue lo que prosperó bajo nuestro techo en la calle Doceava. Fue lo que nos untaba la mantequilla en el pan y pagaba la cuenta de la luz. Desviaba la culpa y transfería la responsabilidad. Mi madre era la causa de los problemas de mi padre. Ella había fomentado esas acusaciones en su propia mente inestable.

Eran las sospechas enfermas de mamá las que destruían a la familia. Nada de eso podría haber estado más alejado de la verdad, pero tampoco podría haber sido más eficaz.

No puedo imaginar a un solo pastor, rector de seminario o líder de la CBS que en realidad creyera que yo tenía el menor interés en apoderarme de un púlpito o encabezar un puesto para tomar el poder de la denominación por parte de las mujeres. Tenían cuatro décadas de historia que demostraban lo contrario. Durante todo ese tiempo que yo me había obsesionado por tener una cobertura masculina, una abrumadora cantidad de líderes varones estaban proporcionando otra cobertura, sin duda. Estaban encubriendo el abuso sexual. Pero como yo había hablado sin pelos en la lengua y ya los había molestado, una horda de hermanos bautistas del sur vino por mí como si yo hubiera quemado los templos.

Esta lo consiguió. Había sobrevivido a la tormenta de fuego del 2016, pero no sobreviviría a esta tempestad. Estos perros atravesaron el vallado. Estos perros tocaron la fibra sensible y me derribaron en mi propio patio. Estos perros me mordieron.

Podría haber sobrevivido, si no hubiera sido tan personal. Esta mafia no era la del espectro más amplio de las redes sociales que yo había hecho crispar tres años antes. Esta vez, no. Estos eran bautistas del sur; muchos de ellos, pastores y no solo de la periferia. Yo no podía imaginar mi vida fuera de mi denominación. No quería imaginarla. Ni siquiera sabía quién era yo al margen de ellos. Había estado disgustada con ellos, decepcionada, frustrada y desconcertada cualquier cantidad de veces en mis seis décadas; pero así son las cosas con la familia, ¿no? Y, créame, esta era mi familia. Yo no quería irme de casa. Quería que el Espíritu Santo entrara en ella.

No te sueltes. No te sueltes. Me decía a mí misma una y otra vez. *No dejes que esas personas te expulsen. Quédate y observa lo que Dios hará. Aguanta, viejita. Aguanta.*

Tanta vida vivida ahí...

Las galletas de mantequilla y las sillitas bajas.

Las togas blancas del coro con grandes moños rojos.

Correr por los pasillos con mis amigos de la infancia.

Pasar al frente y dar infinidad de veces la diestra de compañerismo.

Las aguas del bautismo.

Los diez mil himnos.

Mi abuela, sus sombreros y todas sus amigas.

El coro de campanillas.

El coro de cabecera.

Los fajos de dólares en los platos dorados de las ofrendas.

Toda una vida de clases de escuela dominical.

Demasiadas cenas de miércoles a la noche para llevar la cuenta.

Las clases preparatorias para las misiones.

La escuela bíblica de vacaciones.

La mudanza a Texas.

Todas las Primera Bautista.

Los campamentos de verano.

Las alumnas de sexto grado.

Las mujeres jóvenes.

Las mujeres de mediana edad.

Las mujeres mayores.

Los estudios bíblicos: uno, dos, tres, cuatro... quince, dieciséis, diecisiete...

Todos mis amigos de Lifeway, la rama editorial de la Convención Bautista del Sur.

Mi equipo de eventos en Lifeway.

Mi equipo del plan de estudios en Lifeway.

Todos mis amigos de Lifeway.

No te sueltes. No te sueltes.

Amaba a estas personas de Lifeway como si fueran mi carne y sangre. Amaba a tantas mujeres bautistas del sur. A tantos hombres bautistas del sur, muchos de ellos, pastores. Salir de la CBS sería dejarlos a ellos.

No. No te sueltes. No te sueltes.

La corriente tiraba fuerte, pero me aferré más fuerte, los dedos entrelazados, cambié de dirección con la marea, el agua salada pasó velozmente por mi cabeza.

Entonces, simplemente, terriblemente, claramente, inequívocamente fue: *Suelta.*

Y la corriente me succionó hacia abajo, me hundió en el agua turbia y me lanzó al medio del mar.

CAPÍTULO VEINTIUNO

MI PAPÁ MURIÓ.

Albert vivió escasos nueve años más que Aletha. Para el observador más cercano, parecieron ser los años más felices de su vida y, a pesar de mi cinismo, no creo que hayan sido los mejores simplemente porque mi madre había desaparecido de la escena. Creo que fueron sus mejores años porque tuvo su borrón y cuenta nueva. Se casó con una buena amiga de mamá, de la iglesia, una viuda de edad parecida. Era maravillosa, afectuosa y encantadora, tenía cinco hijos adultos propios y una camada de nietos. Papá tuvo una familia nuevita, sin historia. Eso no significa que dejó de lado a la vieja familia. A él le hubiera encantado que todos juntos fuéramos una gran familia feliz. Eran personas amables y simpáticas y, las pocas veces que ocupamos el mismo espacio, nos sentimos cómodos y disfrutamos la mutua compañía familiar, hasta donde puedo decir. Es solo que habíamos vivido demasiado y, en cuanto a los Green, estábamos demasiado tapados por décadas de lodo. Y todavía extrañábamos a quien las había hecho más llevaderas.

Habían pasado apenas ocho semanas cuando papá nos anunció a mi hermana y a mí que ellos iban a «unir su destino».

—¿Qué dijiste? —preguntamos nosotras.

—¡Uniremos nuestro destino!

—¿Qué significa eso? —preguntó Gay. Siempre fue la que preguntaba en nombre de las dos. Ella asimiló lo que papá estaba diciendo más rápido que yo—. ¿Van a casarse?

Afirmativo. Por favor, ¿alguien podría meter un termómetro bajo tierra y verificar la temperatura de mamá? ¿Ya se enfrió?

—Hay cosas peores —me dijo mi hermano Wayne unas horas después, por teléfono—. Es anciano y está solo, Bethie. Mamá ya no está. No va a volver. ¿Quieres que viva contigo?

Buen punto.

La feliz pareja nos pidió a Gay y a mí, las únicas que vivíamos en la zona de Houston, que nos reuniéramos con ellos para almorzar en Joe's Crab Shack poco después de que hicieron el anuncio, y nosotras obedecimos. Ahí mismo, en los bancos vinílicos marrones, coqueteaban el uno con el otro como adolescentes de catorce años. Yo no tengo nada en contra del amor en la tercera edad. De hecho, estoy a favor de él. Solo que no quiero ver que se ponga toquetón.

Al ver que la escena era un tanto surrealista, Gay y yo sumamos una orden de dos tortillas de maíz más. Eran dos bolas de chicle pequeñas, indudablemente estaban demasiado cocidas (el borde más cerca de carbonizado que de marrón tostado) y les hubiera venido bien un poco más de cebolla, pero no eran del todo incomibles y pudimos meterlas sin problema en nuestra boca. Dios sabe que necesitábamos algo que nos mantuviera llena la boca. No habríamos dicho nada terrible. Obviamente, podíamos ver lo felices que estaban. Pero creo que a las dos nos hubiera gustado decir algo como: «Paren eso. Mantengan sus manos quietas ya mismo».

Gay y yo nos acompañamos a nuestros vehículos, como lo hacen las hermanas, alternando entre la conmoción y la histeria.

—¿Qué acaba de suceder?

El día de la boda llegó considerablemente aprisa, pero, para ser sinceros, estos no eran ningunos nenes. Para el gran día, todos los hijos de papá, excepto uno, nos habíamos acostumbrado a la idea tanto como podíamos y fuimos capaces de estar entre los presentes. Ahora bien, jamás he visto una boda bautista que tuviera ponche con alcohol, pero siento que podría haber sido una bendición en este caso. Por la manera en que Jesús amaba las bodas, hago esta observación al margen, se perdió una buena oportunidad de aparecer y alterar un poco la *ginger-ale*.

La parejita sonriente se fue a su luna de miel, pensamiento que me privó del sueño durante toda una noche. Cuando regresaron, compraron una casa juntos, viajaron juntos por todo el mundo, adquirieron juntos un tiempo compartido en un lago, jugaban a las cartas, hacían jardinería juntos, iban a la iglesia juntos y vivieron juntos y felices durante casi nueve años. Habían encontrado al amor de su vida. Estuve con ellos muchas veces durante esos años y siempre estaban exaltados y fogosos como cuando los vi en el restaurante Joe's Crab Shack. Menos toquetones, gracias a Dios, pero exaltados. Cada día de su vida de casados, papá cortaba una flor de su jardín, si había florecidas, y se la regalaba a ella.

Nunca supe qué hacer con nada de esto. Todavía no sé qué hacer con esto. Estaba feliz por ellos. En realidad lo estaba. Estaba tan feliz como podía estarlo respecto de cualquier cosa maravillosa que le sucediera a papá, siendo que él nunca reconoció del todo las marcas que dejó en nosotros.

Creo en la gracia de Dios. Respiro por la gracia de Dios. Toda mi vida he necesitado que las compuertas del perdón se abrieran de par en par. No hay nada en lo que crea más fervorosamente que en el poder del arrepentimiento y en la integridad del perdón en Cristo. Pero creo que la rueda del arrepentimiento arranca cuando nos enfrentamos cara a cara con el daño, reconocemos la responsabilidad, confesamos y estamos de acuerdo con lo que Dios opina al respecto.

No podría decir que papá haya entendido alguna vez cuánto dolor, inseguridad e inestabilidad causó en nosotros. En mí. Aquí no hablo por mis hermanos ni por nuestra difunta madre. Hablo solo por mí. Nunca supe si mi padre comprendió las consecuencias catastróficas de la imposibilidad de poner límites en las relaciones y de atraer a personas emocionalmente sanas, secuelas que me persiguieron durante la adolescencia y los primeros años de mi juventud. Él dijo que lo lamentaba, pero de una manera que me pareció que estaba apurado por pasar de página y olvidar el tema. Pero así es. Nunca pude darme el lujo de olvidarlo. Y me llevó años para, de alguna manera bíblica, perdonarlo.

Padre, perdónalos, porque no saben lo que hacen.

Papá afirmó que había cambiado. Y ahí es donde, por lejos, se vuelve más intrincado: nunca vi una pizca de evidencia de lo contrario. Servía a sus vecinos. Servía a su iglesia. Servía a su esposa. Servía a los pobres todas las semanas en la cocina del comedor vecinal. Nunca nadie pareció tener acusaciones contra él, en realidad, ni una cosa mala para decir sobre él. Todo este asunto era enloquecedor porque yo quería creer, pero, por otro lado, luchaba penosamente por hacerlo. Batallé con la culpa, pero en cuanto intenté aceptar el cambio para vaciarme de la culpa, batallé con la incredulidad.

Había pasado toda mi vida tratando de descifrar si podía confiar en mi intuición. A esta altura del partido, estoy convencida de que debería haber confiado mucho más. Pero la pregunta sigue siendo: ¿Mi instinto estaba tan marcado en lo relativo a mi padre que no podía confiar en él? ¿Estaba tan herido en lo que concernía a mi papá que no me quedaba otra que guiarme por los hechos? Si así era, los hechos estaban a su favor. Aparentemente, envejeció en paz.

¿Lo haría yo? Esa era la pregunta.

●　　●　　●

Esa mañana, mi celular sonó a eso de las ocho. La voz de mi madrastra era temblorosa y débil.

—¿Beth?

—¿Sí? —respondí de inmediato. Era un amor. Nunca tuve que esforzarme para demostrarle amabilidad y cariño.

—Beth, ¡algo malo está pasándole a tu padre!

—¿Qué pasó? —Se me aceleró el pulso y la sangre se espesó en mis venas.

—Salió de la cama hace unos momentos, empezó a caminar hacia el baño y se cayó al piso. ¡Respira, pero no responde una palabra!

Hice frente a su urgencia con la mía.

—¿Has llamado al 911?

—Una ambulancia viene en camino. ¡No sé si va a estar bien! —Ahora lloraba, devastada.

—¿Trata de comunicarse de alguna manera? —pregunté. Ya me había dicho que no respondía, pero mi mente no podía asimilar la información.

—Al principio, sí. Ahora, no. Ay, no. Ay, no, no, no.

Lloré con ella y traté de no preguntar las mismas cosas. No había nada más que hacer.

—¡Beth, creo que escucho la ambulancia!

Alivio.

—Llámame al instante que te digan a dónde lo llevarán, ¿está bien?

—¡Sí, sí, está bien!

Veinte largos minutos después me llamó de nuevo y me dijo dónde estaban llevando a papá los técnicos de emergencias médicas.

—Estoy entrando en el auto en este momento, yendo hacia allá —le aseguré—. ¡Te veo ahí!

En el camino, llamé a un par de mis hermanos.

—No suena bien.

—No, parece que no —concordaron ellos.

Mi madrastra se veía tan frágil, tan pequeña y pálida cuando la alcancé en el sector de espera, fuera de la sala de emergencias. Papá había sufrido un accidente cerebrovascular masivo. Para entonces, Gay estaba enterada y venía en camino, cruzando la ciudad. Contuve a mi madrastra en mis brazos mientras ella lloraba. Mi corazón se rompió como un parabrisas en un choque, se desmoronó y los vidrios rotos cayeron en cascada al piso.

En minutos, una enfermera de la sala de emergencias llamó a la esposa de mi papá para que completara el papeleo. Miró hacia donde estaba yo y dijo:

—¿Usted es familiar directo?

—Sí, es mi padre.

—¿Quiere entrar con él mientras me llevo a su madre?

—Mi madrastra. —Una corrección hecha con cariño mientras asentía con la cabeza hacia la mujer bondadosa que promediaba sus ochenta años, el amor de la vida de mi padre—. Sí, me gustaría mucho entrar.

Dios me ha dado una gracia para los muertos y los moribundos. La he tenido desde que puedo recordar. El ambiente no me asusta ni me desanima. Lo siento como algo santo. Entro cual una mujer que va a ungir un cuerpo para su entierro, pero con el aceite de unción de la oración, la especia y la fragancia de la sensibilidad y de la adoración discreta. Supongo que Dios supo que yo necesitaría esta gracia por tantos años de enseñar en la escuela dominical y de servir en el ministerio. He estado junto a muchos cuerpos inmóviles, a cuerpos que iban enfriándose y, a menudo, yo sola. A veces, no conocía a la persona. Simplemente, estaba presente por alguien que no podía. Esta no era una de esas ocasiones. Este era mi padre. Y ahí estaba él, inerte, y ahí estábamos nosotros dos, solos.

—Hola, papá —susurré—. Soy Beth. Aquí estoy. Gay viene en camino. Hemos llamado a los demás. Todos te mandan su amor y preocupación.

Miré su mano, sentí el tirón en mis tripas y el forcejeo porque quería y no quería tomarla. Había sostenido las manos moribundas de perfectos desconocidos. Pero solo los desconocidos son perfectos. Son los conocidos los que nos confunden.

Acerqué una silla, me senté junto a él y puse mis dedos sobre su palma. Su mano estaba floja. Imaginé una escena de película: él me aprieta la mano apenas lo suficiente para comunicarme que me escucha. Me reconoce. No, no tanto como un tirón. La nada flácida. Un vacío. Soy yo sola, aferrándome.

Me siento incómoda pero alerta. Determinada. Sé que lo amo. Hasta lo que puede mi corazón mutilado, sé en ese momento que lo amo. Me inclino hacia adelante y susurro en su oído izquierdo:

—Te perdono, papá. Te perdono. Todo está bien. Quédate en paz.

Nada. Absolutamente nada. Pero *nada* es mejor que «¿Me perdonas por qué?».

Tal vez, en algún profundo lugar de la caverna de su consciencia, estaba diciendo: «Gracias, cariño. Gracias. Lo lamento tanto». Tal vez, no pudo lograr que su cuerpo registrara una reacción. No lo sé. Nunca lo supe. Así fue. Nunca lo sabré.

Lo único que podía hacer era tener esperanza. Esperanza de que de verdad lo hubiera lamentado. Esperanza de que hubiera cambiado completamente. Después de todo, yo había mentido por él. Había mentido por mi madre, realmente.

Alrededor de mis treinta años, tuve el deseo de desahogarme contando una parte de mi historia, por lo cual escribí y autopubliqué un libro de poesía. Fue mi primera publicación y bochornosamente mal hecha, pero fue un intento sincero por equilibrar mi historia con el costado quebrantado.

En aquellas páginas no dejé ninguna duda de que me habían sucedido cosas siniestras en mi niñez. Originalmente, escribí que mi perpetrador había «traicionado la confianza de mi progenitora», intentando, de una manera apenas velada, absolver a mi madre. Luego, justo antes de ir a la imprenta, me dio pánico y, sabiendo lo que había en juego, cambié un par de letras. Quedó «la confianza de mis progenitores». La vergüenza que le hubiera provocado a mi madre que yo implicara a mi padre hubiera cambiado drásticamente nuestra relación. Así como quedó, ella apenas me habló durante casi dos semanas. Yo le había dedicado el libro para hacer más suave el golpe. No lo conseguí.

Qué cosa peculiar, ¿no?, que a veces sintamos que debemos mentir para decir la verdad. Las víctimas de abuso sexual en la infancia que relatan su historia suelen contar la primera versión con una mezcla de sinceridad y falsedad. Es nuestro deber, sentimos, proteger a las personas de la verdad. Nuestra tarea es protegerlas del agobio o de la desilusión de conocer quién es nuestro yo verdadero.

Mientras sostenía la mano inmóvil de papá, le dije en silencio, donde solo Dios podía escuchar a escondidas: *No te conozco, ojalá hubiera podido, pero no es así. ¿Quién eres en verdad? ¿Cuál de esos hombres fuiste en verdad? Apuesto a que eras interesante. Apuesto a que tenías historias igualmente interesantes para contar. Historias verdaderas por contar.* Y lo hizo. Había escrito a máquina una autobiografía informal para nosotros, sus cinco hijos y nos la había presentado varios años antes. Páginas y más páginas que pocos pudimos leer por años.

La terrible e irremediable ironía es que no sentí menos conexión en esa sala de emergencias, él estando en coma, que la que sentía cada vez que atendía el teléfono durante tantos años de los primeros años de mi adultez. Luego de un rápido, superficial y despreocupado «¿Cómo estás?», que daba paso directamente a un «¡Me alegra que hayas llamado!», como un jugador profesional de béisbol que arrebata la meta, decía: «¡Ya te paso con tu madre!».

Los gorjeos de papá por teléfono me sacaban de quicio. Si alguna vez hubiera tomado aire entre el «¿Cómo estás?» y el «Me alegra que hayas llamado», yo hubiera experimentado con algo así como: «Bueno, me arrestaron por asaltar un 7-Eleven a punta de pistola, exigiendo tres filetes de Salisbury congelados. Me rapé la cabeza para eliminar a los piojos que me contagié durante la primera noche en prisión y, ¿puedes creer que mi compañero de celda es un artista del tatuaje cuya concubina pasó de contrabando sus agujas de tinta en un pastel de cumpleaños y ahora tengo un corazón rojo fuego en la nuca, con un estandarte que dice "Amo a los maleantes"?».

Por fin tenía la oportunidad manifiesta, pero ahí estaba él, un anciano. Indefenso. Pequeño, de alguna manera, como si alguien estuviera desinflando un colchón inflable verde del Ejército.

Llamé a mi tío Roy, el único hermano de papá, desde mi teléfono celular. Fue tierno y dulce, como siempre. Escuchó cada palabra. Que dos personas de la misma ascendencia puedan ser tan distintas es un misterio tan viejo como Caín y Abel. El tío Roy cree que fue por la guerra. Excesivamente traumática para papá. Demasiada muerte. Estuvo en ella demasiado tiempo. Todo fue demasiado tenebroso. Siente que papá aprendió a disociarse para sobrevivir. He llegado a creer que, probablemente, él tenga razón. Semejante verdad no justificaba ni absolvía al hombre. Era solo un cucharón de madera en una mano temblorosa para revolver pedacitos y trozos de compasión pegados en el fondo de una olla con un guiso espeso.

—Cielo, ¿puedes poner el teléfono a su oído para que me escuche? —pidió el tío Roy.

—Sí. —Y lo hice. No tengo idea qué le dijo a mi papá su hermano menor, pero las lágrimas gotearon de mi mentón a mi regazo.

Gay llegó poco después, y nunca estuve más contenta de verla. Los camilleros llevaron a papá a un cuarto del hospital, pero nos dijeron que ya no despertaría. Su cráneo era una pileta inflable.

—¿Cuánto tiempo?

—¿Quién sabe? Podrían ser horas. Podrían ser días.

Mi madrastra, mi hermana y yo nos arrodillamos alrededor de su cama, unimos nuestras manos a sus pies y sobre sus piernas, encomendamos su espíritu a su Creador y le pedimos al Señor que se lo llevara con delicadeza y no lo dejara demorarse mucho.

Pronto, la sala de espera más próxima al cuarto de papá zumbaba de gente. Melissa estaba hasta el cuello de exámenes para su posgrado en la Universidad Wheaton, en Illinois, y en la primera oportunidad que tuvo, se apresuró a volar a casa. Amanda y su esposo, Curtis, que vivían en la zona de Dallas, cargaron el equipaje en su Jeep Cherokee y condujeron cuatro horas al sur, hacia Houston, poco después de que recibieron la noticia. Mi nieto, que en ese momento tenía quince meses, se lanzó hacia mí en el momento en el que me vio, me apretó fuertemente el cuello con sus brazos y escondió su rostro bajo mi cabello. Aún faltaba mucho para que pudiera leer un libro, pero hasta un pequeño puede leer qué pasa en una habitación. Era el chiquito más feliz del mundo, pero sabía que algo malo había pasado y amaba a su abuela, quien convenientemente tenía el cabello más copioso donde podía esconderse. Cuando sus padres necesitaron ir hacia mi casa a prepararse para un inevitable funeral, él no quiso soltarse. Amanda tuvo que aflojar sus brazos de mi cuello mientras él gritaba a grito pelado hasta que los tres (Amanda, mi nieto y yo) nos echamos a llorar.

Cuando el estado de papá se mantuvo invariable durante varias horas y yo no podía quitarme de la mente a mi muchachito, le pregunté a Gay y a mi madrastra si estaría bien que fuera a casa para acunarlo un rato. Por supuesto que sí.

Tenía en mis brazos a ese bebé rollizo de ojos celestes y las pestañas más largas del mundo para acunarlo, cantarle y besuquear su dulce cabecita cuando Gay llamó.

—Papá se fue, Beth.

Fue la única que estuvo con él cuando dio su último aliento. Nuestra madrastra había salido un instante de la habitación. Pero estuvo bien. Mi hermana fue la única que lo llevó a casa. Yo creo que Dios programa esas citas y estoy igual de segura de que el hombre fue a encontrarse con Jesús.

● ● ●

Desde mi punto de vista, mi padre tuvo montones de problemas en su vida, pero fue lo menos problemático al morir que cualquiera que conozca. Vivió activamente, con buena salud hasta que se cayó al piso aquella mañana y tenía entonces ochenta y siete años. Fue voluntario. Sirvió. Hizo vida social. Como una maleta sobrecargada, llenó hasta reventar sus últimos años de vida de buenos recuerdos, diversión despreocupada y juegos con su segunda esposa. Ya sabe cuál. El amor de su vida. ¿Quién puede entender estas cosas?

El tablero de Scrabble todavía estaba armado en la mesa de la cocina dando cuenta de la acalorada competencia de la noche anterior; algunas *Q* y algunas *Z* y otras letras abominablemente difíciles para jugar estaban colocadas en sus atriles de madera. Habían decidido terminar la partida al día siguiente. Cerca, había un libro amarillo de contabilidad con los puntajes escritos en la caligrafía de mi padre de las rondas recientes de Scrabble y de dominó. Un atlas de viajes estaba abierto junto a él, con un resaltador verde en el pliegue, para trazar el próximo viaje en auto.

Recuperamos la compostura y nos preparamos para reunirnos con el director de la funeraria para ocuparnos de las últimas necesidades de papá. Pero, a la manera icónica de Albert B. Green, él ya había organizado su partida de este mundo hasta el mínimo detalle y, como sustancial mérito suyo, su ataúd, funeral y los gastos de sepelio estaban completamente pagos. Había escrito a mano sus deseos, que iban del uno al catorce.

Trece de ellos fueron fácilmente implementados. Habíamos desistido del décimo cuarto, excepto por Keith. Fue inflexible en que el anciano había ganado la salva de veintiún armas y tenía seis medallas para demostrarlo. Había combatido en dos guerras, había cumplido cuatro misiones, le habían disparado una bala en la cara y en la espalda, con una ametralladora. Sus manos empujaron las puertas de Dachau en abril de 1945 y sus ojos vieron visiones de fantasmas vivientes con huesos traqueteantes trastabillando cuando entendieron que serían liberados, ojos negros que se agrandaban en los hoyos profundos de rostros esqueléticos. Sus oídos escucharon débiles sollozos de alivio y gratitud. Su piel sintió sus rasguños desesperados.

Keith estaba empeñado en lograr que el deseo de su suegro de un funeral militar completo se cumpliera, aunque fuera lo último que hiciera. Contactó a los veteranos de guerra y dio con todas las pistas posibles, negándose a aceptar respuestas negativas. Todo esto me dejó considerablemente enamorada de Keith porque sabía, como sé mi propio nombre, por qué lo estaba haciendo. A él le caía bastante bien papá, pero esto no era por él. Era por la esposa de Keith Moore. Quería ayudarme a ver un aspecto distinto de mi papá, un costado honorable de mi papá aquí, en su final. Aunque yo aún tendría que ordenar todas las complejidades durante los años siguientes, las buenas intenciones de mi esposo no fueron en vano.

Keith no llegó a encontrarse de antemano a los veteranos. Simplemente, le aseguraron que llegarían al lugar de sepultura y que le entregarían en mano una donación en efectivo.

Todo esto fue por teléfono. Keith hubiera preferido tener los nombres y los planes concretos por escrito, pero ninguno estaba cercano y no tuvo otra opción que tomarles la palabra. «Solo díganos la hora y el lugar».

Y allí estuvieron. Ya estábamos sentados debajo del toldo, papá en el ataúd abierto, poco elegante como de costumbre, pero, también como de costumbre, ajeno a todo, cuando varios automóviles estacionaron junto al cordón más cercano con golpes y chirridos. Eran siete, todos de edades muy similares a la de papá, así que fue entendible que les llevara un rato salir de sus vehículos, volver a acomodarse sus camisas, sacar sus rifles del baúl y llegar hasta nosotros. No se habían cuidado tanto como lo hacía papá y, si bien esto no apagaba el debido honor por el servicio a su país, me pareció que varios de ellos no se habían probado el uniforme desde hacía aproximadamente diez kilos.

Miré a Wayne y él a mí con una expresión insegura.

—Espero —le susurré a mi hermano mayor— que ninguno de ellos se tropiece con una lápida viniendo para acá y se le dispare el arma.

Todos superamos este evento y le fuimos encontrando distintos grados de sentido, tal como Keith había esperado, aunque él se decepcionara un poco por el estado desaliñado de un par de los veteranos. De todas formas, solo un tonto podía permanecer impasible al tamborileo. La salva de veintiún armas (que en esta ocasión fueron siete armas, tres disparos cada una), también fue eficaz. Y ruidosa. Supe que papá en verdad estaba muerto porque no se despertó. El hombre merecía que su país lo honrara por su servicio. Fue un buen soldado, haya sido o no un padre particularmente bueno.

Me avergüenza decir que todo el asunto también fue algo así como una comedia melodramática. Como una sátira, si se me permite. Mis hermanos y yo somos personas terribles. Yo culpo a Wayne por reírnos tan inapropiadamente. Él me culpa a mí. Ahí estábamos, en sillas plegables, mis pies clavándose en la tierra blanda debajo de la alfombra de falso césped, preguntándome si estábamos a punto de caernos sobre nuestra madre.

•　•　•

Vi a mamá y a papá aproximadamente un año después. Bueno, en realidad no. Lo que quiero decir es que los imaginé. Estaba metida en mis asuntos, pensando en una docena de otras cosas, cuando en mi mente apareció, de la nada, una imagen vívida como las que podemos tomar hoy en día con nuestros teléfonos celulares. Parecían estar a fines de sus veinte años o comienzos de sus treinta. Papá estaba elegante con su uniforme verde grisáceo perfectamente planchado y una gorra de cuartel, y mamá tenía un vestido blanco de mangas cortas con un entallado corsé ceñido a la cintura por un cinturón blanco e impecable. La falda acampanada apenas debajo de la rodilla azotada por la brisa como una sábana recién blanqueada en un tendedero. Ambos sonreían de oreja a oreja; tal vez, se reían. Los rayos de un sol invisible buscaban los mechones dorados del cabello castaño de mamá. El cielo de fondo era tan celeste como los ojos de mi nieto. Mamá y papá no estaban tomados de la mano ni se miraban uno al otro. Nada de eso. Solo estaban juntos en la escena, felices como alondras.

Sé que no fue real. No pretendo que haya sido una visión de ninguna índole. Pero fue la imagen más inesperada que podía saltar a mi cabeza y me fue de gran consuelo. También tuve la esperanza de que, en algún sitio más allá del velo, cada uno de mis padres estuviera así de alegre y en perfecta paz el uno con el otro, completamente liberados, las puertas del dolor abiertas por la mano de Dios.

CAPÍTULO VEINTIDÓS

EL AÑO MÁS FELIZ de mi vida matrimonial convergió con el año más triste de mi vida eclesiástica. Por más que odie reconocerlo, quizás ambos no podían ser del todo inconexos.

Keith había estado demasiado enfermo para sentir cómo tembló la tierra para mí en octubre del 2016 o para registrar plenamente las réplicas incesantes del 2017 al 2019. Pero había empezado a despertar al mundo en general a fines del 2020 y llegó a despertar totalmente en marzo del 2021, cuando di a conocer públicamente que me iba de la CBS, la denominación a la que había amado y a la que había servido toda mi vida, desde los doce años.

Su regreso del abismo fue lento, dos pasos adelante y un paso hacia atrás, pero, una vez que estuvo de vuelta, tuve el año más feliz de mi vida de casada, sin excepción. ¿Fácil? No. ¿Perfecto?

Cielos, no. Esa no es nuestra vibra. *El más feliz.* En caso de que esté pensando que Dios me regaló un hombre nuevo y que por eso yo estaba feliz, no, en general, volví al mismo malhumorado con el que me casé y con la misma boca sucia.

Yo necesitaba a Keith como una cala necesita a la lluvia. Él sabía mejor que nadie, excepto mi Creador, cuánto significaba para mí esta decisión. Sabía que yo no sabría qué hacer conmigo misma. Sabía que ni siquiera me conocería a mí misma. Sabía que abandonar mi larga y feliz relación con Lifeway era una daga en mi corazón. Muchas de mis relaciones más queridas estaban ligadas a la CBS y, aunque muchas de ellas sobrevivirían al cambio, por lo menos hasta cierto punto, ya no compartíamos el mismo vínculo. La partida había llegado con una agonía. Keith apareció para eso e hizo el duelo conmigo. Se afligió por mí. Lloró por mí. Insultó por mí.

Por primera vez en mi vida, no tenía una iglesia local. No tenía ni idea de dónde ir. Para Keith, eso significaba que estábamos libres de ataduras, ¿y qué podía ser mejor que eso? Para mí, significaba que no teníamos un ancla. No teníamos un muelle. Desconectados. Sin lugar ni personas de fe que pudiéramos considerar nuestros. El anhelo de pertenecer está entrelazado en el tejido humano. No pertenecíamos a ningún lado.

Habíamos estado mirando servicios en línea durante un año, pero yo estaba muerta de hambre de adorar y de leer la Biblia en comunidad. Cuando las distintas iglesias reabrieron sus puertas después de lo peor de la pandemia de covid-19, visitamos varias denominaciones que tenían una tradición parecida a la nuestra (y algunas congregaciones excelentes), pero en cada ocasión nos enfrentábamos con una realidad irrefutable: nuestra presencia estaba cargada de implicaciones. Eso no quiere decir que no nos hayan recibido bien. Significa que nosotros llegábamos con cierto bagaje y provocábamos reacciones y opiniones. A veces, los seres humanos somos demasiado conocidos en un ámbito en particular como para darnos el lujo de empezar de nuevo. Y, créame, nosotros estábamos empezando de nuevo.

Durante esta temporada, los sábados a la noche significaron una sola cosa para mí: sobrellevar la ansiedad que me provocaba no saber a cuál iglesia iríamos a la mañana siguiente. Keith hubiera estado contento de seguir mirando en línea porque podía seguir con su pijama azul a cuadros puesto, comer huevos revueltos y tostadas y mantenerse alejado del plato de las ofrendas. Pero nosotros no cantamos tan bien. La alabanza y la adoración en línea me resultaban insoportablemente incómodas mientras estábamos sentados allí, oliendo a salchichas Jimmy Dean, los dientes sin cepillar, el cabello despeinado, un perro despatarrado sobre nosotros y el otro dejando caer una pelotita babosa sobre nuestros regazos. A veces, Keith estallaba en carcajadas por cómo sonábamos y, para entonces, la falsa piedad volaba en pedazos y yo tenía que estallar en carcajadas con él. No estaba funcionando. Tampoco, hasta entonces, estábamos encontrando una iglesia.

Un sábado a la tarde, mientras estaba sentada en el sofá, otra vez cabizbaja, Keith dijo, con una mezcla de compasión y frustración:

—Elizabeth Moore, toma tu celular ahora mismo.

—¿Por qué?

—Por Dios, ayúdame, mujer, tú podrías exasperar aun al papa. ¿Podrías levantar el teléfono?

Eso hice, pero enfurruñada.

—Busca en Google *iglesias anglicanas en Houston* —dijo en un tono mandón.

—*¿Qué?*

—Me oíste.

Nuestra hija, nuestro yerno y sus tres hijos se habían mudado a Missouri el verano anterior y, con la necesidad de un respiro de nuestra tradición, habían asistido a la Iglesia Anglicana un tiempo y habían hallado un estimable consuelo en ella. Para entonces, Keith estaba al límite de la paciencia conmigo y con mi drama de la iglesia y sabía que tendríamos que salirnos del camino transitado para encontrar un lugar que fuera menos controversial.

Así que hice lo que dijo. Me acomodé en el sofá y le dicté al minúsculo micrófono de mi teléfono:

—Iglesias anglicanas en Houston, Texas.

Keith miró por encima de mi hombro mientras mi teléfono procedía en la búsqueda. Cuando aparecieron media docena de pines localizadores en la pantalla, rodeó el sofá y se sentó junto a mí.

—Veamos —dijo él y se inclinó hacia mí.

—Ninguna está cerca de casa —bromeé.

—Pues bien, ¿cuál es la más cercana? —su tono sonó un poco ofendido, pero su postura era de amor de la cabeza a los pies, sentado con el muslo pegado a mí y su brazo rodeando fuertemente mis hombros.

Durante los cuarenta y dos años anteriores, había dejado la decisión en mis manos porque, francamente, no le interesaba. No quiero decir que no quería ir a la iglesia. Me refiero a que no le importaba dónde fuéramos. Según su manera de pensar, de todas formas, él no se iba a involucrar. Si yo era feliz en la iglesia, para él estaba bien. Sin embargo, en ese momento yo era cualquier cosa menos feliz en una iglesia porque me sentía cada vez más cohibida e imaginaba que éramos demasiado radioactivos para ser bienvenidos en cualquier parte. Según mi punto de vista, apenas éramos tolerados, y un dolor de cabeza para cualquier pobre pastor que terminara aceptándonos. Keith enfrentó por su cuenta el hecho de que iba a tener que dar un paso adelante.

—Esta de aquí. —Di unos golpecitos en la pantalla con mi uña—. Casi a media hora de distancia.

—Bien —dijo Keith—. Allí es donde iremos mañana.

Durante el viaje fui casi en silencio, excepto para repetir como un loro cada indicación que el asistente de voz de mi iPhone nos daba. Siri decía: *En doscientos setenta y cinco metros, gire a la izquierda en el semáforo.*

Y yo decía: «En doscientos setenta y cinco metros, gira a la izquierda en el semáforo, amor».

—Lo escuché.

—Está bien. Solo para estar segura. —*En la intersección de cuatro vías, continúe recto.* —Amor, en la intersección de cuatro vías, continúa...

—Lo escuché.

—Está bien.

Esto durante treinta minutos. Nos detuvimos en el estacionamiento faltando cinco minutos. Estiré el brazo para agarrar mi bolso de mano y la Biblia que estaban en el piso del auto y sentí el aleteo de las mariposas en mi estómago. Keith rodeó el vehículo y me tendió la mano. Se la tomé y empezamos a caminar hacia la entrada. Cuando reproduzco la escena en mi imaginación, lo único que llevo puesto es una etiqueta blanca con letras rojas, sujeta por un broche: *Hola, soy una bautista del sur.*

Un hombre que tenía abrochada una etiqueta real con su nombre, su fotografía y el logo de la iglesia (esas etiquetas que indican que usted real y verdaderamente pertenece al lugar), nos saludó en la puerta.

—¡Buen día, amigos!

—Buen día —dije yo, evitando el contacto visual, en un volumen que fue apagándose hasta el susurro—. Somos vis'tantes.

—Lo saben —dijo Keith en voz baja, calando el salón y, quizás, disfrutando un poco de mi excepcional ataque de torpeza social.

Para una pareja que había madurado durante el apogeo del mundo evangélico de megaiglesias, el edificio parecía pequeño. Yo amaba la sonoridad de los centros de adoración de tres mil butacas. La energía de esos lugares. Valoraba mucho el ministerio del hombre o la mujer que se sienta en el centro de control de un gran santuario con la sensibilidad suficiente para saber cuándo bajar o subir las luces. *Bájalas durante la alabanza y la adoración para que la gente no se distraiga. Súbelas durante el sermón para que las personas puedan leer sus Biblias.* Lo amaba. Todavía lo amo. Pero, en esta ocasión, sabíamos que lo último que buscábamos era algo grande.

Cuando entramos al vestíbulo, las puertas dobles que daban al santuario estaban a siete metros y abiertas de par en par. Había unos tipos parados junto a ellas, entregando boletines. Apenas llegaba algún sonido desde adentro. Queríamos sentarnos discretamente en un banco, pero había todo un grupo de personas apiñadas en la puerta, cada una con una especie de túnica. Veamos, he usado túnicas de coro infinidad de veces, pero esto no parecía un coro. Para empezar, había un par de niños en el montón. La mayoría tenía algo en la mano. Keith adoptó el rol de la caballerosidad y me hizo un gesto para que yo entrara primero; luego, mantuvo su mano presionada entre mis omóplatos como con una picana para que siguiera caminando.

—¿Por el medio de ellos? —susurré.

—Sí, Lizabeth, *vamos.*

Está bien, pensaba yo, *pero esto es incómodo.* Me parecía obvio que estaban a punto de celebrar una ceremonia. Sin querer, habíamos llegado de visita en un domingo especial. Pasé a través del grupo, esquivando aquí y allá con la cabeza los candelabros y tratando de no golpearme la frente con la cruz que un hombre sostenía en el extremo de un bastón de madera. Le sonreí a una niñita de quizás siete años, que sostenía otra cruz. Había varios hombres con distintas túnicas y estolas parados cerca. En lugar de mostrarse molestos con nosotros, cada uno sonrió amablemente, haciéndonos señas para que fuéramos adelante y murmurando distintas versiones de «Pasen por aquí», «Bienvenidos» y, ante mis profusas repeticiones de «Lo lamento, disculpe, por favor», decían «No, no, nos alegra que estén aquí».

Un hombre de nuestra edad, de rostro amable y cálido y sonrisa genuina, estaba entre ellos. Tenía puesta una túnica blanca y, sobre ella, una estola verde con el diseño de una vid en ella. Me tendió la mano y, con un susurro más audible, se presentó como el párroco.

—Bienvenidos a nuestra iglesia. ¿Ustedes son?

—Beth... —dudé por medio segundo— Moore.

—¡Oh! —dijo y echó la cabeza hacia atrás, sorprendido y con una risita contagiosa e inofensiva—. Como *Beth Moore*.

—Lamentablemente, sí. —El sacristán que había trabajado con él durante décadas me informó luego, con una sonrisa indisimulada, que al párroco le causó gracia que yo tuviera el mismo nombre que la infame Beth Moore. No se le pasó por la cabeza ninguna otra cosa.

—Vengan aquí —dijo de la manera más cariñosa—. Nos alegra recibirlos.

Había unas ciento veinte personas sentadas en los bancos del santuario, y una pequeña banda de adoradores con sus dos cantantes ante los micrófonos de pie estaba posicionada a la izquierda de un escenario que, por lo demás, estaba vacío. Apenas nos habíamos sentado, cuando sonó una campana.

La banda comenzó de inmediato, la congregación se puso de pie y Keith con ella, y yo tuve que hacer un esfuerzo para pararme. He aquí que vino, por el medio del pasillo, ese grupo de personas, sonriendo y cantando.

Keith inclinó su cabeza hacia mí y susurró:

—Toma tu boletín.

Mire, nunca supe cuándo Keith creyó que era un experto, pero pude ver que ya tenía el suyo en la mano. Recorrí el salón con la vista y vi que la mayoría de los asistentes ya tenían los suyos. Tomé el mío justo a tiempo para que el tipo principal, el hombre que nos había recibido en la puerta, empezara a decir frases y la congregación a prestar atención.

Esto incluyó a Keith, quien nunca había puesto un pie en esta iglesia. Actuaba como si hubiera venido toda la vida. Señaló la parte de arriba de la columna derecha de mi boletín.

—Estamos aquí.

Cualquiera que prestara atención en el santuario podía escuchar el sonido de la inexperiencia en el temblequeo de mi boletín. Las manos me temblaban incontroladamente por los nervios.

¿Y Keith? Bueno, déjeme que le haga algunas preguntas. ¿Su familia alguna vez tuvo una pecera durante su niñez? ¿Acaso su mamá o su papá o alguna tía o hermano mayor lo llevó a la tienda de mascotas y le compró un pez dorado que sería solo suyo, para sumar a la pecera? ¿Recuerda cómo el empleado metió un cucharón en la pecera grande y cargó un par de tazas de agua en una bolsa plástica, luego tomó una red pequeña con una manija, levantó un pez dorado, lo dejó caer en la bolsa y la cerró con un alambrito plástico? ¿Recuerda cómo ese pez iba ansioso y con los ojos bien abiertos en la bolsita mientras regresaban a su casa? ¿Y recuerda que lo llevó a casa, a una pecera que él nunca había visto, llena de peces que no conocía, y usted desató el alambrito y volcó el agua y a su pez nuevo en la pecera y él se puso a nadar ahí mismo como si estuviera en casa? ¿Como si supiera exactamente qué hacer?

Ese era Keith. Literalmente, parecía un pez en el agua. Sabía dónde estábamos en todo momento en el orden del boletín. Cuando leyó atentamente, su voz no sonó nada débil ni gutural. La sacó desde sus entrañas, como un valiente. Pocos minutos después, se agachó y bajó el reclinatorio como si él lo hubiera fabricado. Se arrodilló sobre ese mueble amurado como si supiera precisamente a qué anticiparse... y empezó a llorar. Lloró y siguió llorando. Lloró la mayor parte del servicio. Sin esconderse, sin avergonzarse. Se limpió la cara con ambas manos, levantó la vista al techo unos segundos, dejó caer su rostro sobre sus antebrazos y se mantuvo en equilibrio en la parte trasera del banco que teníamos adelante.

Cuando se levantó para recitar el Credo de Nicea, casi no miró el papel. Yo trataba de seguir las palabras, deseando que fueran más despacio. Las frases eran muy bellas. Rítmicas. Potentes. Verdaderas. Transformadoras. Yo las había escuchado antes, desde luego, y las había dicho en distintos servicios, pero no de esta manera. No como las dicen las personas que han basado toda su vida de fe en ellas. Todavía estaba en «Subió a los cielos» cuando Keith y el resto de la congregación declaraban: «Y creo en el Espíritu Santo».

Una de las razones por las que no podía seguir el ritmo de la lectura es que no podía dejar de mirar a Keith.

¿Quién eres? pregunté en silencio.

Gran parte del servicio estuve perdida, excepto en una cosa. Sabía que avanzábamos hacia la Santa Cena y tenía la intención de recibirla. Y quería recibirla no solo con la mano y con la boca, sino con toda mi alma. Me hubiera lanzado con todo el cuerpo sobre la mesa si me lo hubieran permitido. De hecho, cuanto más nos acercábamos a la sección de la Eucaristía en el boletín, más sentía que no podía vivir un segundo más sin ella.

Estaba tan agotada, desanimada y perdida que, cuando el ujier llegó a nuestra hilera y nos indicó que procediéramos al pasillo central, arremetí hacia él con Keith pisándome los talones. Nos incluimos en la fila, detrás de los otros congregantes que avanzaron y se repartieron a la derecha y a la izquierda del altar. Las manos de Keith estaban sobre mis hombros, el corazón me palpitaba en el pecho. Era todo lo que podíamos hacer para no romper la fila y correr al altar. Nos hundimos en esos almohadones con todo nuestro peso, apoyamos los codos en la baranda de madera y ahuecamos la mano para recibir la hostia como personas hambrientas que suplicaban pan. Mojé el pan en el vino, la puse en mi lengua y la retuve allí. La retuve hasta que se ablandó y cubrió mi lengua. Sentí que era apropiada. La sentí plegarse en mí.

Finalmente, la tragué y abrí mis ojos para ver a Keith con la visión periférica, ya de pie y extendiendo la mano derecha para ayudarme a levantarme. Volvimos a nuestra fila. Él regresó al reclinatorio, así que lo imité hasta que la Eucaristía finalizó y Keith volvió a sentarse en su lugar.

Me encantaron las cosas que dijimos hacia el final. No me había dado cuenta cuánto necesitaba decirlas.

Todos nuestros problemas,
¡los enviamos a la cruz de Cristo!

En ese segundo verso, toda la congregación, viejos y jóvenes, lanzaron las manos hacia arriba vigorosamente. Nada me gusta más que los movimientos con las manos. Me sumé enseguida.

Todas nuestras dificultades,
¡las enviamos a la cruz de Cristo!

Ah, qué diablos, sí, esto era justamente lo mío.

Todas las obras del diablo,
¡las enviamos a la cruz de Cristo!

Me quedé corta de no echar mi espalda hacia atrás con entusiasmo en esa parte.

Todas nuestras esperanzas,
¡las ponemos en el Cristo resucitado!

Sí. Lo hacemos. Tú eres todo lo que tenemos, Jesús. Sí, así es.

Ese mismo grupo de personas con túnicas, que estaban en la parte trasera del santuario cuando entramos, reunieron su parafernalia sagrada y salieron en procesión, de la misma manera que habían entrado, pero con el doble de gozo.

—¡Celebrad, todos y cada uno! ¡Por el poder de la cruz, Jesús nos recibió a su mesa!

Las niñitas con túnicas blancas apagaron las velas sobre las mesas de la plataforma y salieron en fila.

Una voz fuerte llegó desde atrás:

—¡Vayamos al mundo, conociendo a Cristo y dándolo a conocer!

Los feligreses, que habían estado callados como lauchas al comienzo del servicio, gritaron:

—¡Demos gracias a Dios!

Y se terminó. No estaba segura de qué acababa de suceder, pero no me oponía a ello. Un hombre llamó la atención de Keith de inmediato y yo recogí mi Biblia, mi bolso de mano y el boletín. Cuando me levanté y giré para salir del banco, había varias mujeres reunidas. En apenas segundos, varias más se les sumaron.

Reproduciré mentalmente esta escena por el resto de mis días y Keith declara que él también, pero mis palabras no le harán justicia. Fue algo más sensorial que visual. Unas cinco mujeres me rodearon en círculo; las más cercanas, posaron sus manos sobre mis antebrazos. No pudo haber sido planeado. Nadie sabía que iríamos. Y no pensamos en absoluto que alguien allí supiera quiénes éramos.

—Beth —dijo una de ellas con un cariño palpable—, no sabemos qué los trajo a usted y a su esposo aquí hoy, pero queremos que sepan...

Todas asintieron como si supieran exactamente lo que estaba a punto de decir.

—Que estamos muy contentas de que haya venido. Aquí es bienvenida, Beth.

Dios golpeó la roca y el agua brotó de mis ojos como una catarata. No se me ocurre una ocasión en la que haya llorado con menos moderación en un lugar público. No podía parar. No podía dominarme. No podía decir una sílaba. Solo sollozar.

Una de las mujeres que tocaba mi brazo dijo:

—¿Puedo simplemente preguntarle si está bien?

Asentí.

—Esas no son más que lágrimas de sensibilidad, ¿cierto? —continuó.

Asentí de nuevo.

—Entonces, está bien. Esas están permitidas. —Y se rieron con dulzura, sonrieron y, una por una, me abrazaron. Keith y yo regresamos a nuestro hogar casi en silencio, su brazo cruzando el apoyabrazos y su mano extendida sobre la mía.

Exhausta, dormí una siesta cuando llegamos a casa. Varias horas después, me senté al lado de él en nuestra sala.

—¿Cómo supiste hacer todo eso?

—¿De qué hablas?

—Hoy, en la iglesia.

—¿Te refieres a la liturgia? —Pareció sorprendido de que yo lo preguntara.

—Sí.

—Lizabeth, hacíamos esas cosas en mi iglesia católica y en la escuela católica durante toda mi infancia.

—¿Por qué nunca me dijiste que querías volver, amor?

—No quería volver. Tampoco quiero ahora.

—Pero, Keith, nunca te he visto disfrutar un servicio como ese. Jamás te he visto participar así. ¿Qué diablos?

—Esas eran las partes que me encantaban antes. No todo me gustaba. Pero esas partes me encantaban. Amaba decir y orar esas palabras. Era un niño tan hiperactivo, que todo eso de sentarse, arrodillarse, pararse y caminar (cambiar todo el tiempo de posición) funcionaba conmigo. No esperaba eso hoy. No esperaba que me llegara de esa forma. No tenía idea de que lo extrañara. Fue increíble que estuvieras conmigo. Increíble que no te hayas opuesto.

—Leyeron un montón de las Escrituras —dije—. Casi tres capítulos enteros.

—Sí, lo hicieron. —Sonrió de oreja a oreja, sabiendo muy bien que yo había calculado cuánto de la Biblia usaban.

Continué:

—El sermón fue bueno. No fue ruidoso ni ostentoso, pero estuvo bien. Fue sólido.

—Estoy de acuerdo.

—Se dijo mucho sobre el evangelio en el servicio y supongo que escuchaste al final cómo se supone que debemos salir y dar a conocer a Jesús. A lo que me refiero, Keith, es que eso fue un bálsamo para estos viejos huesos de evangelista.

—Sip —se rio—, supongo que sí.

Nos quedamos un rato en silencio.

—Quiero volver el próximo domingo —dije.

—De acuerdo. Vivamos de a una semana a la vez. ¿Está bien?

—Está bien.

Por accidente, heridos y con poca energía nos encontramos en la *Via Media*. El camino del medio. Nos llevaría un tiempo reconocer el paisaje.

● ● ●

Estuve casi tan terrible la segunda vez como la primera. Seguía una frase detrás de la congregación en cada oración y durante la mitad del tiempo estuve con la cara muy metida en el boletín como para pararme antes de que ya fuera el momento de sentarnos. Traté de mantener un ojo puesto en Keith y hacer lo que él hacía.

No estuve tan fuera de sintonía la tercera semana. Fue bueno empezar a anticipar una o dos cosas en lugar de ir constantemente detrás de la liturgia. Pude acomodarme un par de minutos mientras pasaban el plato de la ofrenda, revisar mi boletín y ver qué haríamos a continuación. Esta vez, estaría lista.

Para lo que no estaba lista, sin embargo, fue para el ofertorio musical de ese día. Era instrumental, solo un teclado a cargo de un caballero canoso con sonrisa dulce y de mi misma edad, que vestía traje y corbata. Reconocí el himno a la cuarta nota. *Do central, Fa, La, Do alto.*

Mi fe está puesta en Jesús
Solo en su sangre y su virtud
En nadie más me confiaré,
Y solo de él dependeré.

Cerré los ojos y articulé las palabras. El viento del Espíritu pasó a buscarme en mi imaginación y sopló año tras año de los antiguos calendarios, páginas manchadas de tinta que se rasgaban, salían volando y caían de la escena, y la brisa se calmó allá por junio de 1966.

Ahí estábamos otra vez, en mi imaginación, todos de pie en el santuario de la Primera Iglesia Bautista de Arkadelphia, Arkansas: abuelita y sus amigas con sus casquetes, mamá y papá, mis hermanos y hermanas y yo, de nueve años. Mi maestra de la escuela dominical allá, a la derecha; mi maestra de coro, adelante en el centro del entrepiso; el hermano Reeves parado frente a su sofisticado sillón alto con los almohadones de terciopelo rojo; Elwyn Raymer, nuestro ministro de música, sosteniendo un himnario en su mano derecha y marcando el ritmo con la izquierda. Todos cantábamos con nuestros himnarios abiertos de par en par, pero ¿quién los necesitaba, de todos modos?

Cuando no pueda ver su faz,
Sé que su gracia es siempre igual;
Aun cuando viene tempestad,
Él es mi ancla y firme está.

Empujada vívidamente al pasado por mis recuerdos de la Primera Iglesia Bautista, y estando firme y conscientemente sentada en el banco de esta iglesia anglicana, de pronto vi que había sido sostenida con firmeza y maniobrada adecuadamente. Al pasar por una serie de tempestades que parecieron interminables, marcada por huracanes furiosos, mi cordura ridiculizada en las noches más tenebrosas, Jesús había resistido. No conocía una verdad más cierta en la vida que la profesión de fe que había hecho pública a los nueve años. Seguí gesticulando con la boca las palabras, mientras el organista continuaba tocando.

En sus promesas me fiaré
Aun cuando el viento fuerte esté.
Si todo cae alrededor
Él es mi fiel sustentador.

No me ahogué. Aun cuando me solté y me entregué por completo a la corriente y fui barrida hacia el medio del mar, su mano me cubrió. Aunque las olas rugían y la tormenta rabiaba, en ningún momento quedé a la deriva de su presencia.

Un día él regresará,
Entonces quiero puro estar,
Sin mancha ante mi Jesús,
Lavado en sangre por su cruz.

Tanta vergüenza había sentido. Todo el tiempo que estuve tan segura de que todos podían ver qué me habían hecho y todo lo que yo había hecho, el Dios Que Ve, que realmente ve, vio a una niña amada, no a una paria expuesta a la condenación, sino a una hija cubierta de manera sublime, lavada en sangre por la Cruz.

Sobre la Roca firme estoy:
Y solo en Cristo fuerte soy.
Y solo en Cristo fuerte soy.

Localicé al organista después del servicio y le agradecí por semejante acto de servicio al tocar ese himno bautista para esta antigua chica bautista y me dijo cuánto se alegraba de que lo hubiera disfrutado. Me contó que guardaba los himnarios de otras denominaciones y, cada semana, elegía algún himno por si algún nómada estaba en el salón añorando su hogar.

Caminé hacia el automóvil casi trastabillando en mi asombro. A cada paso que daba, iba concibiendo con mayor claridad que, en algún lugar más allá de las nubes, todo estuvo planificado. Ni mi dolor ni mi camino podían ser rebajados a las meras consecuencias. Incluso los desvíos de este camino fueron marcados por la Providencia. El atlas de viaje estaba a la vista sobre la mesa de mi Padre allá arriba; una ruta que yo no podía ver estaba resaltada en verde. Como dijo el gran apóstol, Dios estuvo, todo el tiempo, *completando lo que me faltaba en mi fe*. Ese será el rumbo para el resto de mis días, pase lo que pase.

No sería despojada de mi legado, tan precioso para mí, así como mi futuro no me sería arrebatado. Dios se encargaría por su buena voluntad. Sin permutas. Sin comerciar. En el Espíritu no existe tal escasez. Yo podía aferrarme a todo ello. Hasta la última pizca. Porque el que me llamó estaba aferrado a mí.

EPÍLOGO

Hace diez años, mi hombre me construyó una casa en los bosques donde, si Dios quiere, tenemos la intención de vivir el resto de nuestros días. Por *construyó* no me refiero a que apiló los ladrillos ni a que instaló las puertas, pero con la misma certeza de que nuestro techo de chapas es verde como la hierba primaveral, él tomó lápiz y papel y la dibujó delante de mis ojos.

—¿Qué pensarías de vivir en un lugar como este?

Keith es un poco una anomalía. Es un cochino amante de la naturaleza con buen ojo para el diseño, pero nunca alegó poseer ni una gota de habilidad para el dibujo. No importaba. Entendí el dibujo.

—Sí —contesté.

—¿De verdad?

—Sí, amor, absolutamente. Esa es la casa en la que quiero envejecer.

Su rostro se iluminó, deleitado.

—¿Lo dices en serio?

—*Sí*, cariño. —Y así era—. ¿De dónde sacaste esa idea?

—La he imaginado por años.

—¿Por qué nunca me lo dijiste?

—Pensé que te enterraría antes de hacerte salir de esta casa donde criamos a las niñas.

Yo había jurado y declarado que jamás me iría de ella. Jurado y declarado que cuando diera mi último aliento, él podría lanzar mi cuerpo frío y rígido a uno de los tantísimos pozos que los perros habían cavado en el jardín de atrás.

Habíamos comprado la casa victoriana azul en uno de los barrios del área metropolitana de Houston, en una ejecución hipotecaria, cuando nuestras hijas tenían cinco y dos años. Yo amaba cada centímetro cuadrado de la casa. Amanda había aprendido a andar en bicicleta y Melissa en triciclo en aquella entrada para vehículos. Habían aprendido a lanzar al aro ahí mismo. Junto al cordón de la vereda de esa casa, yo había esperado que el autobús escolar viniera a buscar a cada una de ellas para sus primeros días de clase. En esa casa, les había tomado fotos a mis hijas con sus vestidos de graduación. Mis primeros nietos habían gateado, dado sus primeros pasitos y comido del piso en esa casa. Habíamos criado ocho mascotas (tanto perros como gatos), y también las habíamos malcriado dentro de esos muros. Por el amor de Dios, una vez me dieron el reconocimiento del «patio del mes» en esa casa.

Durante veintisiete años, me había levantado antes del amanecer más días de los que me dan mis habilidades matemáticas para contar, con el fin de encontrarme con Jesús en aquel pequeño comedor. Allí había preparado un millón de lecciones de escuela dominical y de mensajes para conferencias, y había escrito catorce estudios bíblicos. Había desplegado un rollo de papel en el piso de la sala y dibujado con marcador indeleble una línea de tiempo de las setenta semanas de Daniel para el estudio bíblico. Y, cuando volví a enrollarlo, la tinta negra había traspasado al piso de madera. Ahora, ¿quién iba a comprar esa casa? Nadie, y no solo porque había arruinado el piso. Yo no cambiaría de opinión.

Hubo un par de acontecimientos que hicieron flaquear mi firme decisión. Cometimos el terrible error de tener dos cachorros al mismo tiempo. No necesito explicarle a nadie que haya padecido eso lo que mi decisión le hizo a mi «patio del mes». Entre el paisajismo, los muebles, las alfombras, los lomos de libros, los pasamanos de la escalera, las manijas de las alacenas y cada par de zapatos que teníamos, esos dos diablillos se las arreglaron para costarnos miles de dólares en daños en el lapso de dos años. Los terrenos cercanos donde hacíamos correr a estos perros y a sus predecesores, dejándolos perseguir conejos hasta que sus patas quedaran hechas muñones estaban ahora tapados por bodegas monstruosas. ¿Cuántos depósitos necesita tener un barrio? Si suena a que decidí dejar la casa en la que había jurado pasar el resto de mis días y trasladarme hacia el campo por un par de perros, ha captado la idea.

Lo dije una sola vez. Y lo dije en un tono no más fuerte que un susurro (y con un descargo de responsabilidad). «Que no se te ocurra recordarme que lo dije yo. Ni siquiera le prestes atención. Pero, tal vez, algún día podría considerar mudarme».

Keith llamó a la agente inmobiliaria al día siguiente. Juntos, primero buscaron un terreno. Luego de varias semanas de exploración, descubrieron unas hectáreas por una carretera de mano única detrás de unas granjas, a las afueras de Houston. El terreno tenía tantos árboles, arbustos, enredaderas y espinos, que necesitaron abrir el camino a machetazos para ver si había un espacio adecuado para dos casas por encima de la planicie inundable. No nos mudaríamos sin los padres de Keith. En la ciudad, vivían a un minuto de nosotros y no íbamos a renunciar a eso ni siquiera por un par de perros. Primero edificamos la casa de ellos porque, como ya tenían casi ochenta años, en caso de una desgracia, les quedaría menos tiempo para disfrutarla.

Keith me llevó para que viera la propiedad y fuimos a caminar por el sendero lleno de telas de araña que él había macheteado. Fue amor a primera vista. Desde que mi familia se había marchado de la colina, en Arkadelphia, yo había ansiado aire fresco, un mural en movimiento sobre mi cabeza, pintado por las ramas largas y frondosas de pinos, robles y sicomoros.

Juntamos todos nuestros ahorros e hicimos una oferta casi de la noche a la mañana. Keith y su papá comenzaron la monumental tarea de despejar lo suficiente el terreno para nuestras casas, cavar un pozo e instalar los cables eléctricos, los tanques de gas butano y las cámaras sépticas. Mis suegros se decidieron rápidamente por el plano de la casa, pero cualquier cosa que Keith ponía frente a mí, no lograba deslumbrarme.

—Amor, te lo digo en serio—decía yo una y otra vez—, cualquiera de ellas está bien. No me importa. Tú sabes que no soy presumida para las casas. Ya me conquistaron los árboles. No me importa qué casa vas a poner en medio de ese bosquecito, estaré feliz.

—Pero quiero que te importe.

—Bueno, cariño —dije—. Perdón. No me importa. Elige tú. Yo seré muy feliz.

Y todo eso fue cierto hasta el día que, en nuestra mesa para desayunar, Keith bosquejó un dibujo en una hoja de impresora tamaño carta y preguntó:

—¿Qué te parecería vivir en algo así?

—¡Es una iglesia! —exclamé, sorprendida.

—Bueno, sí, pero la diseñamos para que sea una casa.

—Keith, ¿de dónde se te ocurrió esta idea?

—Sabes que, sin pensarlo, tomo un camino rural en lugar de la carretera y, mientras voy de aquí a San Antonio o a Dallas, en cualquier sentido, veo algunas versiones de iglesias de este estilo, y tengo que parar a mirarlas. Casi siempre se trata de una capilla básica, simple, el techo con una pendiente a cuarenta y cinco grados como esta y un par de aulas de escuela dominical a cada lado, en la parte de atrás. He soñado con esto durante años. Parece que, así como tu fe ha moldeado nuestra vida hasta ahora, esta sería una representación apropiada para el resto de la vida. Tal como la delineé, una combinación de la sala con el comedor y la cocina entrarían en la capilla, luego las habitaciones a cada lado en la parte de atrás. No sería recargada, pero no es nuestro estilo, de todas maneras. Pienso que podría funcionar.

Me atrapó por completo. Keith empezó a leer detenidamente los catálogos de arquitectos locales y a pasar por sus obras. Encontró un arquitecto cuyos diseños se veían creativos y le preguntó si querría cenar con nosotros. Al cabo de conversar unos minutos, Keith sacó del bolsillo de su camisa la hoja de papel con el dibujo, apretó los pliegues con las puntas de sus dedos, lo giró en 180 grados y lo deslizó por la mesa.

—¿Alguna vez diseñó una casa como esta?

El caballero alto, delgado y canoso parecía un personaje de película. Combinaba perfectamente de la cabeza a la punta de los pies, tenía un acento sudafricano cautivante, usaba barba candado recortada y un bigote con la forma meticulosa de un manubrio, y tenía puesto un corbatín colorado en el cuello de una camisa tan almidonada que podía pararse sola. Tomó el papel, alzó el mentón y miró con ojos bizcos detrás de sus anteojos bifocales; luego, arqueó las cejas y sonrió ampliamente.

—¿Como una iglesia antigua?

—Sí, señor —dijo Keith—. Mi esposa tiene un llamado, y todos estos años ha...

—No —interrumpió—, no puedo decirle que alguna vez haya creado un plano para una casa como esta. Pero tampoco puedo decirle que no lo haya deseado.

No parecía ser de los que mintieran. Lo contratamos de inmediato. Complacido hasta la euforia con los planos terminados, Keith se reunió con un contratista personalizado y supervisó cada centímetro cuadrado de la construcción. Encontró cinco piezas disparejas de vitrales e hizo cortar las ventanas para que cupieran en ellos.

Como carezco de talento para el diseño de interiores, se lo dejé completamente a Keith. Él escogió todos los pisos, las mesadas de la cocina, los armarios y los electrodomésticos con el simple acuerdo de que el interior fuera acogedor, no lujoso. Nos mudábamos al bosque para que dos perros desagradables tuvieran espacio para revolcarse. Somos lo opuesto a la clase de personas que no dejan que sus mascotas suban al sillón. Una duerme con nosotros, por el amor de Dios.

Nos mudaríamos a esa nueva iglesia rural de estilo antiguo un año después. Una vez más, juraría y declararía que nunca me mudaría.

• • •

Somos lo único que tenemos en estos bosques. Podemos encontrar la manera de ser felices juntos o de ser desdichados juntos, pero el hecho inalterable es que estamos solos y juntos aquí afuera. Nuestras chicas crecieron. El papá de Keith murió. Su madre se mudó a una residencia asistida. La pandemia llegó y nos retuvo en estas hectáreas durante meses. Nuestras hijas (Rayo de Sol y Rayo de Luna) y nuestros amados, graciosos e infinitamente enérgicos nietos viven a muchos kilómetros de distancia.

Esas chicas y yo seguimos siendo como carne y uña. No pasa un día sin que hablemos, nos acechemos, nos compadezcamos, riamos, deliberemos, hagamos planes, confabulemos o lloremos. Nos mensajeamos, nos telefoneamos, hacemos videollamadas y nos vemos por Zoom. Estamos juntas en persona tan seguido como podemos y, cuando no podemos, nos extrañamos. Son las mejores amigas y confidentes que tengo. Mis consejeras más íntimas. Mis seres humanos favoritos. Mis humoristas más graciosas. Son hermosas y brillantes, ocurrentes y profundas, valientes y llenas de gracia y las extraño cada condenado día. Esas criaturas preciosas hacen exactamente lo que deberían estar haciendo. Están haciendo exactamente lo que quiero que hagan. Viven su vida de personas adultas. Aman a Jesús. Aman a sus padres. Nunca perdemos contacto ni son inaccesibles. Pero la pura verdad de nuestra vida cotidiana es que su papá es lo único que me queda de ellas en estos bosques.

No hace mucho, Keith entró en la casa como si hubiera visto un fantasma.

—Lizabeth —dijo él—, voy a necesitar que te metas en la camioneta ahora mismo, y no quiero escuchar ni un solo argumento. Hay un lugar al que tengo que llevarte.

—¿A dónde rayos? —pregunté.

—Ya verás.

Keith condujo durante media hora, serpenteando aquí y allá y, finalmente, paró la camioneta en la gravilla del estacionamiento de una iglesia cerca de Waller, Texas.

—Esta era la iglesia de mis abuelos, Lizabeth. Era el lugar donde yo iba con ellos de niño y pasaba todos esos fines de semana en el campo. No había regresado en todos estos años.

Ese día más temprano, Keith había tenido un fuerte ataque de nostalgia. Del tipo que se mete en los pulmones y lo hace jadear por algo —*cualquier cosa*— en su pasado, que sea significativo y tenga algún propósito. Había manejado hasta esos caminos rurales en Waller, añorando a sus abuelos (quienes se habían consagrado completamente a un niñito extraviado, con cicatrices en las piernas y en el corazón) y recordando cómo le habían salvado la vida. Hacía mucho que aquellas cuarenta hectáreas habían sido reducidas a la mitad, vendidas y cerradas por tranqueras. Se sentó en una cuneta del camino a revivir los recuerdos. Recordó cómo se sentía cuando iba entre ellos en la camioneta. Ni siquiera le molestaba ir a la iglesia con ellos cada domingo, siempre que estuviera acurrucado y seguro entre ese anciano y esa anciana.

¿Dónde estaba esa iglesia, al fin y al cabo? Se había preguntado en el viaje más temprano. *No puede estar muy lejos de aquí.*

Sabía que no estaba en el pueblo en aquella época. Quedaba en algún sitio en el campo, donde no había más que pasturas en los alrededores. Condujo por todas partes en esos caminos rurales y, justo cuando estaba a punto de rendirse, la divisó. Leyó una y otra vez el letrero que vio en ella para asegurarse de que no estaba imaginando cosas. Habían levantado un edificio nuevo desde la última vez que él había estado allí, pero consideraron conveniente mantener la vieja capilla y relatar su historia con un cartel para recordarla. Era esa, sin duda. La misma donde él se retorcía en el banco, entre su abuelo y su abuela, mientras decían lo que parecían unos mil Padrenuestro.

Salí de la camioneta y me quedé mirando, mi mano subió lentamente para cubrir mi boca abierta.

Era mi casa. El tamaño, la forma, la pendiente del techo, la pintura blanca.

La casa que Keith había dibujado en un papel rayado y que había construido para mí era idéntica a la iglesia de sus abuelos. El recuerdo de su aspecto exterior fue sepultado vivo por la madera carbonizada y la ceniza gris de su infancia, un latido de fe demasiado leve para que Keith lo percibiera y demasiado fuerte para que Dios lo olvidara.

Todo este tiempo, Keith creía que la capilla que había construido como una casa para nosotros era cuestión de su gusto por el diseño y, según sus palabras, algo así como un monumento a mi fe. La conexión entre los dos lugares nunca se le había pasado por la cabeza. Aun así, nunca dejó de pasarle por la cabeza a Cristo.

Mientras estaba de pie frente a la vieja iglesia, viendo en mi imaginación las ardillas que se escabullían en lo alto de la misma línea del tejado de mi casa entre los pinos, supe que me había equivocado en cuanto a lo que pensaba de Dios aquel día que salí intempestivamente a caminar por los bosques, con el rostro empapado en lágrimas sofocantes y furiosas porque Keith nunca tenía un descanso de su sufrimiento y, por lo tanto, tampoco lo teníamos nosotras. Muchas preguntas quedaron sin respuesta. Pero una única respuesta captó el destello nítido del sol poniente en el vidrio manchado de la vieja iglesia de los abuelos de Keith. Dios amaba a mi esposo. Siempre lo había amado. Por supuesto, yo lo sabía en mi interior, pero necesitaba desesperadamente que Dios lo manifestara. Y eligió una manera para que no se me escapara. Para que no pudiera olvidarla. Me despertaba en ella todas las mañanas y conducía hacia ella todas las tardes, después del trabajo.

Dios fue el arquitecto invisible de nuestra capilla en los bosques. Keith la había construido para mí, pero Dios la había construido para nosotros.

● ● ●

Vi esta vida mía distinta de lo que fue. Me vi a mí misma resultar mejor de lo que resulté. Más segura de cómo son las cosas. Esperaba tener más enigmas resueltos. Las personas mejor clasificadas. Más grises definidos por blanco o por negro.

Nunca pude organizar las cosas entre buenas y malas como quería. Ni siquiera pude descifrar mis propios sentimientos, mucho menos, los ajenos. Necesitaba claridad de parte de Dios. Lo que conseguí fue un nudo enredado.

Lo gracioso es que ni una sola vez se me había ocurrido cuán pequeña es la diferencia entre un nudo apretado y un nudo firme. En algún lugar de la confusa madeja de hilos enredados de la vida de fe, el Dios inescrutable del cielo y de la tierra tiene atados los cabos sueltos. Los que son importantes. Atados de una manera segura. Atados de una manera firme. Atados de manera tal que todo el tironeo humano, la duda y la preocupación del mundo no puedan soltarlos. Atados de tal manera que ninguna mente humana podría calcular. ¿Qué Dios es este que puede mantener un secreto por tanto tiempo? ¿Qué Dios es este que no tiene ningún apuro por mostrarse tal cual es? ¿Tan seguro de su propio carácter inmaculado que no se deja presionar por los cuestionamientos de sus propios hijos?

Estoy envejeciendo, con rapidez, el reloj hace tictac, los días vuelan. Ya no estoy segura de mí misma, si en realidad alguna vez lo estuve. Pero sí estoy absolutamente segura de algo sobre mi tiempo en esta tierra. Algo que nunca he visto. Algo que no puedo demostrar. Algo que no siempre puedo sentir. A cada centímetro de esta travesía desgarradora, entre todos los moretones, el sangrado, los sollozos y las súplicas, mi mano ha estado firmemente anudada, segura y tibia, a la mano de Jesús. Todas las veces que me solté, él me ha sujetado. Él me sostendrá siempre. Y me llevará a casa. Sagrado es el amor que nos ha unido aquí.

AGRADECIMIENTOS

Señor, ten misericordia, esto sería mucho más rápido si solo pudiera mencionar a las personas que *no* necesito agradecer. ¡Vaya!, me cuesta concebir los nombres suficientes para llenar una página, así que intentaré hacerlo de la manera habitual, aunque inevitablemente se me pasarán personas a quienes les debo muchísima gratitud.

Estoy profundamente agradecida a Ron Beers, vicepresidente ejecutivo de Tyndale House, por encomendarme otro proyecto. No me lo he tomado a la ligera. Siempre temo ser más una carga que una bendición para mis editores. Karen Watson ha sido mi mejor compañera en Tyndale durante diez años ya, una de mis atracciones más poderosas hacia Tyndale, con la que me siento más segura de intentar cosas nuevas y de decir lo que pienso. Es más valiosa para mí que el oro. Estoy sumamente agradecida por la atención y la excelencia de la editora Kathryn Olson y de la correctora Danika Kelly. Ambas son fabulosas. Estoy loca por todo el equipo de Tyndale, entre ellos: Maria Eriksen, Kristen Magnesen y la publicista Katie Dodillet. No veo la hora de volver a ponerme en marcha con ustedes. Muchísimas gracias a Jackie Nuñez y a Dean Renninger por su trabajo para la cubierta. Me ha encantado infinitamente. Sabía en qué estaba metiéndome con estas personas del equipo de Tyndale cuando trabajamos juntos en este proyecto. Sabía que no me arrepentiría.

El regalo que no supe prever fue Carol Traver. Voy a necesitar un minuto en este punto. El nicho de Carol en Tyndale es el género de las memorias, por eso nuestros caminos no se habían cruzado. Una vez que resolví en mi mente que este era el rumbo en el cual Dios quería que fuera con el próximo libro de Tyndale, Karen Watson dijo en broma:

—Oh, yo sé exactamente a quién tenemos que asignarte. Vas a amarla.

Ya lo creo que tenía razón. Permítame decirle con lágrimas en los ojos y con una gran sonrisa en mi rostro que ninguna terapeuta en el mundo sabe tanto de mi vida personal como Carol Traver. Dios la bendiga. Una autobiografía tiene la particularidad de ser dificultosa de escribir porque una vida es inmensamente difícil de enfrentar con sinceridad. La mía lo ha sido de todas formas. Cada borrador llegó a su escritorio primero, crudo y sin filtro.

Carol me ayudó a sortear lo que era demasiado difícil de relatar y lo que era demasiado pequeño. Llegué a una parte que me molestaba tanto, que estuvo atenta a mí todos los días durante una semana. Me costó tanto otro tramo de mi historia, uno mucho más reciente, que finalmente le dije:

—Lo que haré será escribírtelo todo a ti, exactamente cómo lo percibí, cómo lo sentí y lo vi; voy a desahogarme, y dejaré que tú decidas qué mantener, qué será realmente beneficioso para el lector, y qué es necesario quitar.

Ella hizo exactamente lo que le pedí, y un segmento de tres capítulos del libro se transformó en uno de dos capítulos. Con toda razón, esas partes eliminadas nunca verán la luz del día.

Cuando todo fue dicho y hecho, Carol recorrió conmigo cada capítulo, cada página y cada párrafo de este libro. Ha leído este manuscrito más veces que las que cualquier ser humano debería, y muchas más que yo. No puedo imaginar que este sería el mismo libro con una editora distinta. Carol, estoy muy feliz de haber hecho este recorrido contigo y te perdono por haber recortado mi maravillosa anécdota de Pony Bee. El lector no tiene idea de qué guardaste en el arcón de los recuerdos.

Nunca viviré lo suficiente ni me alcanzará el vocabulario para agradecer como es debido a mis compañeras de trabajo en Living Proof Ministries por su constante apoyo, camaradería, oraciones, risas, gracia, paciencia, hilaridad y cariño. Son mis acompañantes más cercanas en el peregrinaje en la fe y continuamente incrementan mi amor por Jesús. No tendría margen para separarme a escribir un libro si ellas no tomaran la posta. Kimberley McMahon (K-Mac para mí) merece una doble porción de gratitud porque, junto con su Eneagrama 7, sirve como mi asistente personal mientras voy rebotando como una pelota de ping-pong por todas partes. Cuando no recuerdo ni mi apellido, ella lo hace.

Me encantó cada segundo que reviví con Helen Maerz de aquella semana trascendental del campamento misionero cuando tenía dieciocho años y ella fue una de mis alumnas de sexto grado.

Estoy tan agradecida por amigos en la fe tan íntimos e irremplazables como Travis y Angela Cottrell, a quienes amo como si fueran mi propia carne y sangre; por todo mi equipo de adoración de Living Proof; por mis amigos y de Keith de salidas en pareja, Danny y Charmaine Mitcham; por nuestros amados Steven, Amy y Ainsley Purcell; Johnnie Haines, Priscilla Schirer, Lisa Weir, Steve Bezner, Derwin y Vicky Gray, Russell y Maria Moore y Christine Caine, una de mis personas favoritas en el mundo y una animadora ridículamente generosa. Hay muchos nombres más que merecen estar en este párrafo. Ellos son solo algunos de los que han estado cerca durante estos muchos meses de escritura. Tengo pendientes tantas deudas de amor. No han sido una parte menor de mis memorias. Después de todo, sin amigos, ¿qué tan buenos pueden ser los recuerdos?

Estoy indescriptiblemente agradecida a mi familia de la iglesia. No hubiera deseado perderlos por nada del mundo. Nunca olvidaré aquel domingo.

Comencé este libro con agradecimientos para cada uno de mis hermanos, pero no puedo llegar a su fin sin repetirlo. Ellos no pidieron tener una escritora tan locuaz y una figura religiosa tan controversial en la familia. Los hijos que crecen en la misma familia no tienen experiencias idénticas ni son testigos de todas las escenas que más moldearán la vida de los otros. Y, aunque lo hagan, no necesariamente ven los mismos acontecimientos desde el mismo ángulo. La buena disposición de mis hermanos para permitirme contar cualquier parte coincidente de la historia de los Green desde mi perspectiva individual es una bendición y un regalo que no tiene precio. Les propuse cambiar sus nombres, por lo poco que valiera la pena, pero no aceptaron la oferta. Así que Sandra, Wayne, Gay y Tony: gracias a ustedes con todo mi corazón. Lisa, la otra mitad de mi Wayne, eres una de las personas que más amo en el mundo, y no te considero menos hermana mía que Sandra y Gay. Los amo a todos.

Tío Roy, eres el patriarca de nuestra familia Green. Por favor, vive lo suficiente para leer este libro. Eres la persona más jovial de noventa años que conozco. Todos estamos sumamente orgullosos de ser tuyos.

Amanda y Melissa, mi Rayo de Sol y mi Rayo de Luna, ustedes son las únicas dos hijas para mí. La gracia que me manifiestan después de todos mis errores y arrepentimientos, y el amor por mí en todas mis debilidades y desmesuras me llevan a una gratitud lacrimosa. Son mi compañía favorita. A nadie estimo más. A nadie amo más. Con nadie disfruto más. Gracias por ser capaces de soportar estas memorias. Curtis, mi yerno, no sé cómo has podido lidiar con los Moore, pero nos alegra mucho que lo hayas hecho. Te amamos entrañablemente. A mis nietos: porque los adoro, los amo fervientemente, más que a mi propia vida y, ciertamente, más que a mi propia historia, he dejado a propósito, sus nombres fuera de estas páginas. Tengo la esperanza de que crezcan libres de mi bagaje público y encuentren su camino con Jesús.

Ivan Keith, por fin he llegado a ti, y me encuentro sin palabras. No podrías haber tenido más sensibilidad en estas memorias. Tu voluntad para permitirme ser tan transparente sobre nuestra historia es más que heroica para mí. Juntos hemos vivido un viaje salvaje. Considero, amor, que hemos sido de todo menos aburridos. Gracias por aguantar. Te amo tanto.

Por encima de toda medida posible, estoy agradecida a Jesús, quien salvó mi alma y quien diariamente me salva de mí misma. Si algo en estas páginas tiene cierto valor, si hay algún bien que more en mí en lo más mínimo, mi bendito Salvador, eres tú. Mi corazón te pertenece. Tú eres mi hogar. Tú eres mi regocijo.

ACERCA DE LA AUTORA

La AUTORA Y ORADORA Beth Moore es una maestra dinámica, cuyas conferencias la llevan por todo el mundo. Beth fundó Living Proof Ministries en 1994 con el propósito de alentar a otras mujeres a que conocieran y amaran a Jesús a través del estudio de las Escrituras. Ha escrito numerosos libros éxitos de ventas, que incluyen *Sálgase de ese pozo*; *Hasta luego, Inseguridad*; y *Persiguiendo la vid*; y estudios bíblicos, que incluyen *Sea libre, Mercy Triumphs, Entrusted, La expedición*, y *Now That Faith Has Come*, que han sido leídos por mujeres de todas las edades, razas y denominaciones. Otras incorporaciones recientes incluyen su primera obra de ficción, *The Undoing of Saint Silvanus*.

Beth recientemente celebró los veinticuatro años de las conferencias Living Proof Live. Puede verla enseñando estudios bíblicos en el programa de televisión *Living Proof con Beth Moore*, transmitido por Trinity Broadcasting Network.

Ella y su esposo por cuarenta y cuatro años residen en Houston, Texas. Es una esposa dedicada, madre de dos hijas adultas, abuela de tres nietos preciosos, integrante activa de su iglesia y amante a ultranza de los perros.

Acompañe a la autora de éxitos de mayor venta Beth Moore en esta aventura transformadora.

Descubra cómo todo cambia cuando comprendemos el verdadero significado de una vida fructífera, abundante y agradable a Dios.

Persiguiendo la vid
ISBN 978-1-4964-4407-3